技术创新驱动创业生态系统演进研究

沙德春 著

中国社会科学出版社

图书在版编目（CIP）数据

技术创新驱动创业生态系统演进研究/沙德春著.—北京：中国社会科学出版社，2021.8
ISBN 978 - 7 - 5203 - 8931 - 0

Ⅰ.①技… Ⅱ.①沙… Ⅲ.①创业—研究—中国 Ⅳ.①F279.232.2

中国版本图书馆 CIP 数据核字（2021）第 166096 号

出 版 人	赵剑英
责任编辑	车文娇
责任校对	周晓东
责任印制	王　超
出　　版	中国社会科学出版社
社　　址	北京鼓楼西大街甲 158 号
邮　　编	100720
网　　址	http://www.csspw.cn
发 行 部	010 - 84083685
门 市 部	010 - 84029450
经　　销	新华书店及其他书店
印　　刷	北京明恒达印务有限公司
装　　订	廊坊市广阳区广增装订厂
版　　次	2021 年 8 月第 1 版
印　　次	2021 年 8 月第 1 次印刷
开　　本	710×1000　1/16
印　　张	17
插　　页	2
字　　数	301 千字
定　　价	96.00 元

凡购买中国社会科学出版社图书，如有质量问题请与本社营销中心联系调换
电话：010 - 84083683
版权所有　侵权必究

前　言

　　创业是促进经济增长、提升经济绩效的重要路径，是缓解就业压力、增进社会就业的有效方式，也是提高国家竞争力、增强国家综合实力的重要驱动要素。因时代价值日渐凸显，创业被许多国家和地区作为推动社会经济发展的重要政策工具而加以推行。我国自20世纪80年代中期以来积极融入创新创业的实践探索，以国家高新区、大学科技园等方式推动创新创业的发展，经过30多年的探索已取得显著成效。近年来，更是将创业提升到国家战略层面，积极培育创客精神，发展众创空间，塑造"大众创业，万众创新"的发展格局。创新是一个民族进步的灵魂，是一个国家兴旺发达的不竭源泉，也是中华民族最鲜明的民族禀赋。当前，我国经济已由高速增长阶段转向高质量发展阶段，创新位列五大发展理念之首，深度融入社会经济系统的各个领域，成为引领高质量发展的"第一动力"。创业作为社会经济系统的有机组成部分，同样受到创新的全面渗透，创业中的创新元素日益活跃，"创新驱动"逐渐成为当代创业行为的固有内涵。随着"大众创业，万众创新"国家宏伟蓝图的编织与推进，创新与创业的交织融合达到新的历史高度。在"创新驱动""大众创业，万众创新"等多重国家战略叠加效应的推动下，我国"放管服"改革不断深化，营商环境逐步优化，社会公众创业热情日益高涨，市场主体数量规模急剧扩增。与此同时，社会经济实践中的创业新业态、新形态层出不穷，技术创新演化在创业生态系统构建优化中的作用日趋显著，由产业商业模式、政策法规等构成的社会技术创新驱动型创业现象尤为突出。以电子商务为典范的平台型创业取得长足发展，以共享交通工具为代表的共享型创业竞相涌现，以国家众创空间为典型的政策驱动型创业呈蓬勃发展趋势。

　　创业在受到经济发展与政策实践领域重视的同时，也逐渐引起学术界的关注，并随着社会、经济、科技等领域出现的新趋势被植入新的理论视角。当前，生态系统视域下的创业成为创业研究的新热点，学者对创业生态系统的理论内涵、构成要素、结构框架、运行机制等进行了探讨，取得了富有启发性的研究成果。但总体来看，目前对创业生态系统的研究还处在初步探讨阶段，有关创业生态系统的诸多基本理论问题尚未形成学术共识。本书基于国内外创业实践呈现的新业态、新趋势，结合创业生态系统的已有研究，从物理技术与社会技术创新共演化角度研究创业生态系统的理论发展形态，并对各类创业生态系统的概念内涵、演进机制与优化路径进行理论探索。借鉴综合国内外有关研究，将"社会技术"概念细化为产业商业模式、政策法规与社会气质三个层次。基于分层化"社会技术"思想，重点研究商业模式创新驱动型创业生态系统、政策法规创新驱动型创业生态系统，对两类创业生态系统的社会经济根源、概念内涵、理论特征、优势局限、转化路径等进行理论探讨。同时，以共享商业模式和平台商业模式为典型案例分析商业模式创新驱动型创业生态系统的实际运行特征，以中国国家级众创空间为具体案例研究政策驱动型创业生态系统的运行情况，从实践层面印证各类创业生态系统的理论属性特征。此外，对改革开放40多年来政策驱动中国创业生态系统演进的历史进程进行深入分析。

综合创业生态系统理论研究与案例分析，本书认为物理技术与社会技术的创新演化是创业生态系统演进的根本动力，创业生态系统在技术创新驱动过程中呈现多元化发展形态；社会技术创新是驱动创业生态系统发展演进的重要社会因素，以政策法规、商业模式为代表的社会技术创新驱动型创业生态系统构成大众创业格局下创业生态系统的重要内容；商业模式创新驱动型创业生态系统具有丰富的理论内涵与发展特征，对社会大系统产生重大的经济价值；政策驱动型创业生态系统是当前具有重要实践价值与理论意义的新兴创业生态系统形态；政策驱动中国创业生态系统经历了独特的演化路径与演进历程，创业主体群体属性经历了率性主体、精英主体、弱势主体向大众主体的演进，系统环境要素经历了由"软"向"硬"的演进，环境要素多领域协同发展的格局初步显现。基于全书分析与研究结论，建议从优化创业生态系统发展模式选择、培育创业生态系统与技术创新互动联结机制、推动创业生态系统发展模式动态转换、构建创业生态系统监测预警机制、强化创业生态系统社会技术创新动力等方面构建政策，以实现创业生态系统持久有序演进。本书在学术价值上，将分层化"社会技术"概念、"物理技术与社会技术共演化"理论思想融入对当前纷繁复杂的创业实践活动的思考，搭建起两种重要社会经济现象"创新"与"创业"之间对话的"桥梁"，为创业生态系统研究引入新的理论视角，深化了创业生态系统的基本理论体系。在实践价值上，在对各类新兴创业生态系统的概念内涵、发展特征等进行理论提炼的基础上，重点探讨创业生态系统演进的机制路径，并结合平台型、共享型、政策创新驱动型等创业实践案例揭示创业生态系统演进的深层次动力机制与优化路径，为社会经济实践中的创业活动及有关创业政策的制定提供参考价值。

在本书撰写、修改与成稿过程中，张艳侠为相关文献资料分析和初稿修改付出诸多精力，荆晶、胡鑫慧、孙佳星对本书资料收集和部分章节初稿形成作出重要贡献。全书由沙德春博士负责选题立意、思路设计与篇章结构安排，最后进行统一定稿。本书的写作完成得到教育部人文社会科学研究基金项目（编号：17YJC630117）、河南省高层次人才特殊支持"中原千人计划"——中原青年拔尖人才项目（编号：ZYQR201912202）、河南省高校科技创新人才（人文社科类）支持计划（编号：2018-cx-002）的支持，中国社会科学出版社的编辑为本书出版做了大量工作，特此致谢！

2021年1月

目 录

第一章　导论 …………………………………………………………… 1
　　第一节　研究背景与意义 ………………………………………… 1
　　第二节　创业生态系统的研究进展 ……………………………… 4

第二章　技术创新驱动创业生态系统演进的基础理论 ……………… 12
　　第一节　分层化社会技术的理论内涵 …………………………… 12
　　第二节　物理技术与社会技术共演化 …………………………… 17
　　第三节　技术共演化视域下创业生态系统演进模型 …………… 20

第三章　商业模式创新驱动型创业生态系统理论研究 ……………… 31
　　第一节　商业模式创新驱动型创业的社会经济根源 …………… 31
　　第二节　商业模式创新驱动型创业生态系统的概念内涵 ……… 37
　　第三节　商业模式创新驱动型创业生态系统的理论特征 ……… 46
　　第四节　商业模式创新驱动型创业生态系统的优势与局限 …… 59
　　第五节　商业模式创新驱动型创业生态系统的转换路径 ……… 70

第四章　商业模式创新驱动型创业生态系统案例分析 ……………… 75
　　第一节　共享商业模式创新驱动型创业生态系统
　　　　　　——以共享单车为例 …………………………………… 75
　　第二节　平台商业模式创新驱动型创业生态系统案例分析 …… 95

第五章　政策驱动型创业生态系统理论研究 ………………………… 118
　　第一节　政策驱动型创业的社会根源 …………………………… 118
　　第二节　政策驱动型创业生态系统的概念内涵 ………………… 127

第三节　政策驱动型创业生态系统的理论特质 …………… 132
第四节　政策驱动型创业生态系统的适用情境 …………… 141
第五节　政策驱动型创业生态系统的优势与局限 ………… 149
第六节　政策驱动型创业生态系统的转换路径 …………… 166

第六章　政策驱动中国创业生态系统演进的基本历程 ………… 170

第一节　政策驱动创业生态系统发展的实践概况 ………… 170
第二节　政策驱动创业生态系统演进的分析思路 ………… 172
第三节　系统创业主体发展规律演进分析 ………………… 188
第四节　系统外部环境要素发展演进分析 ………………… 194
第五节　政策驱动中国创业生态系统演进的整体特征 …… 202

第七章　政策驱动型创业生态系统的运行绩效
　　　　——以众创空间为例 ……………………………………… 206

第一节　众创空间的内涵与概况 …………………………… 206
第二节　众创空间的政策支撑体系 ………………………… 210
第三节　众创空间的实践运行绩效 ………………………… 216

第八章　研究结论与发展建议 …………………………………… 231

第一节　研究结论 …………………………………………… 231
第二节　发展建议 …………………………………………… 239

参考文献 …………………………………………………………… 243

第一章　导论

当前,创业被许多国家作为推动经济社会发展的重要政策工具而推行,我国更是将创业提升到国家战略层面,积极塑造"大众创业,万众创新"的发展格局。创业在受到政策实践领域重视的同时,也逐渐引起学术界的关注,并随着经济、社会、科技等领域出现的新趋势被植入新的理论视角。生态系统视域下的创业是当前创业研究的新热点。学者对创业生态系统的理论内涵、构成要素、发展模式、运行机制等进行分析并取得了富有启发性的研究成果,但总体上处于初步探讨阶段,对创业生态系统的诸多基本理论问题尚未达成共识,与新业态频出的创业实践尚存在一定差距,亟须新的实践总结与理论创新,以引导大众创业生态系统稳健有序演进。

第一节　研究背景与意义

当前,创业被视为促进经济增长与社会发展的"灵丹妙药",在世界多个国家和地区得到推崇(Hall et al., 2010)。美国时任总统奥巴马于 2012 年 4 月签署颁布了《创业企业扶助法》(*Jumpstart Our Business Startups*, *JOBS Act*),欧盟委员会在 2013 年 1 月颁布了《创业 2020 行动计划》(*Entrepreneurship* 2020 *Action Plan*),从国家政策与区域战略层面为创业活动塑造有利条件。我国自 20 世纪 80 年代中期以来积极融入创新创业的实践探索之中,以国家高新区、大学科技园等方式推动创新创业的发展,经过 30 多年的探索已取得一定成效。近年来,更是将创业问题提升到国家政策层面,积极培育创客精神,发展众创空间,塑造"大众创业,万众创新"的发展格局。根据全球创业观察(GEM)报告,我国创业活跃程度不断提升,目前已属于创业活跃的国家,全员创业活动指数（TEA）从2001年的12.3%增加到2014年的15.5%。创业环境方面也有所改善，2002年中国在37个国家中排在第23位，2010年则在60个国家中排名第13位。部分单项指标，如基础设施、政府政策等方面甚至优于美国（蔡莉等，2016）。另据《中国众创空间白皮书2018》报告，我国专业化创业载体——众创空间发展迅速，截至2017年年底纳入国家火炬统计的众创空间已达5739家，数量居世界第一位。至2018年年底，我国市场主体总数已由改革开放初期的49万户增至1.09亿户，特别是近5年来，市场主体总量增加70%以上（林丽鹏，2018）。

创业在受到经济发展与政策实践领域重视的同时，也逐渐引起学术界的关注。尽管至今仍未形成统一的关于"创业"的理论内涵，不同发展阶段、不同学术领域对创业还具有不同理解，但丝毫不影响学者研究创业现象和创业行为的热情，并随着经济、科技、社会、教育等领域出现的新趋势不断为创业研究植入新的理论视角。21世纪初，麻省理工学院、百森商学院等推出了一系列"创业生态系统"实践项目，引发学者对创业活动和创业行为"生态属性"的探讨，生态系统视域下的创业成为当前创业研究的新热点，创业的生态学视野既反映了理论研究对创业活动的持续深度思考，也映射出创业行为内在的动态性与复杂性（Alvedalen，2017）。学者对创业生态系统的理论内涵、构成要素、结构框架、运行机制等进行了探讨，取得了一些富有启发性的研究成果。但总体来看，目前关于创业生态系统的研究还处在初步探讨阶段，对创业生态系统的理论内涵、发展形态、运行机制等基本理论问题尚未达成理论共识。已有研究更加侧重对创业生态系统进行共时性的静态分析，历时性的演化分析不足；偏重对创业活动"生态属性"列举性研究，系统化、整合性的研究框架有待深化；突出主体要素（企业、高校、政府等）对创业生态系统建构、发展的推动功能，忽略技术要素（包括物理技术与社会技术）共演化对创业生态系统发展演进的原始驱动作用；对各种预设要素如何联结、如何交互作用并推动系统演进的路径和机制缺乏清晰的认识，尤其对系统发展关键的内在驱动力——技术创新（包括物理技术和社会技术）是如何具体作用于创业生态系统，即技术创新驱动系统演进的机理路径缺乏深刻探讨。

本书在丰富和深化美国演化与创新经济学家理查德·R.尼尔森

(Richard R. Nelson) 有关"社会技术"(Social Technologies) 理论思想的基础上 (Nelson et al., 2001),从创业生态系统演进的原始驱动力,即物理技术创新、社会技术发展、"物理—社会技术共演化"(Co-Evolution of Physical Technologies and Social Technologies) 理论视角对创业生态系统的发展形态进行研究,并对各类创业生态系统的理论内涵、演化机制与优化路径进行理论探索。借鉴尼尔森"社会技术"思想,综合国内外学者有关研究,本书将"社会技术"概念细化为产业商业模式、政策法规与社会气质三个层次。基于分层化"社会技术"思想,重点研究商业模式创新驱动型创业生态系统和政策法规创新驱动型创业生态系统,对两类创业生态系统的社会经济根源、概念内涵、理论特征、优势局限、转化路径等进行理论探讨,进而结合国内外创业活动中的具体案例对各类创业生态系统的实践运行情况进行实证分析。本书的研究意义体现在科学意义和实践意义两个方面。

第一,科学意义上,为创业生态系统研究引入新的理论视角,深化创业生态系统的基本理论体系。本书在深化尼尔森有关"社会技术""物理技术与社会技术共演化"思想论述基础上,从物理技术创新、社会技术发展两个维度构建创业生态系统理论象限模型,将创业生态系统划分为物理技术创新驱动型、社会技术创新驱动型、物理—社会技术协同创新驱动型、物理—社会技术复制型四类发展形态,即 PSRC 创业生态系统理论模型。进而重点对"社会技术"创新驱动型中的商业模式创新驱动型、政策法规驱动型创业生态系统进行理论研究和实证分析,从而为创业生态系统研究引入新的理论视角,深化有关创业生态系统的基本理论体系。

第二,实践意义上,探索创业生态系统微观运行机制与系统优化路径,为创业实践和创业政策的制定提供借鉴与参考。本书在详细阐述 PSRC 理论模型中每一类创业生态系统理论内涵、发展特征等基础上,建立各种模式下创业生命周期主要发展阶段与物理—社会技术共演化关键环节之间耦合交融、协同共进的生态机制,进而探讨创业生态系统模式转换与优化路径,并结合平台型、共享型、政策创新型等社会技术创新驱动型创业生态系统实践案例揭示创业生态系统发展演进的深层次动力机制与优化路径,为实践中的创业活动及有关创业政策的制定形成参考价值。

根据研究问题及内容设计，本书主要应用文献研读、模型建构、案例分析等研究方法。（1）文献研读。通过文献调研，梳理创业、创业模式、创业生态系统、创业生态机制等方面的研究进展，结合本书核心问题，总结提炼创业生态系统、政策驱动型创业生态系统、商业模式创新驱动型创业生态系统等的概念内涵、关键要素、发展特征等理论问题，形成问题研究的理论基础。（2）模型建构。从物理技术创新、社会技术发展两个维度建构技术创新驱动创业生态系统演进的二维象限模型，提炼出 PSRC 创业生态系统理论模型；同时，在进行政策驱动型创业生态系统等具体案例分析过程中，建构相应的理论与实证分析模型，深入研究相应类型创业生态系统的理论属性与实践特征。（3）案例研究。用于分析 PSRC 创业生态系统的理论内涵、演进特征与转换路径，重点用于对社会技术创新驱动型创业生态系统进行分析。本书选取共享单车、电子商务等典型企业为案例对商业模式创新驱动型创业生态系统进行研究；以国家级众创空间为案例对政策驱动型创业生态系统进行分析。

第二节　创业生态系统的研究进展

目前，生态学视域下的创业研究主要集中在创业生态系统的理论内涵、系统构成要素、系统结构框架、系统运行机制等方面。

一　创业生态系统的理论内涵

创业生态系统概念的提出源自 21 世纪初麻省理工学院、百森商学院等推出的一系列"创业生态系统"实践项目。麻省理工学院"创业生态系统"项目致力于将波士顿地区的大学、企业、创业者、投资人与社区整合成一个良性区域创业生态系统，促进创业活动与创业教育有效结合。这个创业生态系统由众多功能互补且密切联系的项目与中心、学生团体和创业课程等诸多要素共同组成。其中，创业活动、学生团体和创业教育交互作用，成为推动系统发展演进的主要动力（刘林青等，2009）。针对麻省理工学院构建创业型大学创业生态系统的实践活动，Katharine Dunn（2005）提出了创业生态系统概念，认为麻省理工学院的创业教育和培训不再局限于斯隆管理学院，而是形成了数十个项目组织和中心共同在校园内培养创业精神的"创业生态系统"。Katherine Dunn 提出了创业生态系统的基本轮廓，但并没有对其理论内涵进行明确界定。Isenberg（2010）针对百森商学院推行的"百森创业系统项目"提出了构建创业生态系统这一概念，后续研究中进而探讨如何从政府角度建立国家和区域创业生态系统，通过形成具有区域特色的创业生态系统改善创业环境，从而提高当地的创业水平（Isenberg，2011）。麻省理工学院、百森商学院等推行的创业项目逐渐引起学者对创业生态系统的关注。总体上来看，学者对创业生态系统理论内涵的理解可以分为两类：一类是将创业生态系统视为创业企业（含新创企业和进行内创业的成熟企业）的外部环境；另一类则将创业企业纳入创业生态系统中，认为创业生态系统是由创业主体及其所处的外部环境共同构成的统一整体（蔡莉等，2016）。我们将这两类观点分别称为"外部环境论""创业主体—外部环境论"。

外部环境论。以 Cohen 和 Isenberg 等学者为代表。Cohen（2006）认为创业生态系统由大学、政府、专业服务、资本服务、人力资源服务等创业种群所构成。Isenberg（2010）指出，有助于创业者获得创业所需的人力资源、资金、专家资源以及有利的政府政策鼓励和支持并最容易取得成功的环境即为创业生态系统，主要包括市场、政策、融资、人力资源、文化及其他方面的支持六个方面。也有学者认为，广义的创业生态系统是影响创业者创业活动的机构、制度、资源的组合（Anna，2013）。

创业主体—外部环境论。以 Vogel、Mason、Brown、Suresh 等为代表，国内学者大多持这种观点。创业主体—外部环境论认为应该将创业企业容纳到创业生态系统之中，创业生态系统是由创业主体及其所处的外部环境共同构成的统一整体。Vogel（2013）认为创业生态系统是一个地理区域内的交互群落，由多种互相依赖的创业主体与市场、监管体系等环境要素共同组成，其结构随着时间变化而演化，主体和环境共存并相互作用来促进新企业的建立。Mason 和 Brown（2014）认为创业生态系统是由一系列互相联系的创业主体（创业企业、投资机构、大学等）和创业环境（政策、文化等），通过正式和非正式的联系来提升绩效。Suresh 和 Ramraj（2012）认为创业生态系统是由创业企业及其赖以存在和发展的创业生态环境所构成的、相互影响并共同演进的一个动态平衡系统。Prahalad（2005）认为，创业生态系统是指能使动机、传统各异，规模、影响力不同的私营部门、社会主体协同发展、共同创造社会财富的具有共生关系的生态体系。林嵩（2011）将创业生态系统定义为"由新创企业及其赖以存在和发展的创业生态环境所构成的，彼此依存、相互影响、共同发展的动态平衡系统"。创业生态系统是以创业活动为中心，围绕创业活动并构成创业活动生存必要条件的内外部空间因素的有机组合（张小刚，2012）。科技创业企业、科研机构、科技中介服务机构、政府、投融资机构以及与科技创业企业相关联的部分企业共同构成了一个创业生态群落，最终实现了创业区域创业资源的共享（赵涛等，2011）。创业生态系统就是在创业领域内，研究一定区域内的生物创业群落与非生物创业环境之间的关系哲学（张玲斌等，2014）。

在探讨创业生态系统理论内涵的同时，学者对创业的"生态属性"进行了延伸性研究，可持续创业、绿色创业、社会创业、社会创业生态系统、创业生态服务链、种群生态位、众创空间创业生态系统等概念被提出和讨论。在全球积极谋求可持续发展的背景下，创业研究也呈现出一定的绿色化趋势，创业研究从单纯关注经济底线转向同时关注经济、社会、环境三重底线，兼具经济繁荣、社会公平、环境友好三重特征（李华晶等，2012）。可持续创业是发现、评估和开发因市场失灵导致损害可持续性进而催生的商业机会的过程（Dean et al.，2007），是可持续创业者把未来产品和服务变为现实机会识别和开发的过程，最终实现经济、社会、环境等多元价值（Cohen et al.，2007）。创业多元价值的强调推动了学者对社会创业的关注。社会创业是在社会、经济和政治等环境下持续产生社会价值的活动，通过前瞻性发现、利用新机会以实现社会使命与社会目的（陈劲等，2007）。风险管理、前瞻性与创新性是社会创业的核心特征，环境、社会使命与可持续性构成社会创业的核心约束（Jay，2006）。社会创业生态系统是以"社会责任"为纽带、合作共生为基础、资源互补为目的，由社会企业和政府、非营利组织等生态种群通过跨部门协作，并在外部环境的作用下形成的社会创业体系（汪忠等，2014）。

可持续创业的实现依赖创业生态服务链的建构，需要针对不同发展阶段的创业企业，提供差异性、针对性、链条式服务，形成一个相互制约、相互联系、具有自调节功能的生态系统链，包括创业辅导、创业教育、创业投资、团队融合、产品构建、技术推广等内容（林园春，2015）。创业生态系统中，经营的产品或面向的市场存在相似之处，或者存在密切产业联系的新创企业群体形成的创业种群（林嵩，2011），创业种群在创业生态群落中对资源及环境变量的选择范围构成种群生态位，影响种群选择行为的变量包括政策、资金、技术、服务和人才等（边伟军等，2014）。不仅在区域、大学等空间单位里存在创业生态系统，在小微众创空间也存在创业生态系统。众创空间创业生态系统由众创精神、创客生态圈、资源生态圈、基础平台与创业政策等构成，具有地带信号识别创业资源积聚、创业能力构建与创业孵化、以点到面驱动与促进社会大众创业等多元功能（陈夙等，2015）。

二　创业生态系统的基本要素

对于任何系统，通常都包含若干不同的要素，要素是系统的基本构成单元。因此，有学者在阐述创业生态系统时对其构成要素进行了关注。Cohen（2006）指出，创业生态系统由多样化、复杂性的要素组成，其中，对系统发展影响最大的要素包括非正式社会网络，以及正式社会网络中的大学、政府、专业化服务机构、资本资源、人才池、基础设施和文化等。Isenberg（2011）认为，创业生态系统是动态发展的，由多达数百个要素构成，是多变量交互作用的结果。同时，可以从纷繁复杂的因素中对关键要素进行识别归类，总体上看，创业生态系统包括促进创业的政策和领导、对风险投资有利的市场、高素质的人力资本、制度和基础设施体系的支撑、适宜的融资条件、有利创业的文化六个方面。

Isenberg关于创业生态系统关键要素的总结具有一定的代表性，对国内相关研究产生了较大影响。有学者认为，创业生态系统由市场、政策、融资、人力资本、文化以及其他支持六个方面要素组成，创业生态系统运行发展是这六个因素高度互动的结果（沈漪文等，2013）。在系统生态学的视角下，区域科技创业生态系统由科技创业生态群落与科技创业支撑环境两部分构成，其中，科技创业生态群落包括科研机构、投融资机构、科技中介机构、关联企业、政府和科技创业企业六类种群；创业支撑环境包括科技环境、经济环境与资源环境三个方面（赵涛等，2012）。类似地，有研究指出，社会创业生态系统由创业生态群落与创业支撑环境两部分构成，创业生态群落包括社会企业、政府部门、非营利组织、商业企业等种群（汪忠等，2014）。作为小微创业生态系统，众创空间由政策、市场、人力资本、金融、文化和支持六大要素构成（戴春等，2015）。按照生命周期理论，系统在不同阶段承载着不同的发展使命，呈现出差异化的结构功能与运行特征。因此，尽管学者尝试从各个方面对创业生态系统基本要素进行一般性总结，并阐释各要素对系统发展的必要意义，实际上，要素对于系统的意义具有一定相对性，在不同发展阶段，创业生态系统核心要素的重要性并不一致（白峰，2015）。

近年来，随着创业生态系统观念的深入，一些咨询公司、会议论坛也逐渐将创业生态系统运用到实际工作中，在从要素评估角度进行系统分析评价时对系统的基本要素进行了归纳总结。其中，美国创业调查公司 Startup Genome 与西班牙电信公司 Telephonic Digital 共同发布的《全球城市创业生态系统报告 2012》中将创业产出指数（Startup Output Index）、资金指数（Funding Index）、公司业绩指数（Company Performance Index）、心态指数（Mindset Index）、引领潮流指数（Trendsetter Index）、支撑指数（Support Index）、人才指数（Talent Index）与差异性指数（Differentiation Index）八项内容作为评价全球不同国家和地区创业生态系统的基本要素。世界经济论坛 2013 年发布的报告 "Entrepreneurial Ecosystems Around the Globe and Company Growth Dynamics" 从开放的市场、人力资本、融资和金融、支撑体系、管理框架和基础设施、教育和培训、作为催化剂的大学、文化八个方面阐述了创业生态系统的支柱要素。

实际上，在创业生态系统理论以外，学者对创业环境构成要素及创业影响因素进行了广泛的研究。Naude（2008）的研究表明，教育水平、区域集聚和银行融资水平对区域科技创业的影响十分显著。Audretsch（2010）指出，区域创新能力影响科技创业水平，文化多样性对科技企业创业有积极的影响。Judge（2013）认为，金融制度、教育与培训、法律制度等对地区技术创业产生显著影响。张玉利等（2004）认为，政府政策与工作程序、社会经济条件、创业和管理技能以及金融与非金融支持四大要素构成创业环境的主要内容。蔡莉等（2005）将科技企业的创业要素分为宏观要素和微观要素两个层面，宏观要素包括科技环境、金融环境、教育人才环境、政策法律环境、社会服务环境、文化环境和市场环境；微观要素包括创业者、商业机会和资源。李新春（2004）通过实证分析发现，制度政策、经济发展和资源禀赋是影响高科技创业的主要因素。

三　创业生态系统的发展模式

William 等（2007）根据市场发展类型、经济体制特征宏观角度将创业生态系统分为寡头政治型、政府指导型、大公司型和创业型四种类型。寡头政治型常见于亚、非、拉美一些寡头政治国家，由个别有特权的寡头公司控制市场，该类系统较为脆弱，发展较缓慢；政府指导型，如亚、非、拉美的社会主义国家和法国，政府通过计划、制度和价格调控市场；大公司型常见于发达国家，生态系统由跨国性、垂直一体化经营的大公司主导，产生大量金融资本，重视研发，但是对市场变化的应对慢，创新能力较差；创业型常见于一些经济快速增长的国家和地区，如美国硅谷、中国部分经济特区，该类系统有大量小型、灵活的创业公司产生，通常是国家和地区的经济增长引擎。蔡莉等（2016）从政府参与和企业网络两个维度将创业生态系统分为四种类型：政府强参与、核心企业主导；政府强参与、企业网络分散；政府弱参与、核心企业主导；政府弱参与、企业网络分散。项国鹏等（2016）构建了由核心层、要素层、汇聚层组成的创业生态系统模型。其中，核心层是指微观主体创业者，要素层是创业生态系统的构成要素，汇聚层是创业者种群和要素种群的集合，实现系统能量与信息交换。

另外，国内外学者从生态系统视角以外对创业模式进行多角度划分。根据创业创意的来源，创业活动可分为复制型创业、模仿型创业、演进型创业和创新型创业四种类型（Bruyat et al.，2000）；依据创业动机可分为使命导向型创业和危机导向型创业（Thompson et al.，2000）；按照制度创新的层次，可分为基于产品创新的创业、基于市场营销模式创新的创业、基于企业组织管理体系创新的创业（刘健钧，2003）。另外，从创业行为主体上看，可分为公司创业型企业、独立创业型新创企业和成熟公司支持型新创企业三种类型（曲延军等，2005）；从基础创业源的要素投入和创业机制看，技术创业包括研发单位衍生公司、技术创业家寻求资金自行创业成立公司、公司内部技术创业衍生公司、公司技术引进或技术移转衍生新公司、资本家寻求技术创业家合作发展成立公司五种情况（严志勇等，2003）。此外，《全球创业观察报告》将创业分为生存型创业和机会型创业（Reynolds et al.，2009）。可见，由于创业活动影响因素的多元化及其自身的复杂性，人们对创业模式的总结差异显著，但都从一定角度上反映了创业活动的发展特征。

四 创业生态系统的运行机制

随着生态学视角研究创新活动的深入，创业生态系统的运行机制问题逐渐引起学者的关注。林嵩（2011）在将创业生态系统内部结构分为创业群落、消费群体、服务支持机构和产业链上下游组织的同时，探讨了系统的资源汇聚机制、价值交换机制和平衡调节机制，认为创业种群的衍生机制主要体现在原生企业和衍生企业之间的竞争、合作与学习上。赵涛（2011）认为，区域科技创业生态系统在结构上由创业生态群落和创业支撑环境要素两部分构成，在功能上形成了动力机制、遗传机制、演进机制和反馈机制。汪忠等（2014）认为，创业生态群落包括主导社会企业、政府部门、非营利组织、商业企业等种群，动力机制、平衡调节机制、共生机制、资源整合机制是其发展过程中形成的主要运行机制。陈敏灵等（2019）分析了创业生态系统的技术驱动、金融支持、孵化培养、政策引导、信号显示与市场牵引六大机制。马鸿佳等（2016）研究了创业生态系统的知识转移机制，构建了由个体层面、企业层面、网络层面等组成的多层级知识转移模型。

从现有文献来看，关于创业生态系统运行机制的研究较为有限，学者更多地围绕创业运行机制展开研究。创业机制是影响个体创业决策和实施的各种因素及其作用方式，包括创业的意愿和激励、可供潜在创业者学习模仿的对象、创业门槛、创业保障等（杨静文等，2005）；创业机制指政府为推进创业而设立的机构、系统和制度以及各因素、各环节之间的关系，包括创业驱动机制、创业决策机制、创业管理机制和创业收获机制等内容，其具有功能性、诱致性、渐进性和制度性等特征（董飞，2006）。创业机制是创业家、创业环境和企业战略行为的相互作用的结果（李文元等，2007），源自多方面的原因，如创业利益驱动、创业成长拉动、各级政府推动以及成功创业机制的示范效应等。按照机制发挥作用的方式，可分为基础性机制、直接性机制和辅助性机制（王延荣等，2011）。创业机制是企业集群发育形成的内因，与企业集群之间存在一个相互强化的过程（于国安，2006）。同时，创业机制的形成需要具备一定的社会文化条件，如市场经济基础、创新文化氛围、文化开放性等（王延荣，2011）。创业机制对推动创业具有重要影响，因此要实现持续创业需重视创业决策、风险控制、信息反馈等创业机制的建设和完善（时运涛等，2015），从鼓励创新创业、营造创业文化、加强风险事业开发、建立创业驱动机制、健全监督约束机制等多方面推进（王延荣，2005）。

总体来看，目前关于创业生态系统的研究还处在初步探讨阶段，对创业生态系统的理论内涵、要素结构、模式分类、运行机制等问题尚未达成理论共识。但多数观点参照创新生态系统的分析框架，从政府、企业、高校、科研机构、金融机构、其他中介组织等主体要素角度探讨创业生态系统的建构完善，而对于物理技术创新与社会技术创新及两种技术的共演化在推动创业生态系统发展中的根本性作用认识不足，从而忽略了增进创业活动"生态系统属性"成长的原始驱动力量。综合上述研究，本书从社会技术创新、物理技术与社会技术分层共演化的角度研究创业生态系统的理论模式、运行机制及其优化路径，以深化对创业本质规律的认识，揭示创业活动发展演进的内在动力机制。

第二章 技术创新驱动创业生态系统演进的基础理论

物理技术与社会技术是促进经济增长的两轮，是驱动经济社会持续长久发展的内在本质力量。物理技术与社会技术的创新演化构成创业生态系统发展演进的内在动力。本章从物理技术创新、社会技术发展两个维度构建创业生态系统象限模型，根据物理技术与社会技术共演化思想提炼出 PSRC 创业理论模式，建立各种模式下创业生命周期主要发展阶段与物理—社会技术共演化关键环节之间耦合交融、协同共进的演进机制，进而探讨不同创业生态系统理论模式间的转化路径，为创业生态系统演进机理及案例分析奠定理论基础。

第一节 分层化社会技术的理论内涵

本书所采用的"社会技术"（Social Technologies）概念主要以美国演化经济学家理查德·R. 尼尔森（Richard R. Nelson）有关"社会技术"思想为基础（Nelson et al., 2001），同时结合国内外其他学者有关"社会技术"的论述，并根据本书的侧重点进行了一定程度的深化与丰富。尼尔森注意到，"制度"如何影响经济绩效再度成为一些学者的关注热点，尤其是"制度"及"制度变化"在经济增长中的作用引起了一些学者的特别兴趣。通过对这些研究文献进行回顾，他发现不论是在经济学领域，还是在其他社会科学领域，尽管人们都在广泛使用"制度"这个术语，但是对于不同的学者来说它却有着不同的意义。当把有关"制度"的概念汇聚在一起时，就产生了一个问题，即很难形成对特定问题的连贯分析。尼尔森认为，"制度"这一术语包含了太多的概念基础，容易形成误导。于是，尼尔森等提出一种用来分析促进经济绩效，尤其是经济长期增长因素，且具有一定连贯性的"制度"概念，即将"制度"这一术语与被相关社会群体视为标准的"社会技术"联结起来。由此，提出了"社会技术"的概念。

尼尔森认为，经济活动的执行通常包括两个不同的方面：一方面是对任何劳动分工意义相同的部分；另一方面是劳动分工以及分工之间的协调模式。前者是我们通常意义上所说的"技术"，可称之为"物理技术"（Physical Technologies），后者包含着人类行为的协调，可称之为"社会技术"。"物理技术"也可被称为"硬技术"，是人类为了达到生存和发展的目的，用以改造、适应和控制自然的技巧、工具、规则，它是关于物的，依靠的是自然规律（Jin，2011）。19世纪末20世纪初合成染料工业在德国兴起过程中，大学里的化学家们对有机化合物的结构有了新的认识，这属于"物理技术"的范畴。与此同时，产生了两种新的社会机制：一种是现代工业研究实验室，负责把化学家组织起来，以协作的方式为雇主工作；另一种是年轻化学家培训系统，帮助化学家理解和研究有机化学的研究方法，这两种新机制均属于"社会技术"的范畴。

"社会技术"与"制度"是有区别的。从范围上来说，"制度"是"社会技术"的一部分，是"社会技术"的一个重要子集。不是所有的"社会技术"都可以称作"制度"，只有那些已经标准化了的"社会技术"才属于"制度"的范畴。"社会技术"相对于"制度"的优越性在于，它的内容广泛，很多上升不到"制度"层面但对于协调分工具有重要意义的行为模式都可以纳入"社会技术"的范围，因此"社会技术"这一概念的使用具有一定的灵活性，是一个具有开放结构体系的概念。另外，"制度"是一个不连贯的概念，而"社会技术"是一个与"物理技术"一样具有连贯性的概念，可以用来对经济活动过程进行连续性的分析。

其他学者对"社会技术"进行了论述。日本哲学家三木清在论述"技术"的概念时认为，一般意义上的"技术"通常与物的生产、创造相关联，可称之为"生产技术"或"物的技术"。实际上，"技术"的概念并不局限于此，"技术"广泛地存在于人对环境的适应过程之中，存在于人对环境的改变与创造之中。这里的"环境"既包括自然环境，也包括特定的社会环境。因此，作为人们适应、改变、创造环境的

"技术",不仅包括"自然技术"或者说"物质技术",还包括一定的"社会技术"。其中,"自然技术"以"自然科学"知识为基础,"社会技术"则以"社会科学"知识为基础(王续琨等,2001)。日本官方也非常重视"社会技术"的研究,并于21世纪初成立了专门的社会技术研究机构——社会技术研究会,2005年将其改组扩建为"社会技术研究开发中心"(梁波,2007)。

在国内,较早就有人提出了"社会技术"这一术语。著名科学家钱学森在1980年探讨社会科学现代化、社会科学应用于改造客观世界的问题时首次提出"社会技术"概念。"社会技术不是指自然技术的社会应用,也不是社会化的自然技术,而是改造社会的工程技术,是人们在长期社会实践的基础上积累起来的处理社会问题和社会事物的理论、经验、技能与方法的总和"(钱学森,1980)。陈昌曙(1999)进一步分析了社会技术概念的合理性,认为作为对象的社会技术是实际存在的,"社会技术"这个术语也是可以成立、可以使用的。但对社会技术的研究持较为谨慎的态度。李伯聪(2005)认为研究社会技术问题是具有重要意义的,哲学工作者不应忽视对社会技术问题的研究和分析。社会技术存在于社会各个领域之中,宏观来讲,包括国家制度,微观上来讲,包括工厂企业、学校机构,只要是存在组织机构的地方就会存在各种社会技术(潘天群,1996)。"社会技术"是一种实践性的知识体系,创造主体一般是国家政府与执政党,受动者可能是特定的社会阶层,也可能是全体社会成员。从概念内涵上来看,既包括特定社会政治、经济、法律、文化方面的制度、政策与方针,又包括社会风俗习惯、道德规范等(田鹏颖,2002)。

可见,国内学者对社会技术的关注视角是多种多样的,有人侧重于社会问题的解决,有人强调与"科学技术"的对应关系,也有人从技术形成、发生作用的特征着眼。尽管对"社会技术"的理解不尽一致,但是也有共同的地方,即都强调"社会技术"是社会科学知识在社会实践中的应用,是人们利用社会理论改造现实社会的中介与手段。尼尔森提出社会技术这一概念的视角在于对经济绩效增长的技术创新解释与制度创新解释两条学术进路进行一个沟通与融合。因此,从概念提出的视角上来看,国内学者与尼尔森差异明显。从概念内涵上来看,国内学者强调的是社会知识在改造客观世界实践中的应用,尼尔森强调的是经济活动中分工协作的行为模式，两者也存在明显的区别。

尼尔森有关社会技术的思想中，暗含着不同层次、不同类型的社会技术。首先，尼尔森将"制度"包含在社会技术的范畴内，认为制度是标准化了的、具有行动预期的社会技术。因此，法律、法规、政策等属于社会技术的范畴。同时，产业商业模式对特定社会特定组织的经济绩效产生明显的影响，是社会技术的重要内容之一。此外，尼尔森认为社会技术具有文化共享性，需要一定的深层次的支撑结构，如特定的信仰体系、文化共识等，见图 2-1。

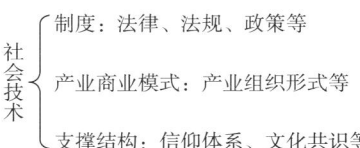

图 2-1　社会技术的分类

资料来源：Nelson, R. R., Sampat, B. N., "Making Sense of Institutions as a Factor Shaping Economic Performance", *Journal of Economic Behavior and Organizations*, No. 44, 2001, pp. 31-54.

国内学者田鹏颖等在对社会技术的种类进行划分时，将社会技术分为"作为制度的社会技术"与"作为意志的社会技术"，见图 2-2。其中，"作为制度的社会技术"包括法律、政策、制度与章程等，与尼尔森论述中第一、第二层次的社会技术有类似之处。"作为意志的社会技术"包括社会特定的道德规范、宗教信仰、哲学理念、风俗习惯等，这类社会技术通常以"内省""慎独"的方式影响行动者的思想与行动，属于深层次的、隐含性的社会技术，与尼尔森认为的社会技术具有文化共享性、文化共识性有一定的类似之处。

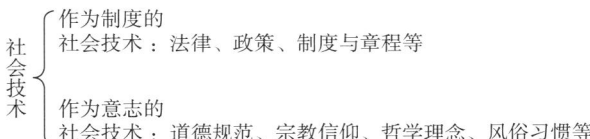

图 2-2　社会技术的分类

资料来源：田鹏颖：《社会技术概论》，《社会科学辑刊》2002 年第 2 期。

可以看出，关于社会技术的已有研究和论述已经明确将政策、法律、法规等纳入社会技术的范畴，同时将产业商业模式等纳入社会技术内涵之中。对于文化、信仰、习俗等思想与精神层面的社会技术也有所隐含。本书认为，那些更具隐含性、更具深刻性的"思想"与"精神"层面的社会因素，如具有某种相对稳定特征的社会气氛、社会精神等，对社会行动者的影响，对特定社会的改造作用更加根本、更为重要。因为这些因素更多的是对行动者"思想"与"精神"形成作用，构成行动者的"思想规则"，从而影响行动者的精神气质，如民主化、自由化的社会气氛对科技工作者创新、创业精神的影响。这类因素对于创业活动尤为关键。

综合国内外学者有关"社会技术"思想，笔者将"社会技术"概念分为政府政策法规、产业商业模式与社会气质三个层次，如图2-3所示。政府政策法规主要指公共权力部门制定发布的具有公共约束力的行动规则，包括激励性规则与限制性规则；产业商业模式，是"社会技术"的论述中关注较多的方面，是指产业分工与协调模式，产业、企业行动者之间的交互作用及其互动方式；社会气质，是具有特定属性的、稳定持久的社会风格，如民主化、自由化等。

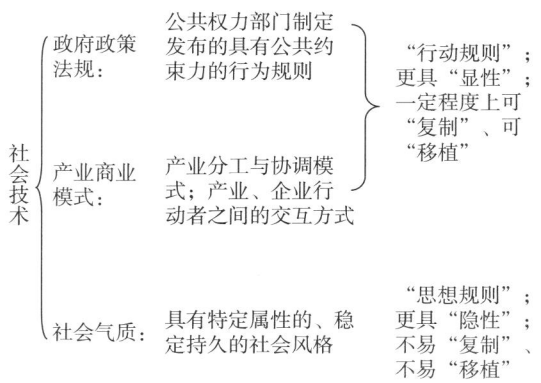

图2-3 社会技术的分层

资料来源：沙德春：《科技园区转型机制研究——物理技术与社会技术共演化的视角》，《科学学研究》2016年第1期。

政府政策法规、产业商业模式、社会气质三个层次的社会技术，对行动者"行为"的"硬性"约束力依次弱化，而对行动者"思想"与"精神"的渗透趋于增强。政府政策法规与产业商业模式主要是"行动规则"，是对相关行动者"行为"的约束性与激励性限定，影响行动者的"行为模式"，通过行动者的"行为"对外界产生作用。社会气质对行动者的"思想"与"精神"产生作用，形成或影响特定的"思想规则"与"精神气质"。政府政策法规与产业商业模式更趋"显性"，相对更易于"复制"与"转移"，易于传播学习；社会气质更趋"隐性"，不易"复制"与模仿（沙德春，2015）。

第二节 物理技术与社会技术共演化

共演化（Co-Evolution）最初是生物学领域的概念，作为严谨的学术术语由生物学家 Ehrlich 和 Raven（1964）于20世纪60年代中期最先提出。共演化不同于并行发展，共演化要求双方必须拥有改变对方适应特征的双向因果关系，而并行发展是指双方对一个环境的同时适应（Murmann，2003）。因此，共演化中的互动者之间必须存在相互的反馈机制，它们的演化动力相互交织，即一个互动者的适应性变化会通过改变另一个互动者的适应性来改变其演化轨迹，后者的变化又会进一步制约或促进前者的变化（黄凯南，2008）。共演化的思想在生物学领域得到广泛关注，并成为生物学研究的一个主要分支。由此，学者把共演化的概念通过类比的方式扩展到社会文化、组织战略、经济发展等领域的研究（张福军，2009）。从已有研究来看，共演化思想经常涉及的研究情境包括技术与制度（Pelikan，2003；Hung，2002）、产业与企业（Huygens et al.，2001；Jones，2001）、技术与产业（芮明杰等，2005）、科学与技术（Murray，2002；Kwon，2011）以及知识与能力（Fang et al.，2006；Dantas et al.，2011）等。

尽管技术与制度共演化的思想很早就有了，但尼尔森发现，从已有研究来看，更多的是关注"物理技术"对经济增长的贡献，广泛认为物理技术是生产惯例的核心，至少在古典经济学理论中，还没有明确、系统地反映有效的社会技术在生产活动中的作用。实际上，经济增长过程应该被理解为是物理技术与社会技术共演化发展的过程。一方面，物理技术与社会技术的发展有各自的演化路径；另一方面，这两种技术在促进经济增长过程中又是交互作用、相互适应的。演化的观点不否认技术演化过程中人们的目的以及对理解、使用技术有特别权利的群体对技术进步的影响，但这种作用力不是完全盲目的、随机的，不同于生物演化中的突变。这种演化过程，应该被理解为一个"文化"的过程。主要是因为以下几点：首先，发明创造需要大量的、广泛的背景知识；其次，推动技术进步总是要站在巨人的肩膀上，要利用前人已经发展积累起来的技术与认识；最后，技术的选择也是一个文化的过程，新技术的潜在用户通常以别人的使用经验来判定新技术的价值。因此，技术是一个既包括实践又包括认识的过程，领域专家不仅要有大量的"Know How"的知识，而且要有更多的分析性知识，解释实践为什么这样做，阐释当前技术的局限，并展望将来的道路与前景。

在尼尔森提出物理技术与社会技术的共演化思想后，一些学者基于这一理论框架进行了一些后续研究。Viana（2008）注意到，在医药卫生领域，仅仅掌握制药的物理技术是不够的，发展包括组织、制度等在内的社会技术对于促进医疗健康事业发展是必要的。Merito（2007）等以艾滋病毒治疗为例，从物理技术与社会技术的共演化视角对医学领域的创新过程进行研究，发现专业化的治疗指导纲领、系统的研究评估体系以及地方性的协调机制与艾滋病毒防治的物理技术是共演化的，同时减少了物理技术创新过程中的不确定性。作者进而认为社会技术是将新的物理技术引入社会—经济系统的重要中介。Chataway（2010）等将国际艾滋病疫苗行动（IAVI）与国际疟疾病疫苗行动（MVI）视为两项具体的全球性社会技术，从物理技术、社会技术与一般性制度之间互动关系的视角考察组织、管理、科学研究与一般性制度之间复杂的作用动力机制。Shum（2008）应用物理技术与社会技术共演化的理论框架分析企业从产品生产向服务提供的转型发展过程，认为企业可以通过产品结构变化与组织协调变化的综合应用促进服务增值并实现这种转变。周珊珊（2008）等基于对部门数据比较与政府政策变化分析，认为我国高技术产业的发展过程中体现出物理技术与社会技术共演化的特征，中国高技术产业的发展与技术进步、商业组织形式变化、公共政策与制度结构调整密切相关，一系列致力于促进技术进步与制度改革的发展战略的变化在一定程度上满足了高技术产业的发展要求。笔者曾基于物理技术与社会技术共演化理论视角，对市场主导、社团推动、政府发动三类典型科技园区转型升级的动力、机制与过程进行了研究（沙德春，2016）。可见，物理—社会技术共演化思想理论已逐渐得到学者的认同并在多个研究领域和研究论题上产生了影响。基于物理技术创新、社会技术发展、物理—社会技术共演化的理论思想研究创业生态系统理论模式、运行机制与优化路径具有内在合理性和研究视角的理论优势。

首先，物理—社会技术共演化理论为创业生态系统研究提供了一种系统化、整合性的分析框架。由于创业实践的复杂性及创业活动影响因素的多元性，尽管提出了创业生态系统概念，人们在研究创业行为时习惯于从科技因素和社会因素两个大的方面展开，往往在强调一个方面的同时忽略了另一个方面。在从社会因素角度探讨时，也常常是突出政策法规、商业模式、产业结构、创业文化等主要社会因素中的部分要素。物理—社会技术共演化理论视角下的创业研究，既重视物理技术创新对创业活动的影响，也强调包括政策法规、产业商业模式、社会气质在内的分层化社会技术发展对创业活动的作用，更突出物理—社会技术交互适应、协同共进对创业活动的根本性意义，从而为创业生态系统研究提供了一种系统化、整合性的分析框架。

其次，物理—社会技术共演化思想为研究创业活动的动态发展过程提供了理论分析工具。以物理—社会技术共演化的理论研究创业活动，要求掌握创业生命周期，并对创业生命周期中的创建、成长、成熟、蜕变等主要发展阶段进行辨别，以实现与物理—社会技术共演化过程的创新成果形成、转化扩散与学习吸收、技术成熟与遭遇瓶颈、问题诊断与难题攻关等关键环节相耦合，建立创业生命周期与物理—社会技术共演化的对应关系，探讨创业企业发展与物理—社会技术共演化的内在关联，进而在对创业活动所达状态进行描述的基础上推进到对创业活动过程的动态分析。

最后，物理—社会技术共演化理论思想能够揭示创业生态系统发展演进的深层次动力机制。物理—社会技术共演化的理论突出物理技术创新、社会技术发展及物理—社会技术协同共生在创业过程中的价值，同时，技术共演化图景中的社会技术概念具有分层化特征，分层化社会技术包含政策法规、产业商业模式、社会气质等不同层面的社会性因素，从物理—社会技术共演化理论视角研究创业生态系统时不可避免地会关注通常意义的"技术"，即物理技术的驱动作用，同时内在要求考察各层面社会技术的驱动作用,包括以政府为主体所开发的政策、法律、法规等社会技术,以企业为主体所设计的产业商业模式等社会技术,以社会公众为主体所塑造的特定社会气质等社会技术。因此,以物理—社会技术共演化理论研究创业活动可以较全面分析创业生态系统的动力机制,同时可以发现一些不被关注的,甚至被忽略的影响创业生态系统的关键社会因素,以揭示创业生态系统发展演进的深层次动力机制。

第三节 技术共演化视域下创业生态系统演进模型

物理技术与社会技术是促进经济增长的两轮,是驱动经济社会持续、长久发展的内在本质力量。创新驱动不仅仅指物理技术创新驱动,也包含社会技术创新驱动,社会技术创新是自主创新的应有内涵,社会技术的突破甚至是转型时期解决特定问题的关键节点。因此,作为实现经济增长与社会发展重要路径的创业行为同样受物理技术创新与社会技术发展两轮驱动,物理—社会技术的创新演化构成创业生态系统发展演进的内在动力。本书尝试从物理技术创新、社会技术发展两个维度构建创业生态系统象限模型,提炼创业生态系统的理论模式。

一 PSRC 创业生态系统理论模型

根据驱动创业生态系统主导性技术动力的差异,将创业生态系统分为四种理论形态(简写为 PSRC 创业生态系统理论模型):物理技术创新驱动型创业生态系统(Physical Technologies Innovation – Driven Entrepreneurial Ecosystem);社会技术创新驱动型创业生态系统(Social Technologies Innovation – Driven Entrepreneurial Ecosystem);物理—社会技术复制型创业生态系统(Physical – Social Technologies Replication – Driven Entrepreneurial Ecosystem);物理—社会技术协同创新驱动型创业生态系统(Physical – Social Technologies Collaborative Innovation – Driven Entrepreneurial Ecosystem)。见图 2 – 4。

第二章 技术创新驱动创业生态系统演进的基础理论 | 21

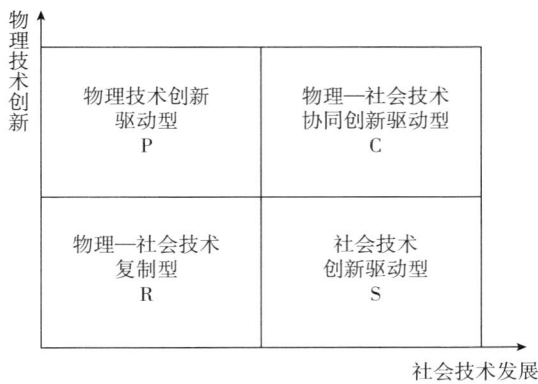

图 2-4 PSRC 创业生态系统理论模型

（一）物理技术创新驱动型创业生态系统

该类创业生态系统以物理技术创新为主要推动力量，随着物理技术的创新开发、转化扩散、学习吸收、成熟更替等逐渐发展演进，是基于创新的创业活动中最常见的模式，也是人们关注较多的创业生态系统模式。宏观上，人们常以蒸汽时代、电力时代等几次科技革命指称整个社会的经济产业发展形态即是物理技术创新驱动型社会创业活动的体现。微观上，基于"摩尔定律"的创业企业具有很强的代表性。比如电子信息产业中的处理器生产设计领域，随着半导体制程工艺从早期的微米更新到当前的纳米规格，半导体创业企业不断获得连续创业的内在动力。物理技术创新驱动型创业生态系统高度依赖物理技术的创新演化，物理技术的突破与超越成为系统发展演进的生命力，物理技术的更替演化驱动创业生态系统生命周期的波动。

（二）社会技术创新驱动型创业生态系统

这是以政策法规、产业商业模式等社会技术的创新为主要推动力量，随着社会技术发展演化而呈现阶段性成长特征的创业生态系统。社会技术创新驱动并不意味着该类创业生态系统不需要特定物理技术的支持，更不是说可以脱离物理技术而独立运行。实际上，任何经济增长活动既离不开物理技术的推动，也离不开相应社会技术的影响，是物理—社会技术两轮推动的结果，创业活动同样如此。但是在特定发展时期，物理技术，或者社会技术的推动作用会更加突出，甚至超越对方，进而成为促进创业活动的主导性因素。社会技术创新驱动型创业生态系统即是指社会技术创新发展在系统发展中的推动作用比物理技术更加突出、驱动效果更加显著的系统形态。一般在出现重大政策法规调整、产业商业模式创新等社会技术发展时,该类创业生态系统获得巨大的发展空间。另外,当某类物理技术创新趋于成熟或遭遇瓶颈时,该类创业生态系统也可获得发展契机。另外,根据前文分层化"社会技术"概念,社会技术包括政府政策法规、产业商业模式、社会气质三个层面,因此,社会技术创新驱动型创业生态系统可进一步深化为商业模式创新驱动型(企业驱动)、政策法规创新驱动型(政府驱动)和社会气质创新驱动型(大众驱动)三种类型。

(三)物理—社会技术协同创新驱动型创业生态系统

按照技术共演化理论观点,物理技术具有一定的内在发展逻辑,可沿着自身演化轨迹实现自我完善;社会技术同样具自身的发展逻辑,沿着内在演化轨迹实现自我提升。更为重要的是,两种技术之间存在交互促进、彼此适应、协同共生的共演化关系。协同创新、交织演化是物理技术与社会技术创新发展的常态,也是推动经济增长与社会发展的理想形态。因此,作为促进经济增长与社会发展的重要人类社会子系统,创业生态系统的重要理论模式即是物理—社会技术协同创新生态系统。如同物理技术、社会技术各自创新演化可构成创业生态系统的驱动力量,物理技术与社会技术的协同创新演化同样能够成为创业生态系统的主导性动力,而且从动态演化的观点看,这种创业模式更具有持续性、持久性,也更符合创业生态系统发展的内在要求。

(四)物理—社会技术复制型创业生态系统

这是指在发展成熟、普遍应用的已有物理技术和社会技术基础上所进行的简单复制性的创业生态系统。从创新的角度看,这种创业系统创新程度低,创新贡献小,缺乏创业的精神内涵,不是创新创业管理研究的主要形态(丁栋虹,2011)。

物理技术与社会技术有各自相对独立的成长体系,在创新主体、创新方式、发展路径、转化途径、技术形态等方面均存在一定的差异性,两种技术交织演化、协同共进过程中在上述各方面的差异更为显著。当不同技术创新力量与创业活动结合时,情景也更为复杂,不同技术共演化情境下的创业生态系统在理论内涵、发展特征等方面体现出各自的独特性。

二 PSRC 创业生态系统运行机制

创业活动既具有一定的连续性，又体现出一定的阶段性成长特征。从创业生命周期角度来看，创业企业可分为创建期、成长期、成熟期与蜕变期四个主要发展阶段（柳青等，2010）。同时，物理技术与社会技术的创新演化也呈现出兼具连续性与阶段性的发展特征。从技术创新的发展路径看，技术演化包括创新成果形成、转化扩散与学习吸收、技术成熟与遭遇瓶颈、问题诊断与难题攻关等关键环节。就创新与创业的内在联系而言，创业企业主要发展阶段与技术创新关键演化环节之间存在一定程度的对应关系，技术创新关键演化环节内嵌于创业企业主要成长阶段之中，成为驱动创业生态系统发展的内在动力。创业生态系统能否随着技术创新持续健康发展，关键在于是否构建起推动创业与创新耦合交融、协同共进的运行机制。

（一）物理技术创新驱动型创业生态系统演进机制

从技术发展的内在逻辑看，每一项物理技术都存在特定的发展阶段与形态更替。通常情况下，物理技术的创新发展遵循创新成果形成、转化扩散与学习吸收、技术成熟与遭遇瓶颈、问题诊断与难题攻关等演化环节，对应着企业创业生命周期的创建、成长、成熟与蜕变等主要发展阶段并对其产生作用。物理技术创新驱动型创业生态系统随着关键物理技术的发展演化而体现出阶段性成长特征。创业生命周期的主要阶段能否与物理技术的演化环节协同推进、创业生态系统能否随着物理技术的发展演化而做出动态调整对创业成效至关重要。如何实现各阶段的创业活动与物理技术发展演化之间的耦合交融与协同共生是促进物理技术创新驱动型创业生态系统健康成长的关键问题。因此，需要建立创业与物理技术创新协同共生的生态机制。

创业与物理技术创新活动的连续性决定了创业生态机制应渗透到创业与创新交融的整个过程。同时，物理技术周期性演化规律、创业活动阶段性发展特征以及创业过程的多因素作用，要求我们对纷繁复杂的表象进行剥离，根据创业活动的发展阶段识别、构建关键生态机制，见图2-5。创业企业在创建、成长、成熟、蜕变等不同阶段有不同的发展任务与发展路径，对物理技术创新的诉求与交合也有所差异，创业生态机制也会有所侧重。创建阶段，主要是完成创业企业的成立，创业生态机制的构建十分重要，如对关键物理技术的识别、对技术目标市场的选择、对进入时机的把握等。成长阶段，主要是实现技术的产品化、服务化，提升技术产品、技术服务的质量，因此物理技术的转化、扩散、学习、吸收等促进企业壮大的成长机制更为突出。成熟阶段，企业的规模和市场趋于稳定，产品和服务所依赖的关键物理技术也趋于成熟，甚至遭遇创新瓶颈，该阶段技术预见、技术风险识别等观测诊断机制尤为关键。蜕变阶段，创业企业面临着打破现状、模式转换、路径转变等任务，物理技术处在攻关时期，存在较大的不确定性，因此该阶段调整、适应、转型等机制十分必要。

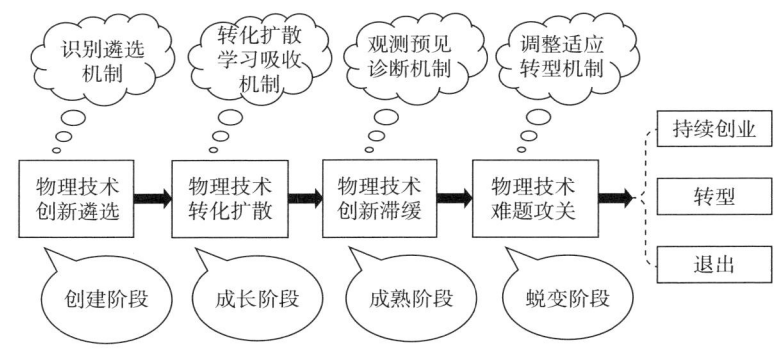

图 2-5 物理技术创新驱动型创业生态系统演进机制

（二）社会技术创新驱动型创业生态系统演进机制

与物理技术相比，社会技术具有更强的抽象性。但社会技术也具有一定的生命周期，遵循内在的发展演化规律。特定的政策措施、法律条文、制度规范乃至产业商业模式等都有其适用的时空阈值和社会情境。社会技术的周期性发展演化对以该技术为主要驱动力量的创业活动产生重要影响，主导着创业企业创建、成长、成熟、蜕变的发展轨迹。通常情况下，社会技术遵循与物理技术类似的演化轨迹，需要经历技术创新发明、技术转化扩散与学习吸收、技术发展成熟与滞缓、技术难题突破与完善等演化环节，这些环节内嵌于创业企业发展的各个主要阶段，构成推动创业活动的内在动力。创业活动能否顺利推进很大程度上取决于是否形成了依照社会技术发展演化而进行自我适应的生态机制，见图 2-6。

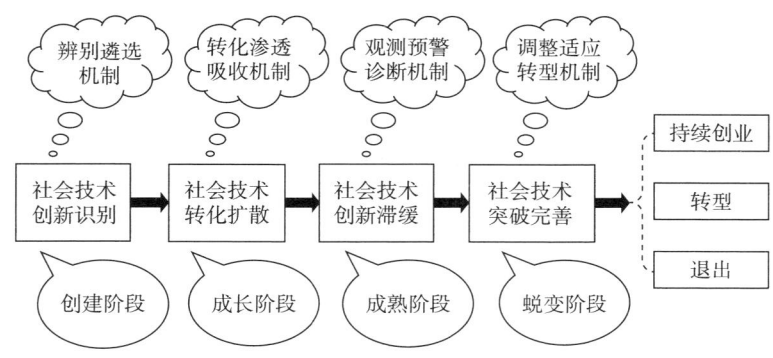

图 2-6　社会技术创新驱动型创业生态系统演进机制

在企业创建阶段,主要是对政策法规、产业商业模式等社会技术方面的创新进行辨别、遴选,选择与自身情况匹配的技术作为开展创业活动的切入点;企业成长阶段,主要是对选定的社会技术进行转化、扩散,将社会技术方面的优势转变成创业产出的优势;创业企业成熟阶段,需要对赖以发展的政策法规、产业商业模式等社会技术进行全面"审视"与"检测",强化危机意识与风险防范措施,及时发现、把握企业发展面临的社会技术问题;企业蜕变阶段,积极寻求突破与改变,促进社会技术改变、完善,或者争取新的社会技术的支持,避免路径依赖导致创业活动陷入停滞困局。

(三) 物理—社会技术协同创新驱动型创业生态系统演进机制

物理技术与社会技术有各自相对独立的发展规律与生命周期,同时两者之间又存在彼此交融、相互促进、协同共生的共演化关系,因此物理—社会技术协同创新驱动型创业既要遵循物理技术演化规律,又要重视社会技术发展逻辑,更需要把握物理—社会技术交互演化的路径与特征。物理—社会技术共演化的主要环节渗透在创业企业的创建、成长、成熟与蜕变的各阶段之中,成为推动创业企业发展的驱动性力量。见图2-7。

创建阶段,既要重视对关键物理技术、技术目标市场的识别,又要重视相关政策措施、法律制度、产业商业模式等社会技术的应用,更需重视物理技术选择与社会技术选择两者之间的匹配状况对企业创建的影响;成长阶段,重在构建物理技术及相应社会技术的转化、学习、扩散

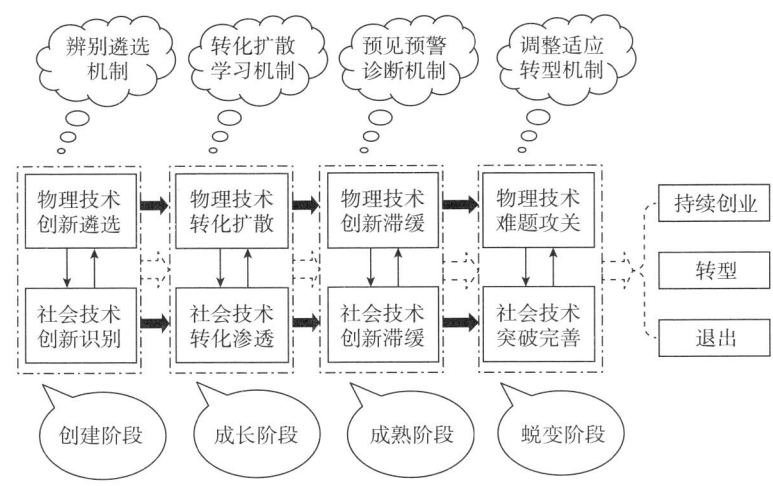

图 2-7 物理—社会技术协同创新驱动型创业生态系统演进机制

机制,并关注两种技术在该阶段的交互作用;企业成熟阶段,既要重视物理技术的预警预见和风险识别,又要对相应的社会技术进行全面"检测",尤其要构建起物理技术瓶颈与社会技术障碍恶性叠加的防范机制,减轻或避免物理—社会技术恶性演化对创业活动的负面影响;创业企业蜕变阶段,积极探索物理技术的突破和社会技术的改进,寻求两者新的交互演化路径,打通症结,转换路径,力求实现连续创业或转型发展。

三 PSRC 创业生态系统优化路径

基于技术共演化的角度,创业生态系统可以分多种理论模式。然而,各类模式之间并非截然对立或不可跨越,不同模式之间具有一定程度上的"通约性"与转化可能。通过不断转化使创业活动成为一个连续、持久的过程,为创业生态系统的形成、发展提供源源不断的动力。

根据技术共演化理论,物理—社会技术协同创新驱动型创业是最符合创业生态系统构建要求、最具生态特征和最理想的创业模式,其他创业模式理论上应该向该模式转化。然而,实际上并非如此。从创业活动的发展方向上,创业生态系统转化总体上可分为正向转化与负向转化两个方面。正向转化是指创业活动由低技术含量向高技术含量、由模仿性创业向创新型创业、由简单创新向复杂创新、由低价值创造向高价值创造的转化，通过这种转化，为创业行为提供增进力量和推动因素，促进创业生态系统的形成与优化。反之，则属于负向转化。正向转化是创业模式转化的理想路径，也是创业企业成长过程中力求实现的愿景。考虑到创业活动的实践意义以及模式转化的复杂性，本书重点分析创业生态系统的正向转化。

从物理技术、社会技术各自内在发展逻辑及物理—社会技术共演化轨迹来看，创业生态系统的正向转化包括四种路径：物理技术创新驱动型转向物理—社会技术协同创新驱动型（P-C）；社会技术创新驱动型转向物理—社会技术协同创新驱动型（S-C）；物理技术创新驱动型转向社会技术创新驱动型，再转向物理—社会技术协同创新驱动型（P-S-C）；社会技术创新驱动型转向物理技术创新驱动型，再转向物理—社会技术协同创新驱动型（S-P-C）。

创业生态系统优化的P-C路径，即由物理技术创新驱动型向物理—社会技术协同创新驱动型转化。通常情况下，每一项物理技术都具有一定的生命周期，并遵循特定的发展轨迹。物理技术的发展演化对物理技术创新驱动型创业生态系统的建立、成长、成熟等各个阶段产生重要作用。当某项物理技术发展成熟或遇到创新瓶颈时，高度依赖该技术的创业活动也将遭遇发展困境并面临路径选择问题。此时，若通过物理技术难题攻关克服了技术瓶颈，则可以延续P模式推动创业活动继续进行；若物理技术内在演化难以自我突破，在借助政策法规、产业商业模式等社会技术的辅助性作用下突破了物理技术瓶颈，逐渐形成物理—社会技术交织演化推动创业活动持续发展的局面，该种情景则实现了创业生态系统的P-C路径转化，即由物理技术创新驱动型转向物理—社会技术协同创新驱动型，见图2-8。

创业生态系统优化的S-C路径，即由社会技术创新驱动型转向物理—社会技术协同创新驱动型。政策法规、产业商业模式等社会技术也存在一定的适用周期，需要特定的情景支持。当某项社会技术发展演化日趋成熟或遇到障碍时，同样会对高度依赖该社会技术形成的创业生态系统构成重要影响。若通过政策法规调整、产业商业模式更替等内在创新方式实现社会技术自我突破，创业活动则可以延续C模式进一步推进；若社会技术障碍难以通过自身发展实现突破，在物理技术创新辅助性作用下克服了社会技术瓶颈，并逐渐形成了社会—物理技术协同发展推动创业活动有效运转的局面,该种情景则实现了创业生态系统的 S - C 路径转化,即由社会技术创新驱动型创业生态系统转向物理—社会技术协同创新驱动型创业生态系统,见图 2 - 8。

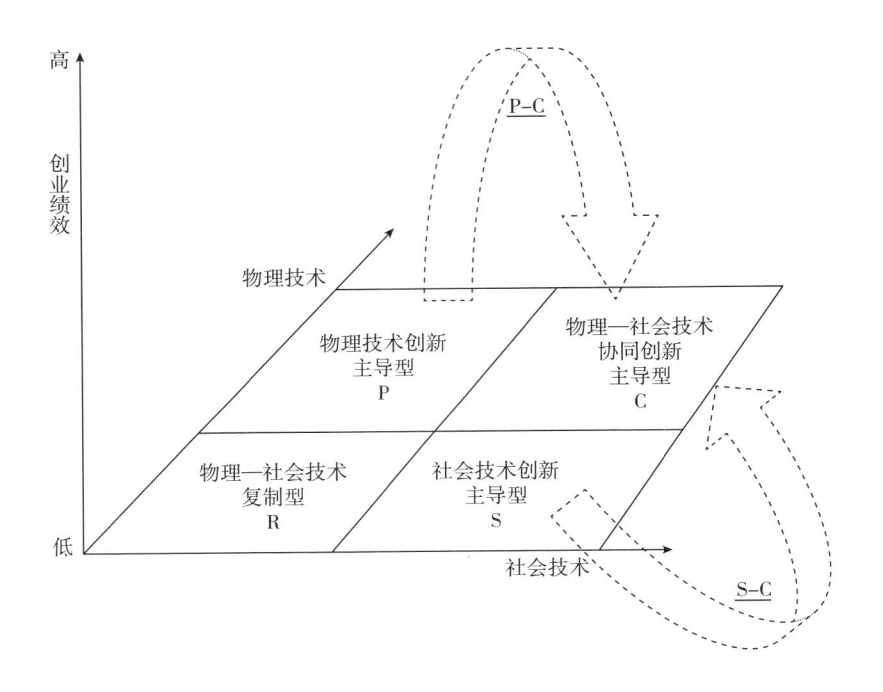

图 2 - 8 创业生态系统优化路径：P - C；S - C

创业生态系统优化的 P - S - C 路径,即物理技术创新驱动型经由社会技术创新驱动型转向物理—社会技术协同创新驱动型。当某项或某类物理技术发展达到成熟或遭遇瓶颈,无法通过内在发展实现自我突破,高度依赖该物理技术的创业活动发展滞缓甚至无法推进,此时,出现了政策法规、产业商业模式等重要社会技术的创新,这些社会技术创新短期内并未实现物理技术瓶颈突破,但消除了创业活动滞缓局面,赋予创业新的动力,并逐渐成为创业生态系统的驱动性动力。此时,实现了创业生态系统的 P - S 路径转换,也就是物理技术创新驱动型转化为社会技术创新驱动型。当社会技术创新驱动型创业经历上述 S - C 转化时,则实现了创业生态系统的 P - S - C 转化路径,见图 2 - 9。

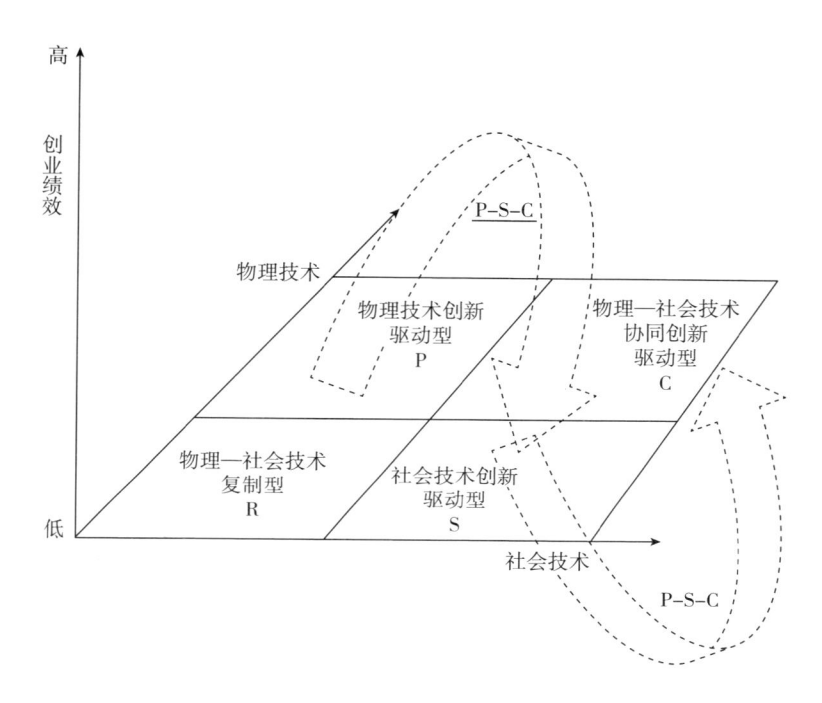

图 2-9 创业生态系统优化路径：P-S-C

创业生态系统优化的 S-P-C 路径，即社会技术创新驱动型创业生态系统经由物理技术创新驱动型转化为物理—社会技术协同创新驱动型的过程。某些政策法规、产业商业模式由于社会技术环境变化、适用周期限制，或因自身缺陷等多种因素无法通过内在演化实现自我突破，将会对依赖该社会技术发展起来的创业活动带来严重影响。此时，若通过物理技术创新打破创业遭遇的困局，为创业注入新的活力并逐渐成为推动创业发展的主导性动力，也就实现了创业生态系统的 S-P 路径转换，也就是社会技术创新驱动型转化为物理技术创新驱动型。当物理技术创新驱动型经历上述 P-C 转化时，则实现了创业生态系统的 S-P-C 转化路径，见图 2-10。

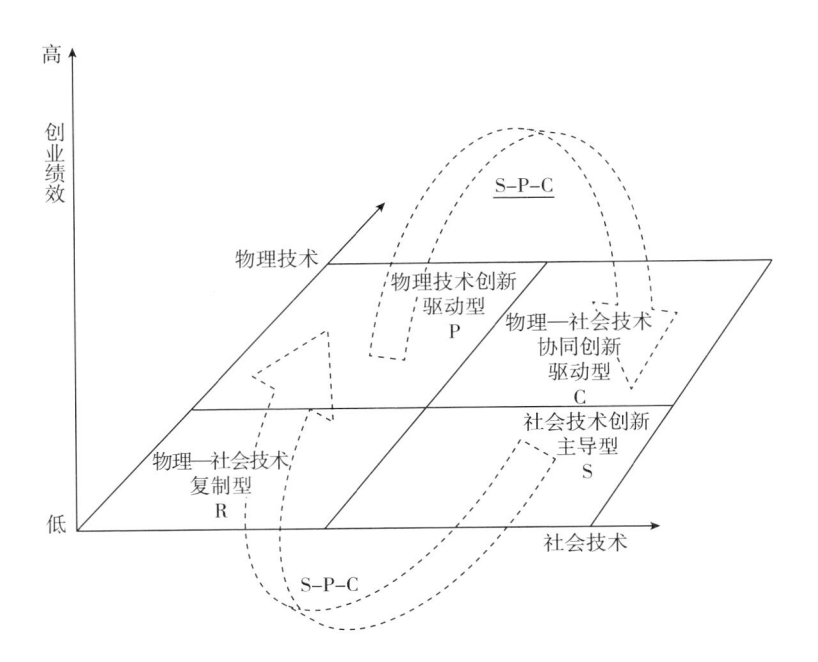

图 2-10　创业生态系统优化路径：S-P-C

第三章 商业模式创新驱动型创业生态系统理论研究

根据分层化社会技术思想，商业模式创新是社会技术创新的重要内容，商业模式创新驱动型创业生态系统是社会技术创新驱动型创业生态系统的有机组成部分。商业模式创新驱动型创业生态系统是以商业模式创新为主导性驱动力量、随商业模式发展演化而呈现阶段性成长特征的创业生态系统。本章基于国内外商业模式创新驱动创业活动的社会实践，重点对商业模式创新驱动型创业生态系统的社会经济根源、概念内涵、理论特征、优势局限及系统转化路径等问题进行理论探讨。

第一节 商业模式创新驱动型创业的社会经济根源

随着社会经济的发展及其动力演化，创业逐步成为驱动经济社会发展的重要途径，尤其是"双创"战略的提出更加确定了创业在我国经济社会发展中的重要地位。长期以来，物理技术创新对创业的作用受到广泛认可，被视为技术创新驱动型创业的主要形态。然而，物理技术创新势能转化为创业生态系统发展动能的过程离不开商业模式、政策法规等社会技术的支撑。近年来，以平台企业、共享经济等为代表的企业的飞速发展凸显了商业模式创新在创业生态系统构建优化中的独特地位。而商业模式能否推动创业企业持续发展，主要依赖于创业主体对商业模式的识别和创新能力。

一 创业成为推动社会经济发展的重要途径

人类社会经过漫长的时间从原始社会发展到现代化社会，在不同的历史发展阶段，推动社会经济发展的主要途径也不尽相同。原始社会时期，社会生产力低下，人类以捕猎觅食为生，主要是简单的狩猎经济。随着劳动工具的不断改进，社会生产水平不断提高，社会经济开始向生产性经济转变。在这个时期，劳动工具在社会经济发展中占有重要地位，劳动工具的发展成为推动社会经济发展的主要动力。到了奴隶社会时期，社会生产和分工有了进一步发展，劳动生产率的提高使劳动力可以生产剩余商品，产生剩余价值。在这个阶段，以奴隶为代表的劳动力成为推动社会经济发展的主要因素。在封建社会时期，形成了以农业和手工业为主的自然经济，土地成为人力以外的推动社会经济发展的另一重要动力。而到了工业革命之后，大机器取代了手工作坊，科学技术成为推动社会经济发展的重要途径。随着科学技术的进步和现代社会的发展，人类进入知识经济时代，中小企业有着越来越重要的社会地位，社会经济越来越依赖于创业活动的支撑，创业逐渐成为驱动经济社会发展的重要动力。

当前，中国经济发展进入新常态，正处于经济动能转换的关键时期，创业在经济社会发展中扮演着重要的角色。改革开放以来较长时间内，我国经济快速发展主要依靠资本、劳动力等要素投入，走的是高投入、高消耗、低产出的粗放型经济发展模式。但现在我国面临着劳动力短缺、产能过剩、经济发展失衡、资源环境问题加剧等实际难题，要素驱动已经难以为社会经济发展提供持久动能。所以，我国需要转变经济发展动力，使经济从高速度增长转向高质量增长，由粗放型经济发展模式转向集约型发展模式。人力资源和技术进步在经济社会发展中占据了越来越重要的地位，因此创新将成为社会经济发展新的驱动力，而创业是实现创新社会经济价值的重要途径。

受科技积累和发展阶段的制约，我国在相当长的时间里践行"引进—消化—模仿—再创新"的科技发展路径。当前，这种创新模式遇到发展瓶颈，已经难以满足国家经济社会转型发展对技术创新动力的时代要求，自主创新成为驱动中国经济社会走向更高发展阶段的必经之路。为了更深入地实施创新驱动战略，国家提出了"大众创业，万众创新"的发展号召，致力于通过创业带动创新及社会经济的发展。同时，随着经济转型，我国的产业结构也亟须转型升级。我国的经济高速增长期也是国家实现工业化的过程，在此期间第二产业蓬勃发展，是经济发展的主要产业动力。之后，由于新兴产业的兴起，第三产业快速发展，2012

年第三产业的增加值占 GDP 的比重超过第二产业，达到 45.5%（孔令池，2018），2016 年服务业占 GDP 的比重上升到 51.6%，对国民经济增长的贡献率为 58.2%。以高新技术产业为代表的知识和技术密集型产业的比重也不断上升，2013—2016 年，我国的高新技术制造业增加值占规模以上工业的 12.4%。2016 年，全国规模以上的高技术服务业企业达到 3.5 万家，从业人员超过 600 万人（赵昌文，2018）。在社会发展方面，人口的不断增加导致我国就业形势愈加严峻，大学生就业问题更是其中的难点和重点，仅 2016 年我国高校毕业生人数就达到了 765 万人，"就业难"还大量存在于农民工以及其他社会弱势群体中。鼓励自主创业可以有效缓解就业压力，据国家人力资源和社会保障部统计，2016 年新登记的大学生创业人数为 61.5 万人，农民工返乡创业超过 450 万人，初创企业新增招聘岗位超过 240 万个。随着"双创"的大力推行，创业主体大量出现，创业带动就业的实践效果逐步显现。

从历史演化角度看，创业对我国经济社会发展起到重要推动作用，一定意义上，中国改革开放以来的多次创业热潮蕴含于我国社会经济转型的全程，并成为推动转型发展的有利因素。1978 年党的十一届三中全会确定了改革开放的经济发展战略，开始大力发展个体经济，许多返城未就业知青和社会底层人群因为生存压力开始个体经营，第一次创业热潮开始。1981 年，全国个体户达到 100 万户，之后几年数量规模迅速发展，到 1985 年突破 1000 万户。与此同时，受创业成功个体户示范效应的感召，许多科技人员和公职机关人员纷纷"下海"，柳传志、王石等中国第一代企业家在此时赚取了自己的第一桶金。1992 年，邓小平"南方谈话"时明确提出"三个有利于"，并指出计划经济和市场经济都是经济手段，使国人挣脱了思想束缚，市场经济得到进一步发展，第二次创业热潮来临。同时，以建立现代企业制度为重要目标的国有企业改革令许多公职人员抛弃"铁饭碗"开始经商创业。根据国家人力资源和社会保障部的数据，仅 1992 年就有 12 万公职人员下海，1000 多万公职人员停薪留职。第三次创业潮开始于互联网时代，科技发展改变了人们的生活方式，同时也带来了大量机遇，创业范围不再局限于传统的制造业和服务业，也涉及金融、互联网等新兴领域。1998 年，马化腾创立了腾讯；1999 年，马云创立了阿里巴巴；同年，李彦宏辞掉硅谷的高薪工作回国创建百度，这些典型的成功创业不仅改变了人们的生活方式，同时推动了社会经济的发展。

二 商业模式创新成为创业的重要内在驱动力

创业的驱动力一般包含物理技术和社会技术，物理技术主要指的是科学技术等以自然规律为基础的"硬技术"，而社会技术主要包括政策法规、产业商业模式、社会气质三个层次（沙德春，2017）。其中，科技创新对社会发展的推动作用已得到普遍认可，随着科技对经济社会的深度融入，创新对人类社会重要经济行为——创业的驱动作用也日益强化。尤其是近代以来四次工业革命均给社会经济发展带来了颠覆性的变化。18世纪第一次工业革命，蒸汽机、纺织机等各种机器的改良和发明使大工厂生产代替了手工作坊；19世纪后期第二次工业革命是基于科学发展的技术创新，发电机、电话等的发明给社会生活带来了巨大改变，电器被广泛应用于工厂生产中，伴随这些科技创新出现了很多新兴工业，如电力工业、石油工业等；第三次工业革命的出现是由于科学理论取得了重大突破，科技创新主要集中在原子能技术、电子计算机技术、航天技术等高新技术领域，极大地推动了生产力的发展；进入21世纪，人类正面临第四次科技革命，此次科技革命以人工智能、清洁能源、量子信息技术等为重点领域，本质上是一场绿色工业革命，将引发诸多新产业、新业态的兴起，为人们的生产生活带来深刻的变革，同时也将为创业活动注入新的驱动力。

科技发展对社会经济有着重要的影响，然而科技不是孤立于社会的独自系统，仅依靠科技自身难以充分实现其经济价值，也难以将创新活力转化为源源不断的创业动力。只有科技与产业相融合，创新活动向企业商业行为高度渗透，科技成果转化为具有增值价值的产品或服务，才能实现科技创新的社会经济价值和创业驱动效果。商业模式的应用及创新是促成科技创新与商业活动相结合的有效路径。同时，从国内外创业企业发展实践看，商业模式创新已成为驱动企业开展创业活动的重要内在驱动力。商业模式的概念在20世纪50年代就已经提出，但直到90年代才被广泛使用。进入21世纪，由于互联网的兴起，许多新创企业借助互联网平台技术在短短几年内实现飞速发展，取得巨大成功，例如Amazon仅仅几年的时间就发展成为全球最大的图书零售商，对传统的图书销售行业造成重大冲击，而这些不同于传统企业的发展方式使人们开始关注这些企业独特的商业模式，商业模式创新也逐渐从互联网行业扩散到其他行业。当前,各国企业面临的国际、国内环境更趋多变,竞争压力巨大,创业企业欲在复杂多变、竞争激烈的创业生态中得以生存并实现持久发展尤其需要不断地进行商业模式创新以建立自己的竞争优势。同时,这些新型商业模式释放出的强大的生命力、竞争力以及带给企业的不同于技术创新的持久性动力,促使企业家们重新思考商业模式的重要性。商业模式创新越来越受到创业者的重视,被视为提高企业竞争力的重要手段,进而逐渐成为推动创业活动持续有效发展的重要内在驱动力。

三 创业主体商业模式创新识别能力的提升

由于科学技术对人类社会生产及日常生活的深刻、全面渗透,较长历史时期内,人们对创新的理解主要局限于技术创新,一定程度上忽略了创新所包含的另一个层面——商业模式创新。实际上,自熊彼特提出创新概念以来,技术创新与商业模式创新均是企业创新的重要内容,且两者之间具有密切的内在关联。科学技术的发展为创业企业的立足奠定了基础,但欲获得持续的利润增长,创业主体就必须思考企业的商业模式是否具有竞争力。随着数字时代来临,互联网行业迅速发展,行业内的企业依靠新颖的商业模式快速取得成功,如阿里巴巴凭借 B2B 电子商务平台模式吸引了大量的用户,企业得以迅速发展,之后商业模式的不断调整与创新使企业拥有持久的竞争力。不仅仅是在互联网行业,其他行业同样存在许多基于商业模式创新而取得创业成功的企业,如服装行业的 ZARA,它以不同于传统服装零售业的精准时尚快销模式快速抢占市场,深受追求时尚的青年群体的喜爱,成为世界最有价值的服装品牌之一。这些企业的快速成功使更多的创业主体开始关注商业模式,商业模式逐渐受到各个领域的重视。尤其是 2001 年互联网泡沫破裂之后,一些企业拥有先进的技术却难以持续发展,而部分企业因为拥有优秀的商业模式,尽管在技术方面没有优势却依旧能够保持较好的发展。科技先进企业与商业模式创新企业的发展反差逐渐让人们更加深刻地认识到商业模式创新对企业创业活动的重要价值。一项针对 IBM 公司 700 多个部门经理的调查访问结果表明,有近 1/3 的管理者认为商业模式创新居于公司创新的首要位置。

实际上,关于商业模式对企业成长的价值,学者已有过重要论述。管理学家彼得·德鲁克曾认为,当今企业之间的竞争,不是产品之间的竞争，而是商业模式之间的竞争。随着经济全球化的深入发展，商业环境的不确定性进一步增加，企业发展所依赖的主导性因素逐渐超越科技创新的范畴，商业模式创新在企业竞争力塑造中的角色日益突出。商业模式创新被认为是创新型企业应该具备的一种关键能力，是企业核心竞争力的构成要素，也是企业创造价值的重要驱动力量（Zott，2010）。从发展内涵上看，商业模式创新是创业者根据过去的知识经验对企业价值链条进行重新构建的过程（刘刚，2018）。在这个过程中，具有创业警觉的创业主体能快速识别出被忽略的商业机会，进而抓住机遇成功创业。洞察能力强的创业主体具有敏感的信息识别能力、较大范围的信息搜寻能力和快速的评估能力，这些能力有助于创业者识别机会，组合创业资源，进而实现商业模式创新。这类创业主体通常具有高度的创业警觉。创业警觉被视为创业者在行动和思维方面的一种关键能力，在商业模式创新过程中起着重要的调节作用，主要包括对信息的搜寻、与过去信息的关联、对于可盈利机会的评估三个方面（杨特等，2018）。马化腾及时发现了即时聊天工具在国内市场的空缺，并迅速抓住了这个机遇，创造了中国版的 ICQ，成功地从一名普通公司职员成为腾讯 CEO。与此同时，创业主体的网络能力对商业模式创新同样具有重要影响。商业模式创新的过程通常伴随对各种资源的拼凑组合，而创业主体的网络能力是实现资源整合的基础（刘亚军等，2016）。创业企业在发展初期通常处于资源不足的状态，需要依靠创业者的网络能力寻求可靠的合作者，获取所需资源，从而推动商业模式创新。在商业模式创新的后期，创业企业重点需要优化企业价值链，这不仅需要企业内部各个方面的配合，还需借助创业主体的网络能力协调好各利益相关者的利益要求，控制各个环节的风险。创业企业在市场中的优势地位一定程度上源自不断创新的商业模式，而商业模式潜在价值的释放某种意义上依赖于创业主体的网络能力。创业主体的网络能力越高，对市场目标的定位判断越精准，越便于不断地调整和完善企业特有的商业模式，使竞争对手难以轻易被模仿超越。

第二节 商业模式创新驱动型创业生态系统的概念内涵

由前文可知,根据驱动创业的主要动力不同,创业生态系统可以分为多种类型。以商业模式创新为主导性驱动力量,随商业模式发展演化而呈现阶段性成长特征的创业生态系统被称为商业模式创新驱动型创业生态系统。商业模式创新驱动型创业生态系统是"社会技术"创新驱动型创业生态系统的一种重要类型。为了更深入理解该创业生态系统的概念内涵,首先需要了解商业模式及其创新的内涵,以及商业模式创新与创业之间的关系。

一 商业模式的内涵

1957年,"商业模式"一词最早在出现在Bellman等(1957)的《论多阶段、多局中人商业博弈的构建》(On the Construction of a Multi-Stage, Multi-Person Business Game)一文中。1960年,Gardner将Business Model一词使用在论文的标题和摘要中,"商业模式"一词开始作为一个专业术语进入学者的视野。20世纪90年代,商业模式在企业创业实践中价值的日益突出,逐渐引起人们对其进行广泛的理论研究。由于研究领域、知识背景等差异,学者从不同角度对商业模式的理论内涵进行了阐释,但至今仍未形成统一的认识,从已有相关论述看,价值创造、企业盈利、战略系统等是人们理解商业模式较具代表性的角度。

(1)基于价值创造角度的商业模式理论内涵。Boulton(2000)认为商业模式就是企业运用已有的资产和资源为利益相关者创造价值。Afuah(2001)则认为企业运用自己的资源创造比竞争对手更多的价值给客户的方法就是商业模式。Amit等(2001)认为商业模式就是为了创造价值而利用商业机会进行的关于交易过程的设计描述。Chesbrough(2002)则将商业模式定义为一种可以反映商业活动的价值创造和分配等活动的架构。Shafer等(2005)提出商业模式是企业在价值网络中为了价值创造和获取而进行的战略选择。Jose(2009)认为商业模式是企业通过一系列的商业活动在目标市场上创造价值的过程。Dubosson等(2011)则认为商业模式是一种客户关系资本,主要是为了进行价值创造和形成企业结构,进而获得利润和持续收益。这些对于商业模式内涵的描述主要将商业模式与价值创造联系起来，阐述了企业价值为谁创造、如何创造等。

（2）基于企业盈利角度的商业模式理论内涵。盈利角度主要是从企业如何赚钱、如何通过盈利来维持企业正常运作等方面来阐释商业模式的概念内涵。Slywotzky（1996）认为，商业模式就是为公司选择自己的客户、产品和服务，并使产品和服务具有差异化的特性，同时明确自身任务和外包内容，确定市场策略和资源结构，为自己的客户创造一定的价值并取得利润。Gregory 等（1998）则将商业模式定义为企业在竞争激烈的市场环境下为获得利润所采取的一系列措施。Rappa（2001）提出商业模式是企业在价值链中确定自己的定位进而创造价值产生利润的方法。荆林波（2001）认为商业模式是企业满足客户需求、确定市场定位、达到利润目标的一系列战略组合。

（3）基于战略系统的商业模式理论内涵。Venkatraman 等（2008）认为商业模式是一种用来设计战略协调性的计划，主要根据顾客需求、知识杠杆和资源构成三个方面的因素来确定。Mayo 等（1999）认为企业创造并维持一种具有竞争力的相关业务系统设计即为商业模式。国内许多学者对商业模式的定义是基于系统的角度，他们认为这样可以比较综合全面地描述商业模式的本质。傅家骥（2003）认为商业模式是企业在包括物流、信息流、资金流的商业流程中利用资源为客户提供产品和服务，并获得利润的一种方案。袁新龙（2004）指出商业模式是企业在为客户提供服务和创造价值的同时又能给其他利益相关者带来利润的一个有机体系。李振勇（2006）把商业模式概括为企业通过提供产品和服务进行盈利，并将各种要素资源进行整合从而形成一个竞争力强且完整高效的系统来达到企业价值最大化目标的方案。原磊（2008）指出商业模式是描述企业运用相关变量、说明如何为客户和其他利益相关者创造价值并进行市场定位和资源整合的概念性工具。魏炜等（2009）则认为商业模式是用于解决企业战略问题、连接客户和企业价值的一种交易结构。

为了进一步深化对商业模式的理论认识，学者在对其概念内涵进行研究的同时，还探讨了商业模式的构成要素。由于认识商业模式理论内涵角度的不同，国内外学者对其构成要素的理解也不尽相同。总体上看，国外学者主要从企业内部、企业与相关利益主体两种角度来提炼商业模式的构成要素。

从企业自身的内容来看，Horowitz（1996）认为商业模式的构成要素为价格、产品、分销、组织特征、技术。Donath（1999）指出商业模式的构成要素有公司治理、营销战术、外部网络能力、内部网络能力、理解客户。① Rayport 等（2004）提出商业模式由价值集、财务模式、资源系统、市场空间等要素构成。Zimmerman（2001）指出商业模式由使命、收入、合法性、结构、流程、技术等要素构成。Betz（2002）则认为商业模式的构成要素为资源、销售、利润和资产。Gartner（2003）认为商业模式的构成包括核心技术投资、盈亏平衡、市场供应、能力等要素。Shin 等（2009）提出商业模式由交易模型、组织模型、资源模型、财务模型等要素构成。Amit 和 Zott（2012）认为商业模式的要素包括交易治理、交易内容和交易结构三个方面。

更多的学者是从企业自身和利益相关者两方面结合来理解商业模式的构成要素。Timmers（1998）指出商业模式的构成要素是市场营销战略、参与者利益、产品/信息/服务流结构和收入来源。Chesbrough 等（2002）指出商业模式由价值主张、目标市场、内部价值链结构、成本结构、利润模式、价值网络、竞争战略等要素构成。Osterwalder 等（2005）提出商业模式由价值主张、目标顾客、分销渠道、顾客关系、价值结构、核心能力、伙伴网络、成本结构、收入模式等要素构成。Johnson 等（2008）则指出商业模式的构成要素是客户价值主张、盈利方案、关键资源、关键流程。Li（2009）认为商业模式包括价值主张、目标市场、价值网络、内部价值链构成、成本结构和收益模式等构成要素。Teece（2010）则认为商业模式包括嵌入产品的技术、客户利益、细分目标市场、收入流和价值获取机制等要素。Bocken 等（2014）指出商业模式由价值主张、价值创造和传递、价值获取等要素构成。

国内学者对商业模式的构成要素也给予了关注，但是同样没有形成共识性认识。栗学思（2006）将商业模式的构成要素总结为客户的价值需求、产品的价值载体、销售的价值传递、业务的价值创造与战略的价值保护。原磊（2007）指出商业模式由目标客户、价值内容、网络形态、业务定位、伙伴关系、隔绝机制、收入模式和成本管理等要素构成。张

---

① 转引自陶虎、周升师：《基于模块化的商业模式创新路径研究》，《山东财经大学学报》2016 年第 3 期。

敬伟等（2010）认为商业模式由要素经营系统、盈利模式和价值主张构成。李新春则认为商业模式的构成要素主要有融资模式、销售模式、生产模式和管理模式。李东等（2014）指出商业模式由客户价值变换、成本结构变换和利润保护形式变换等要素构成。从上述国内外相关研究可知，尽管学者对商业模式理论内涵及其构成要素未形成一致的认识，但从多个角度对商业模式的基本理论问题进行了探讨，并得出了一些具有启发性的结论，为我们进一步认识和理解商业模式的理论本质提供重要思路。

二 商业模式创新的内涵

随着商业模式受到学者越来越多的关注，其创新问题逐渐成为商业模式研究领域里的热点论题，国内外学者对商业模式创新的内涵进行了多元化探讨。Mitchell 等（2003）指出商业模式创新是以去除客户不需要的产品属性并给客户提供最适合的产品为目的的。Magretta（2002）从价值链的角度出发，将商业模式创新定义为对企业价值链或其中要素的调整创新。Siggelkow（2002）认为在调整商业模式的过程中，只要调整达到一定的限度就属于商业模式创新。翁君奕（2004）在《商务模式创新》中提出商业模式创新是企业发现各种环境（目标客户环境、合作伙伴环境、企业内部环境等）及其关联的价值潜力，从而获得持续盈利的能力。Chesbrough（2002）认为将企业潜在的利润和技术进行有机融合的过程就是商业模式创新。钱志新（2008）在《新商业模式》中指出在商业模式创新的过程中，占领客户是核心，经济联盟是载体，应变能力是关键。Aspara（2013）提出商业模式创新是指根据顾客需求提供产品和服务，冲击或颠覆现有的市场规则并创造出自己独特运营体系的过程。Bucherer 等（2012）则认为商业模式创新就是对企业的核心要素和商业逻辑进行变革的过程。郭蕊等（2015）指出商业模式创新是由于新技术出现、市场环境变化或制度调整等外在因素产生变化，进而导致的企业商业模式的某些组成要素发生的变化。

与此同时，国内外学者从不同视角对商业模式的创新路径进行了研究，总体上可分为要素优化路径、价值增值路径和战略提升路径。持要素优化观点的学者认为，商业模式由多元化要素构成，是不同要素的组合，商业模式创新是通过要素创新及要素重新组合实现的。Weill 等（2001）提出了包含战略目标、关键成功因素、核心竞争力和收入来源四个方面的原子商业模式概念，并指出将要素以不同的方式组合就可以创造新的商业模式。田志龙等（2006）指出商业模式的两个主要核心要素是客户和产品，进行商业模式创新需要从这两大要素出发。持价值增值观点的学者主要从价值链和价值系统的创新来理解商业模式创新。企业的价值链一般是由相关的价值创造活动构成的，它包含了所有的利益相关者，企业可以通过优化其中的某些环节来寻求利润的增长。翁君奕（2004）指出商业模式由价值主张、价值支撑、价值保持三个体系构成，可以从这三个方面进行商业模式创新。关鑫等（2006）认为通过建立基于价值链的企业商业模式函数，企业可以重组价值活动来实现商业模式创新，从而达到可持续发展的目的。基于战略提升角度，有学者认为应该用战略规划类似的方法进行商业模式创新。Wolfle（2000）提出可以用SWOT分析法对企业的相关资源和竞争力进行分析，进而实现商业模式创新，他认为商业模式创新的来源就是企业外部环境和内部组织的变化。Hacklin等（2012）认为战略投入运作可以通过商业模式创新来实现。

此外，是何种因素在推动商业模式持续创新，即商业模式创新的内在动力问题也引起人们较多的探讨。根据已有研究来看，商业模式创新的动力主要体现在以下四个方面：市场环境变化、新技术发展、新机会拉动、激烈竞争的压力。（1）市场环境变化。企业通常会因为预先的计划或目的而维持一种较为固定的商业模式，但市场环境是不断变化且难以准确预知的，为了保持其竞争优势，企业必须随着环境的变化不断地进行商业模式创新（欧晓华等，2013）。在优胜劣汰的市场环境中，企业想要一直保持自己的地位，就需要创新商业模式来适应顾客需求和市场的变化（丁浩等，2013）。Sosna（2010）指出一种特定的商业模式是不能持久发挥作用的，为了企业的可持续发展就必须持续地进行商业模式创新。（2）新技术发展。由于互联网的兴起，商业模式这一术语才引起了众多学者和企业的关注，同时商业模式创新的快速兴起也源自互联网企业的蓬勃发展。互联网技术的兴起和发展代表了新兴技术的产生，而这些新技术正是商业模式创新的主要动力（欧晓华等，2013），商业模式创新的前提是新技术的出现（彭虎锋等，2014）。（3）新机会拉动。想要成功地进行商业模式创新，必须顺应局势，快速准确地抓住新的市场机会，这样才不会失去先机落后于对手。企业创业实践表明，在经济萧条时期，一些企业仍然有良好的发展，所依靠的不仅仅是财务或运营方面的管理创新，更重要的是能够发现并抓住竞争者没有看到的新机会，在危机中发展自己。所以，在某些特殊时期，企业商业模式创新的动力就是抓住稍纵即逝的机会，从而度过企业危机。(4) 激烈竞争的压力。在市场经济的环境下，市场竞争对于每一家企业都是不可避免的，而行业间的竞争压力为企业进行商业模式创新带来强劲动力。为了超越对手保持自己的竞争优势，企业就需要不断地进行商业模式创新以维持自己的地位。Yip (2004) 认为企业进行商业模式创新的动力之一就是激进型战略，进而企业可以保持优势占领一部分市场。

三 商业模式创新与创业的关联

通常而言，创业活动的顺利进行离不开商业模式，无论是实现顾客价值还是技术转化均需要通过一定的商业模式来实现。Blank 等 (2012) 曾将创业企业定义为一种为了寻找可重复和升级并能够获得利润的商业模式而形成的临时性组织。处于创业阶段的企业，社会资源占有较为有限，资源整合应用能力相对不足，与其竞争对手相比处于劣势地位，此时就更加需要依赖新颖有效的商业模式来增加企业的核心竞争力 (王迎军等，2011)。学者主要从手段导向、社会建构、制度角度和学习四个角度探讨商业模式创新与企业创业的内在关联。

基于手段导向角度的研究，主要强调了创业者的早期试验对商业模式构建的重要性，即创业者不是一开始就进行大量投资而是以少量投资试验的方法来摸索商业模式是否适合市场。该角度的研究针对的市场主要是新兴市场，在这种环境和收益均具有高度不确定性的条件下，创业者只能选择少量的几个已发现的市场机会来进行商业模式的初始设计，然后进行创业活动。随着越来越多的创业者进入市场，创业活动日渐深入，新兴市场逐渐形成具有自身独特性的体系结构，从而要求创业企业根据市场体系结构特性重新规划市场并对商业模式进行调整。Andries (2013) 发现创业企业的商业模式并非在创业初期就完全确定，而是经过多次试验才设计出有效可行的商业模式。试验的过程避免了一蹴而就的商业模式创新，减少了企业调整商业模式的风险。创业者在早期很难获得充足的信息进行环境分析，因此创业企业可以通过试验及时对商业模式进行调整，有效避免大规模投资可能带来的巨大损失。此外，创业企业进行商业模式创新时还需要结合各方面的资源以减少成本，进而降低商业模式选择的不确定性。

基于建构角度的学者认为商业模式是利益相关者社会建构的产物，强调创业企业与利益相关者之间的关系对商业模式创新的影响。利益相关者拥有构建商业模式所需的资源，所以创业者构建商业模式需要他们的认可和支持。建构视角主要分为两个方面：认知建构和意义建构。从认知构建角度看，学者主要认为商业模式是创业者根据自己的认知而主观构建的一种产物。Verstraete 等（2012）指出创业者通过整合资源来构建设计商业模式，即商业模式是利益相关者表达共同价值观的载体。研究商业模式创新和创业者认知之间的关系，可以知道创业企业的商业模式创新受到创业者及其团队的认知影响。创业者的认知未发生改变时，商业模式将进行微小的内容调整，一旦创业者的认知发生了较大变化，对商业模式的影响将会是结构性的。从意义构建的角度看，学者主要认为创业企业的商业模式创新是创业者和利益相关者共同进行意义建构和意义赋予的结果。意义建构是指创业者根据自己的构想来改进商业模式，而意义赋予是指创业者与利益相关者进行沟通之后对商业模式进行调整，但因各利益相关者的需求不同，创业者对商业模式进行调整时往往会陷入一种困惑的状态。因此，创业者需要将利益相关者的不同诉求进行综合，以此来构建商业模式，并将所构建的商业模式意义反馈给利益相关者。

从制度的角度看，创业企业的商业模式顺利实施有时会受到制度压力的影响，构建商业模式时合法化十分重要。Douglas（2001）等通过研究爱迪生的商业模式创新在合法化方面承受的巨大压力，指出创业企业的商业模式要采用稳健的设计，来合理应对合法化的压力。Moyon（2012）研究了在制度压力下，音乐企业为其商业模式创新取得合法化的过程，结果表明企业可以采用改变企业战略、调整价值创造等方法适应制度压力的系统效应，并进行商业模式创新。创业企业进行商业模式创新时应利用利益共享减少与成熟企业之间的竞争压力，并且找到企业商业模式创新和行业制度压力之间的平衡点。

从学习的角度看，部分学者认为在市场环境不确定性较大的背景下，创业企业可以通过学习这一有效途径进行商业模式创新并实现企业快速成长。Sosna（2010）指出经验学习在商业模式的探索和开发中具有试错属性，这种属性有利于创业企业进行低成本的商业模式创新。McGrath（2010）认为当企业的商业模式受到外部环境挑战时，可以通过试错进行学习，从而进行有效可行的商业模式创新。

商业模式创新对创业具有重要推动作用，创业者对商业模式的思考促使其开始创业活动，而企业商业模式创新深化、拓展或更替的演变过程将会持续推动创业活动深入开展（刘辉，2014）。Winter 和 Szulanski（2001）指出创业企业的商业模式创新是一个不断调整的过程，研究商业模式创新在创业各阶段的不同作用对创业企业的生存和发展有重要意义。在创建阶段，创业者对商业模式的创新思考可以使创业者捕捉创业机会，并不断触发创业者的创业冲动，进而将创业想法转化为实际的创业行为。同时，创业者想要进入市场并在激烈的市场竞争中立足，就需要独特的商业模式作为强有力的竞争力。而在采用特定商业模式之前，创业者需要对该商业模式的盈利性、竞争力、成长力等方面进行评估和预测，判断商业模式的可行性。因此，对于创业者来说，商业模式创新是一种有效的市场进入方式。在成长阶段，企业主要面临的是快速发展的问题。创业者通过商业模式创新将可获取的资源进行整合利用，并根据企业运营状况，不断调整商业模式不适应外部环境的部分，使之满足企业发展的需要，从而实现企业价值最大化的目标。在成熟阶段，创业企业逐渐进入稳定发展期，商业模式的微小调整已经无法克服发展瓶颈，而是需要在企业价值链方面进行系统性的创新。随后新的商业模式将通过企业运行机制实现固化，并达到稳定的状态，从而保证新商业模式可以持续地为企业创造价值。在蜕变阶段，商业模式创新对创业企业能否持续发展至关重要。创业企业通过商业模式创新可以获得新的发展动力，增加企业核心能力，从而提高竞争力，突破发展瓶颈，推动企业持续创业或转型。

四　商业模式创新驱动型创业生态系统的内涵

英国植物生态学家 Tansley 在 20 世纪 30 年代首先提出生态系统概念，认为生态系统是在自然界的特定空间中，生物群落与其自然环境不断进行物质循环和能量流动，并在一定时期内维持一种稳定平衡状态的统一整体（杨持，2000）。之后，生态系统概念逐渐被移入包括社会科学在内的多学科研究领域。20 世纪 90 年代初，Moore（1996）提出商业生态系统的概念，首次将生态系统概念引入企业管理研究领域中。21 世纪初，Prahalad（2005）进一步提出创业生态系统的概念，认为创业生态系统是商业生态系统的一部分，是一个社会主体可以协同发展、共同创造价值的具有共生特性的系统。

关于创业生态系统的理论特征，国内外学者由于视角不同，研究侧重有所差异。综合已有相关研究，学者对创业生态系统理论特征的讨论集中在以下四个方面：共生性、自我维持性、多样性和区域性。（1）共生性。共生关系是创业生态系统中主体间的典型特征。Moore（1996）认为创业生态系统的各个主体是通过共同的目标和愿景而聚在一起共同创造价值的。创业生态系统各主体间存在市场共生关系，市场机会越多，主体间的关系就越复杂，创业活动越发频繁，创造的新产品和新服务愈加丰富。创业主体间的共生关系使他们协同作用为市场创造价值，而促使创业主体选择共生行为的是主体对资源以及机会的需求。在系统内，各主体基于资源互补和知识共享形成一种较为松散的合作利益共同体。在外部环境不断变化的过程中，整个创业生态系统的平衡是动态的，创业主体只有与环境保持一致性才能进行有效的物质和信息交换，进而更好地生存和发展。（2）自我维持性。创业生态系统为了能够健康发展，需要通过自我维持性实现系统的有序发展演进，进而逐步调节由于环境变化而带来的非平衡状态，使系统发展越来越接近最优目标。创业生态系统的自我维持性主要表现在三个方面，首先是具有抵抗干扰的抵抗力，其次是可以将被破坏部分恢复到原始状态的恢复力，最后是具有多个可以发挥同种功能的要素，这样即便有部分组织退出或外部环境对其产生某些影响，创业生态系统仍可保持正常有序运作。（3）多样性。多样性是创业生态系统的最基本特征，也是系统能够持续运行、健康发展的重要基础和前提。与自然生态系统类似，创业生态系统由多元化主体构成，如大学、科研院所、创业企业、政府、金融机构等，这些主体分属于不同的行业和领域，在系统中发挥着不同的作用，而主体间的互动与合作推进创业生态系统持续发展。系统中的主体类型越趋于多元，就会有越多的市场机会被发现和应用，从而创造更多的价值，增强创业生态系统的生命力和运行效果。（4）区域性。创业生态系统植根于特定的经济社会环境，是特定区域社会系统的子系统。各地区在创业资源、创业政策、创业文化等环境要素及要素间组合方式上存在一定差异，因此不同地区的创业生态系统在系统架构、发展模式、运行机制等方面体现出一定的独特性。

创业生态系统的发展是一个从无到有再逐渐达到平衡的动态演化过

程，这个过程的有序推进主要依赖于各类运行机制，包含使系统保持动态平衡从而可持续发展的平衡调节机制、系统内各主体以合作为手段实现共同发展的共生机制、通过保持自身优势而占据生态位的竞争机制以及推动生态系统发展的动力机制（查晶晶等，2017）。同时，在创业生态系统中，大型创业企业是系统发展演进的重要内在动力，它们通常有着完善的体系并具有一定的影响力。为了获取更多利益，实现企业价值最大化的目标，创业企业将通过各种手段持续发展，为系统提供持久动力。政府的支持对创业生态系统的发展同样有着显著影响，各种支持政策的出台为创业生态系统内各主体的发展创造了良好的环境，是创业主体积极创业的一种外在诱导性推动力。而科研院所、中介服务机构等通过发挥专业优势为生态系统内各创业主体营造了一个有利于创业活动实践的文化氛围，是创业生态系统的辅助催化力。随着社会经济的发展，创业的主要驱动力在不断变化，创业生态系统的驱动力也在不断演变。如今，科技创新不再是唯一的创业动力，政策创新、商业模式创新均成为创业主体开展创业活动的重要推动力。尤其是商业模式创新以其巨大的潜力吸引了各界学者和创业主体的关注，对商业模式创新驱动型创业生态系统的研究也成了热点。商业模式创新驱动型创业生态系统就是以商业模式创新为主导性驱动力量、随商业模式发展演化而呈现阶段性成长特征的创业生态系统，是社会技术创新驱动型创业生态系统的重要组成部分。该类创业生态系统集中体现了创业主体的创业认知、创业价值观及创业资源拼凑整合方式，具有价值导向性、环境适应性、市场敏感性、演化自组织性、模式可移植性、形态多元性等理论特征。

第三节　商业模式创新驱动型创业生态系统的理论特征

商业模式创新驱动型创业生态系统主要是通过创业主体对商业模式的调整、优化实现系统有序发展，该类创业生态系统的理论特征很大程度上取决于商业模式、商业模式创新及创业生态系统的本质特征，是三者内在特质交织耦合的结果。综合前文有关商业模式、商业模式创新及创业生态系统的相关理论研究，本书认为商业模式创新驱动型创业生态系统的理论特征主要体现在六个方面：价值导向性、环境适应性、市场敏感性、演化自组织性、模式可移植性以及系统形态多元性。

一 价值导向性

商业模式创新驱动型创业生态系统以系统主体对商业模式的采用、优化、更替以及创新为主要演进动力，系统的内在运行机制与外在发展特征很大程度上取决于主导性商业模式。因此，商业模式创新所承载的顾客价值主张的根本属性使价值导向成为商业模式创新驱动型创业生态系统的首要理论特征。由前文可知，学者从不同角度对商业模式的定义内涵进行了阐释，但这些理论仍有共通之处。大部分学者均认可价值是构成商业模式核心内容的观点，这里所说的价值包含了价值创造和价值获取两个方面。也就是说，商业模式在价值层面主要描述了企业活动两个方面的内容：首先是企业如何为顾客提供价值，即价值创造；其次是企业如何通过内部生产结构优化、合作网络构建和社会资本运作来实现顾客价值并从中获取利益，即价值获取。

相关创业理论研究及创业实践活动均揭示了商业模式创新驱动型创业生态系统具有价值导向特征。有学者以"价值主张—价值创造—价值分配与获取"为主线建立了PCAA价值创造模型，认为商业模式是这些活动连接的架构，是以满足顾客价值主张为目标而进行价值创造的一种概念化模式（项国鹏等，2015）。有关商业模式构成要素的探讨尽管角度不一，但大多围绕价值创造、价值获取和价值支撑体系展开。Aziz等（2008）通过探索性因子分析对已有文献的商业模式构成要素进行分析，得出了四个独立因子：价值创造、价值获取、利益相关者和能力。价值在商业模式中的核心地位确定了以商业模式为主要驱动力的创业生态系统具有价值导向性。创业企业的发展实践进一步说明了商业模式具有价值导向特征，如我国著名电商企业唯品会的创业历程即体现了商业模式是如何通过挖掘、满足顾客价值主张进而创造企业价值的过程。唯品会的创始人从法国的名品抢购网站发现了一种顾客"硬需求"，即奢侈品的低价闪购让消费者获得了抢购的快感和消费剩余；进一步的调查访谈结果表明，国内很多女性购买网上打折奢侈品的愿望较为强烈，由此为创业团队形成了极大的创业动力。但是当时我国网上购物的消费者仅有20%左右，有能力购买奢侈品的消费者比重更小。根据中国顾客的需求特点，他们主要针对国内二、三线城市的消费者，发展中高端品牌，进行名牌商品限时特售，并且在货源上采取进多少卖多少的方式。这种商业模式创新使唯品会迅速在中国站稳了脚跟，吸引了大批的消费者。

同时，商业模式创新过程中顾客价值的重要性也体现了商业模式创新驱动型创业生态系统的价值导向性。从顾客价值的角度来看，商业模式创新就是为了更好地满足客户价值需求，解决客户亟待解决的问题从而创造出优于现有商业模式的商业运营方案。Mitchell（2003）提出商业模式创新就是以顾客最满意、最喜欢的方式为其提供所需服务的过程。Magretta（2002）认为，商业模式创新是通过对企业价值链的改进而不断实现客户价值的过程。在企业发展的过程中，虽然企业商业模式创新的最终目的是实现企业利益最大化，但是创业者必须将商业模式放在战略层面，由最初的关注企业自身利益转向更加注重顾客价值，由企业利益主导转向顾客需求主导，从而释放商业模式创新蕴含的潜在市场效益，实现企业可持续发展。由此可以看出，顾客价值主张是商业模式创新的前提，顾客价值主张的变化决定了商业模式创新的方向。例如，中国移动为了实现其企业价值，获得市场份额，根据顾客价值主张的变化不断进行商业模式创新。随着经济社会的发展，用户的需求不断提升，传统的语音业务已经无法满足顾客多样化的需求，为了维持其竞争优势，中国移动不断开发新的产品和服务满足各类顾客需求，如针对家庭用户推出家庭共享套餐，针对流量需求量大的年轻人推出无限流量王卡，针对大学在校生推出校园无线套餐等。顾客对更高质量的服务和产品的期望推动企业开发多样化、个性化的产品，以满足顾客需求，进而推动企业良性发展。

此外，顾客价值的重新定位以及价值体验是推动企业进行商业模式创新的核心要素。著名的奢侈品牌Prada在20世纪70年代由于社会环境的变化一度濒临破产，Miuccia接管企业后，重新定位顾客价值，引领顾客审美向简约发展，吸引了大批客户，使企业化险为夷，开创了另一个辉煌时期。企业进行商业模式创新的本质就是使顾客获得更好的价值体验，凡客从PPG顾客价值缺失的商业模式中吸取经验教训，在发现顾客对物流速度的迫切需求后，立刻采取应对措施，建立了"如风达"物流公司，通过仓储提高物流速度。凡客采取的开放网上评论、优化售后服务等一系列举动赢得了顾客的信任，形成了以顾客为中心的商业模式，并不断根据顾客的动态需求优化产品和服务。在商业模式创新过程中，新旧模式更替的基本原则就是选择最适合顾客需求的价值输送方式，进而根据创业发展阶段探索企业自身的价值实现路径。阿里巴巴以信息技术为支持，从顾客角度出发，颠覆了传统商业模式，构建了网上交易模式以满足用户需要。在创业的初始阶段，它更加注重企业的知名度和口碑而不是利润，当企业发展到一定规模时，才逐渐开始侧重企业价值的实现。在规模不断扩大的过程中，阿里巴巴始终围绕客户需求，为适应顾客价值主张变化而不断进行商业模式创新，致力于将消费者培养成企业的忠实客户，从而推进企业自身价值的实现和创业生态系统的持续优化。

二 环境适应性

创业生态系统不是一个孤立封闭的系统，作为社会大系统的有机子系统，它受到科技、政策、文化等多方面环境因素的影响。创业环境是由社会经济条件、政策法规、创业和企业管理能力、融资等内外部要素共同构成的一个有机综合体（Cnvayawali et al., 1994）。而系统的存在与发展要始终处于特定环境之中，在发展过程中逐渐趋向环境所容许的形态。创业企业始终带着它们所处时代和环境的印记，社会、政治和经济是影响企业发展最重要的环境因素（Aldrich, 1990）。创业者从事创业活动的过程中，不断受到政策等外部环境的影响，因此，创业企业在成立之后若一味地追求企业利润最大化而忽视政策、社会、文化等外部环境因素对企业经营活动的影响，则难以实现企业的持久生存和健康发展。环境对于创业生态系统的发展优化具有十分重要的意义，具备一定的环境适应能力是创业生态系统发展演进的内在属性要求。

对于商业模式创新驱动型创业生态系统，商业模式自身具有较强的外部环境依赖性，这决定了该类创业生态系统的环境适应性特征更加显著，系统的初建、发展、优化均受到外部环境的影响。在系统发展演进过程中，创业企业的商业模式能够适应经济、社会等外部环境要求，并促使系统从外部环境中汲取自身发展所需的物质、能量与信息，那么该商业模式在一定意义上就是一个运行有效、对企业发展起积极推动作用的商业模式。否则，环境将迫使企业进行商业模式创新，以此来使系统适应环境，使企业得到更好的发展。社会、经济、市场等外部环境处于不断变化之中，加之环境要素之间存在各种交互作用，这就要求系统主体必须洞察环境变化，对不符合环境要求的商业模式进行革新。系统自发调整以适应环境，即根据环境变化对企业战略、商业模式等进行调整，这种特性可以让系统主体在动态复杂的环境中抓住机遇，增加竞争优势，占领更多的市场份额，为系统优化提供持续强劲的动力。

商业模式创新驱动型创业生态系统的环境适应性特征，尤其是对政策环境的适应性为创业主体带来诸多便利，也使创业成功的概率大大增加。政策是创业企业生存和发展的外部支持，是减少环境不确定性与风险性的重要手段。创业者可以通过政策等来发现、识别创业机会，同时政策为系统主体提供创新创业所需要的必要资源，通过政策引导、舆论宣传、环境营造等方式支持鼓励创业活动的深入发展。此外，创业生态系统对科技环境的适应性也促使创业企业不断进行商业模式创新，以此保持自身的市场地位。科技的发展会给商业模式创新带来一定的影响，新兴科技出现后需要进行成果转化以及市场推广，这就要求相关领域企业深入挖掘顾客的个性化需求和市场潜力，从而进行商业模式创新，而且新技术的内在特点会影响商业模式的后续发展（Pries et al., 2011）。同时，科技环境的改变可能是对整个行业的颠覆性改变，包括工具的变化、原材料的变化、销售渠道的变化甚至是生产关系的变化（陶虎等，2018）。这一系列变化对创业企业提出了新要求，此时就要依靠创业生态系统的环境适应性来积极应对科技环境变化，避免与环境变化方向背道而驰，以满足不断提升的客户需求，实现系统的持续优化。例如，在手机行业，创业企业的环境适应性对企业的生存发挥着极大作用，在这个行业，信息技术快速变化，新旧产品迅速更替，给创业企业带来了极大挑战。企业只有发挥环境适应性优势，不断调整自己的商业模式，根据技术变化和顾客需求的更新来创新自己的产品和服务，才能拥有长久发展的动力。一旦企业的环境适应性无法充分发挥出应有的效果，企业将面临被顾客和市场淘汰的可能。诺基亚手机在中国市场曾经辉煌一时，但短短几年的时间就退出中国市场，主要原因在于在主流手机产品走向智能时代背景下，诺基亚未能紧跟时代发展步伐、充分发挥创业生态系统的环境适应性，而是维持保守的产品路线，固守落后的塞班系统，在智能手机走向便捷化的大环境下，诺基亚却不断推进手机的电脑化进程，与市场环境背道而驰，逆潮流而行的最终结果是被时代所淘汰。2013年诺基亚的手机业务被微软收购，更名为微软Lumia，标志着诺基亚这个品牌在手机市场画下了句号。后来居上的安卓阵营和苹果充分发挥了创业生态系统的环境适应性，迅速占领市场，成为手机市场领域的翘楚。

三 市场敏感性

对创业企业来说，要随时洞察和把握市场变化并保持对特定产品市场的占有，企业的各种措施也主要是围绕尽可能多地占有相关产品的市场份额展开。作为创业企业赖以生存和发展的重要支撑，创业生态系统同样对市场具有一定的警觉，会根据市场发展变化调整系统要素结构布局、系统运行方式及系统演进方向，从而实现创业生态系统持续优化。相对于其他类型创业生态系统，商业模式创新驱动型创业生态系统因系统发展演进的主要动力源自市场，系统关键主体——创业企业更加直接面对市场和顾客，因此系统有更充分的机会了解市场信息、把握市场动态，进而洞察市场发展变化趋势，因时因势调整系统优化方向和资源布局，推动创业生态系统有序发展。商业模式创新驱动型创业生态系统能否发挥市场敏感性优势，即能否及时了解市场和顾客价值变化，并基于变化采取恰当有效的优化措施，对系统自身健康有序发展具有十分重要的意义。

市场敏感性既是商业模式创新驱动型创业生态系统的理论特征，也是该类创业生态系统的发展优势。市场敏感性使创业生态系统能够及时调研把握市场信息，敏锐快速地发现市场变化趋势，提前调整优化企业商业模式，避免因固守成规和路径依赖而脱离市场，失去原有竞争优势，甚至被市场淘汰的危机。创业生态系统对市场的把握主要从三个方面着手，首先是对市场信息的广泛收集，其次对得到的市场信息进行共享和分析，最后要根据分析的结果采取有效措施（王春博，2015）。为保持创业生态系统的市场敏感性，系统主体通常会通过调研等方式对市场和顾客进行调查，收集市场信息以了解市场需求，及时掌握市场中的最新动态。同时，将收集到的市场信息在系统内各部门之间进行共享，通过各部门共同评估和探讨，更加全面准确地分析市场未来发展趋势，减少因信息不对称而导致的决策失误，进而适时调整自身的商业模式以保持竞争优势。尤为关键的是，系统需根据市场信息做出恰当反应，并基于市场和顾客价值诉求变化调整产品和服务的质量、规格等，或改变既有的商业模式。

从国内外企业创业实践看，许多企业通过发挥市场敏感性而获得企业长足发展。例如，世界流媒体巨头企业奈飞（Netflix）公司在立足既有市场的同时，敏锐洞察影视行业未来发展趋势，在传统影片租借公司尚在实行逾期罚金制的时候，根据市场需求提出了"租借无期限，逾期无罚金"租赁模式，采用月租费的形式提供免费的邮寄服务，极大方便了顾客，迅速占领了大量的市场份额。随着科技的发展和数字时代的到来，顾客的服务要求逐渐提高，既有的商业模式不再适应市场新需求。在任何时间能够将任何内容传送到任何地方成为市场发展趋势，顾客希望可以在任何零碎的时间内通过便携式设备方便地观赏影片。奈飞公司再次敏锐地洞察到这种变化并迅速推进商业模式创新。2008年，奈飞公司推出"立即看"影视服务，实现顾客通过流媒体在自家电脑足不出户观看影片，同时还与多家公司合作，将其服务嵌入机顶盒、电视机、游戏机等装备中。奈飞公司对市场动态的敏感性及快速行动的应对能力为其赢得了更多的忠实客户和稳定市场。具有市场敏感性的创业生态系统不仅能够及时洞察市场变化，更重要的是能够基于变化预测并开展行之有效的商业模式创新，先于竞争对手构建新的顾客价值实现方式，进行产品更新与服务升级，以此保持系统发展活力、保持市场竞争优势。国内网络媒体企业新浪正是在洞察市场变化并及时推进产品、服务和商业模式创新的基础上实现了企业快速发展。20世纪90年代末，互联网热潮在我国兴起，王志东敏锐地察觉到了当时国内网络媒体市场的空缺和顾客需求，遂决心创建新浪公司。1997年，借助对世界杯、中国申请加入WTO、台湾大地震等重大新闻的24小时网络直播确立了新浪在全球中文网站的强大优势，随后新浪不断根据市场变化扩展企业业务领域。2006年，美国推出社交网站Twitter，社交媒体逐渐在全球兴起，受此启发，2009年新浪推出新浪微博，将新浪推向了另一个高潮，到2011年4月，新浪微博的注册用户已高达1.4亿。2012年起，智能手机开始在国内使用并得到快速推广，新浪精确地预见到移动端市场的广阔发展前景，立即推进商业模式创新，纠正微博推出以来主导性的PC端固有路径，将微博从PC端扩展到移动端，践行移动化发展路径，新浪微博再次实现快速发展。据统计，当前新浪微博超过90%的用户来自移动端。之后虽然受到微信的竞争冲击，但微博针对市场的快速变化不断推出符合顾客需要的各类服务，比如与秒拍等合作将直播功能嫁接到平台之中、扶持微博大 V、借助大数据为用户定向推送高价值信息等。值得注意的是，企业在领先于对手的同时需要顾及市场需求，过度超前往往事与愿违。当初苹果公司推出第一部掌上电脑时，由于超越了当时的市场需求和顾客价值诉求，并未能为公司赢得市场并占据竞争优势。之后，基于市场需求适时推出 iPod，获得巨大商业成功，也为后续产品奠定了市场基础。因此，只有准确把握市场变化的脉搏，在恰当时机推出符合市场需求的新产品、新模式才能取得成功，为创业生态系统输入新的动力，实现系统持续优化。

四 演化自组织性

创业生态系统作为社会系统的子系统，其发展演进过程遵循复杂系统所具有的自组织一般性特征。自组织性是复杂系统的普遍性特征，系统的自组织性是指系统在一定的条件下能够自动地从混沌无序的状态向稳定有序的状态转变，由低级有序向高级有序转变，但系统这种自组织转变需要具备一定的条件。首先，具有自组织性的系统必须是一个开放的系统，系统能够与外界进行信息、能量和物质等的交换，进而增加系统的有序度。其次，系统要处于非平衡状态，这样才能使系统经历从无序到有序的发展过程，犹如在化学反应中，当反应状态已经达到极限，即系统处于平衡状态时，反应不会进一步产生。此外，系统内各要素之间要相互作用，系统各部分的协同工作会使系统从杂乱无序变得井然有序。系统中某一部分的微小变化均有可能产生巨大的影响，形成系统自我放大的演变效应，甚至以产生突变等不同寻常的方式来形成系统的有序状态。

商业模式创新驱动型创业生态系统与社会、经济、市场等外部系统具有紧密的内在关联，对外部环境系统保持一定的开放性，并与其进行物质、能量和信息交换。同时，该类创业生态系统受商业模式创新发展的内在推力和市场价值诉求变化的外在压力的双重作用，通常处于非平衡、非饱和状态。此外，该类创业生态系统的各要素之间交互影响、彼此作用，呈现复杂的协作关系。因此，商业模式创新驱动型创业生态系统作为一个开放性、非平衡态、要素间相互作用的复杂经济社会子系统具有演化自组织性，即系统通过自身的内在机制实现从简单到复杂、从无序向有序的演化。在系统要素构成上，商业模式创新驱动型创业生态系统一般包含创业企业、政府高校、各类创业人才和团队、人才市场和技术市场等创业服务机构、银行和投资公司等创业投资机构、创业文化环境等要素，不同要素承载系统运行的不同功能。其中，创业企业和创业人才（团队）是关键主体要素，直接从事创新创业活动，而政府部门为系统提供政策等引导服务，高校院所为系统提供科技成果和创新创业人才，创业服务机构为系统企业聚集资源，投资机构为系统企业提供资金来源，同时创业文化环境的发展使该创业生态系统具有更深远、更广泛的群众基础和社会认可度。系统内各要素交织影响、协同作用，共同构成系统的动力、调节、竞争、共生、反馈等运行机制，促进创业生态系统源源不断地与外界进行物质、能量、信息交换，推动创业生态系统从无序向有序、从简单到复杂的自组织演化发展。就创业实践看，不乏通过自组织演进实现创业生态系统持续优化并取得巨大经济发展的成功案例。风靡全球近半个世纪的"硅谷"模式堪称典范。

  硅谷经过长期的积累和发展成为世界上最成功的创新创业区域。首先，硅谷地区具备良好的创业环境。硅谷以斯坦福大学的人才资源和校园文化为基础，源源不断地从斯坦福获得区域发展所需的高端创新创业人才及科技创新成果，形成创新创业的先天环境优势，进而吸引全美乃至全球优质创业资源集聚硅谷，为硅谷创业生态系统的优化发展提供强劲动力。硅谷创业生态系统的快速优化，尤其是大量成功创业案例产生的社会示范效应强烈激发了大学师生的创业热情，进一步促使斯坦福采取对硅谷更趋开放、更加积极的支持政策。斯坦福允许教职工在硅谷公司兼职，将科研发明成果带至企业进行成果转化，鼓励科技创新人员在硅谷创业，并制订一系列知识产权保护制度，构建科技成果转移转化分配机制。教授与企业家的双重身份为实现科技成果转化提供了便利。其次，硅谷有着完善的金融服务机制，到 2017 年为止，硅谷有 300 多家风险投资公司，规模居于世界前列。高效率、标准化的投资运行机制保证了大量项目的成功，也保障了投资方和创业企业的利益，而灵活的投入方式和成熟的退出机制为系统提供了持续活力。此外，由创业政策体系、法律服务体系和中介服务机构等构成的发达的创业服务体系为硅谷创业生态系统发展优化提供有力支撑，也是硅谷创业生态系统自组织演化的重要推动因素。政府建立联邦研发基金援助企业项目，通过政府采购支持企业的科技创新活动，制定各种法律法规鼓励中小企业创业发展。同时，各种专业的创业中介服务机构为创业企业提供法律、金融、会计、知识产权等各类专业服务，有效化解大量中小企业在初创阶段面临的各种困境。另外，硅谷独特的创新创业文化为创业生态系统有序演进提供了重要的社会基础。硅谷在半个多世纪的发展演化中形成了以鼓励创新、勇于探索、敢于试错、宽容失败为核心内涵的创新创业文化，为创业生态系统注入了强大的活力和动力。当前，硅谷创业生态系统结构要素及运行绩效处于世界引领水平，有着较强的自组织演化能力，逐步朝着更加开放、更加有序的方向发展演进。

五　模式可移植性

对于商业模式创新驱动型创业生态系统，由于系统演进的动力主要源自商业模式的调整、优化与更替，商业模式的内在特性在一定程度上会渗入由该模式主导的创业生态系统的发展演进过程中。因此，商业模式的可复制性决定了该类创业生态系统的模式具备一定的可移植性特征。商业模式作为创业主体进行价值创造与价值获取的社会经济行为，蕴含着大量的显性知识，经过分析和学习，一定程度上可实现跨群体、跨地区、跨国别、跨产业甚至跨时代的传播与扩散，即商业模式具有可复制性，既定商业模式的核心内容可以应用于不同地区，由不同创业主体移用至不同的产业。而移植的成功与否取决于创业者在进行移植商业模式时是否进行了适应外部环境变化的调整，商业模式作为一项系统工程，其移植过程并不完全等同于简单复制，而是在进行模仿学习的同时根据行业和区域特点进行适度创新和改变，从而形成具有本土化基因或地方性特征的商业模式。因此，复制只是开始，在复制的基础上进行适应性改进是商业模式能否超越时空限制、实现有效传播的重要节点，也是能否通过商业模式创新推动创业生态系统持续优化的关键环节。

通过商业模式移植取得快速发展的创业实践案例在经济社会发展中并不罕见。当前遍布国内大中城市的如家酒店就是依赖商业模式移植取得创业成功的典型案例。如家酒店一直被视为经济型连锁酒店的代表，它的商业模式是典型的跨国移植，最初几乎是复制了欧美国家已经相对成熟的 B&B（Bread and Bed）酒店模式，即以相对低廉的价格提供舒适的住宿条件和简单的早餐。这种模式起源于美国，简化了不必要的奢华功能和服务，只保留了酒店最为核心的住宿功能，有效降低了消费成本。在如家之前中国传统的酒店模式主要有两种：一是以高花费提供高档服务的星级酒店模式；二是以低价格提供低端服务的旅店模式。而如家在两者之间开辟了一块真空地带，以中端的价格提供较高品质的住宿，侧重于提供舒适的住宿环境和简单可口的早餐，免去了娱乐、购物等花费高且不实用的服务。如家虽然是移植已有的商业模式，可它是在适合的时间引进了适合的模式。21世纪以来，中国的大众旅游业呈蓬勃发展之势，国内旅游的人次相当于人口总数的60%，传统的酒店模式难以满足人们多样化的需求，如家等经济型酒店在这个时期充分发挥其优势，满足了大众化的需求，获得快速发展。由此可以看出，商业模式移植成败的主导性因素不在于复制商业模式本身，而在于以准确的定位选择商业模式移植的时间、方式和地区并做适应性改进。在有客户需求的地区和具有发展潜力的时间阶段进行符合本土化要求的移植是扩大商业模式实践应用价值、实现创业生态系统动能提升的关键。

在进行商业模式复制时，选择正确的可移植对象是至关重要的，一般可以从五个方面辨别某种商业模式是否符合移植要求。第一，客户定位。首先要找到发展领域的用户需求，哪些是有需求的用户，该用户群体具有哪些核心需求。第二，客户的价值主张。企业价值体现在客户价值主张的实现程度，一种无法为客户提供符合其需要的、有价值的产品和服务的商业模式，无论形式上如何先进终将被客户放弃。因此，确定顾客价值主张是核心。第三，主要的业务活动。即企业的业务系统构成是哪些，确定什么样的活动可以为客户提供需要的价值主张。第四，经营资源和能力。这是企业的核心竞争力，企业的经营资源和能力是否能够实现用户需求和价值主张决定了能否成功移植商业模式，资源和能力的大小决定了企业能否健康持久发展。第五，盈利方式。企业创业的最终目的就是实现利润最大化，首先要确定自身的盈利方式是怎样构建的，了解所要移植的模式与企业自身分别是如何获得收益的，两者是否可以很好地结合，这样才能确定某种商业模式是否可以为企业带来盈利进而推动企业持久发展。由上述分析可知，企业可通过选择适合的商业模式移植对象来保障创业成功。例如，针对儿童的网络社区"摩尔庄园"就是一个模式移植的产物，它以"企鹅俱乐部"（Club Penguin）为移植对象，经过本土化改进后在中国大受欢迎。企鹅俱乐部是美国在2015年推出的以企鹅为形象的游戏社区，用户在社区内可以玩游戏、聊天并且可以通过充值获得更美观的装扮，这个社区推出后获得极大的成功。而上海淘米网跨界移植该模式，并根据中国的市场需求将其目标用户定为 6—14 岁的儿童。当时中国的网络用户逐渐趋于低龄化，青少年的上网比例逐年增高，但市场上几乎没有针对这个群体的网络服务，他们面对的是为成人设计的网络世界，淘米网认为这是一个巨大的商机。2009 年，淘米网推出摩尔庄园儿童网络社区，当时各个企业推出的网络游戏主要针对人群还是 20—30 岁的年轻人，这一举动无疑是商业模式移植上的巨大创新。而且淘米网以"妈妈放心，孩子欢喜"为标语，为孩子和家长打造了一个双方都满意的游戏社区平台。摩尔庄园的目标群体虽然是儿童，但孩子的游戏决定权一般掌握在家长手中，因此更需要向家长证明庄园游戏对孩子的益处，以满足家长的价值主张。淘米网创始人王海兵认为"成人玩游戏追求的是刺激性，而孩子对于快乐的诉求是轻量级快节奏的"。所以，摩尔庄园每周都会更新故事和剧情，无论用户量如何增长也不曾改变。摩尔庄园的商业模式移植取得成功的重要因素就是重新定位目标用户，通过商业模式创新来实现目标群体的价值主张。

六　系统形态多元性

通常而言，不同企业在创业实践中会选择不同的商业模式，每一个创业企业的商业模式都会不同程度地存在基于既定企业基因的特点和差异，即便是同一商业模式在被不同创业主体采用时也会体现出一定的差异化特征。由于商业模式在创业实践中具有多样性的表现形式，以商业模式创新为核心驱动力的创业生态系统的发展形态同样表现出多元化发展特征。商业模式创新具有多种路径，其创新的触发点来自商业模式的各个元素，任何要素或要素结构的改变均有可能引发商业模式创新。即使基于同一种路径推进的商业模式创新，在不同条件下所形成的创业生态系统也不尽相同。比如，均是从满足顾客需求入手选取企业商业模式，但是满足需求的不同方式就决定了其形成的商业模式存在差异。同样是满足顾客对豆浆的需求，永和通过餐饮连锁店的模式现做现卖，而九阳则通过售卖豆浆机让顾客自己动手制作，这两种不同的模式推动两个企业在两个不同的行业领域发展，形成具有不同特征的创业生态系统。商业模式创新并非局限在某一特定行业领域内，也有可能打破行业之间的界限形成一种新的创业生态系统。京东凭借互联网技术向网购用户售卖家用电器，避开了传统的卖场模式，对依靠连锁卖场模式获得成功的苏宁和国美造成了巨大威胁。但京东不能简单被归类为家电行业或互联网行业，它打破了两个行业之间的壁垒，跨越两个行业塑造出一种新的创业生态系统。由前文可知，人们对商业模式创新的理论内涵并未达成共识，从不同角度去理解商业模式会形成差异化的商业模式社会表征，进而勾画出形态各异的商业模式创新驱动型创业生态系统的发展轮廓。

从价值链的角度看，商业模式创新的重点是企业在价值创造活动链条中的定位，比如只重点关注价值链中的某些活动而将其他环节进行外包，或对价值链进行重组，抑或通过多个价值节点优势构造新的价值体系。很多企业基于该思路进行商业模式创新而取得成功，例如，戴尔省去中间的销售环节而采取直销的模式，美国西南航空公司针对价格敏感的客户构造了"低票价，高便利"的价值组合体系，从而形成企业独特的竞争优势。

从资源能力角度看，商业模式创新的关键在于通过对资源的利用和整合建立新的竞争优势，这里的资源包括新资源和现有资源。就新资源而言，商业模式创新主要是充分发挥新资源的潜力为企业创造新的顾客价值。比如，纽柯钢铁公司引进了可以使用废钢生产建筑用钢产品的新技术，这项技术使公司以低成本迅速占领了低端市场，取得快速发展，之后又以低端市场为基础发展高端市场，打败了许多老牌钢铁公司。从现有资源角度看，商业模式创新就是对已有资源进行创造性的应用，提升资源利用效率，为企业带来更大增值空间。麦当劳的麦乐送业务就是典型的例子。麦当劳重新审视自己的资源，充分开发其潜在价值，通过送餐将现有的资源以新方式应用，这一模式既符合顾客需求也提高了企业的资源利用率，在为顾客创造便利的同时也增加了企业价值。

从交易平台角度看，商业模式创新的焦点是通过构建交易平台将企业、价值创造伙伴、顾客等联系起来，形成新的平台网络。美国的亚马逊、eBay，中国的阿里巴巴、京东、淘宝等都是平台型创业生态系统的典范，借助平台模式，顾客可以便利地购买从生活用品到大型电器等各种商品，从根本上改变了传统的销售模式，一定程度上实现了线上交易对线下交易的替代。

从收入模式看，商业模式创新的重点是拓展各种潜在的、可能增进创业生态系统收入效益的方式和途径。该视角下的商业模式创新有很多具体情形。例如，柯达通过高利润的胶卷和低利润的相机作为互补品来增加企业盈利；通用电气售卖飞机发动机并没有多少利润，但提供的维修服务盈利颇多，这类主要就是通过互补的产品和服务来增加企业收入；谷歌、百度等搜索引擎网站不向信息搜索用户收取费用，但向网站链接公司收取一定费用。

从产品或服务提供角度看，商业模式创新的重点在于识别、激发顾客的价值盲区，以独特的产品或服务实现顾客价值，由此促进企业的发展。例如，大企业卡特皮勒以"在全球任何地点 18 小时内提供维修"为口号建立了售后服务网络，占领了大部分的市场，而小松机械公司通过提供低损坏率的产品，从另一方面赢得了大量客户。综上所述，创业主体进行商业模式创新具有理论内涵、创新路径、社会表征的多元性，从而导致以商业模式创新为驱动力的创业生态系统呈现多样性的发展形态。

第四节　商业模式创新驱动型创业生态系统的优势与局限

商业模式创新驱动型创业生态系统以商业模式创新作为系统演进的主要动力，因此商业模式及商业模式创新所蕴含的内在特征对该类创业生态系统产生重要影响，其优势与局限也在创业生态系统的演化过程中得以体现。根据商业模式及商业模式创新的理论内涵，结合创业生态系统本质特征，商业模式创新驱动型创业生态系统具有创业入门成本低、契合市场需求、周期短见效快、易于推广扩散等发展优势；同时存在易被模仿复制、模式更替快速、发展后劲不足、物理技术创新空心化等潜在局限。

一　发展优势

（一）创业入门成本低

商业模式创新驱动型创业生态系统主要通过创业主体对商业模式的选择、运用构筑优越于其他系统的发展势能，基于商业模式的升级、更替形成创业生态系统持续优化的动能。商业模式及商业模式创新所蕴含的能够推动创业活动的优势在驱动创业生态系统发展演进中会有所体现。商业模式创新驱动型创业生态系统的运行过程较为倚重思维、理念等方面的创新，只要系统主体有足够新颖的点子、想法，在自身缺乏足够创业资金的情况下也可能吸引到风投资金助力系统顺利融入市场。如果新的商业模式能够实现顾客价值和企业价值，创业生态系统即可从外部环境汲取更充足的物质、能量和信息，以实现系统有序、持久的自组织演化。相较于物理技术创新驱动等其他类型的创业生态系统需要庞大的资金支持或大量的前期投入，该类创业模式的进入成本相对较低，很多中小企业都可以通过这种方式以较快速度获得初期发展。同时，低成本的进入会促使更多创业企业选择该路径进行创业，从而为创业生态系统注入源源不断的活力。对于创业主体来说，成功的商业模式创新不仅可以为企业带来商业机会，也会为企业带来资本进而放大商业机会，实现企业价值。以商业模式创新作为驱动力的创业过程大多要通过试错行为不断学习探索商业模式，随着创业活动的深入发展，以逐步多次少量的方式进行资源成本投入，而不是创业初期就倾其所有投入大量创业资源。创业企业通过低成本的探索获得有价值的信息和反馈帮助企业快速积累经验，更好地了解行业和市场情况以降低创业风险，进而逐渐摸索出适合自身且有效运作的商业模式。特别是当前网络经济盛行的背景下，基于商业模式创新以低成本进入创业生态系统并取得一定发展成效的创业行为日趋增多。犹如众创空间向我们展示的创业情景：只要你的创意能够吸引客户，满足顾客需求，不需要自身过高的成本投入，少数几个人或一个十几平方米的工作室就可以以商业模式创新为基础开启创业活动。

同时，商业模式创新驱动型创业生态系统的构建对科技创新的依赖性相对较弱。该类创业活动并不一定基于高技术含量的产品创新，也不一定需要大量研发资源投入，选择、设计一个恰当的商业模式即可作为创业生态系统的入场券。创业主体能够在市场中找到被其他人忽略的需求盲点，或针对某类顾客群体设计出一套能够满足市场需求和实现顾客价值主张的企业运行模式，即可开展创业活动。例如，某一洗衣项目就是通过设计一种新的商业模式而以较少资本成功进入了创业生态系统。洗衣项目主要是针对学校、工厂、办公场所的用户，为满足用户更加便捷卫生的洗衣需求而设计的。公司与租赁平台合作，最初用以租代购的形式获得洗衣机，平台收回成本后，洗衣机则归公司所有。而在租赁期间，洗衣项目所获得的收入由公司与租赁平台平分，这种方式降低了公司对项目的前期投入成本。对用户来说，项目所提供的洗衣机用手机移动支付代替了传统的投币支付，避免了换硬币的麻烦。而且，公司还提供洗衣机的租赁服务，主要是针对部分不愿使用公共洗衣机而又不便购买洗衣机的用户，例如学生、租房员工等。该项目发现了市场部分用户尚未解决的需求，通过商业模式创新为客户创造价值，成功以低成本进入市场，快速获得大量用户。

（二）契合市场需求

商业模式具有明显的市场需求导向，商业模式的创新和演化内嵌于市场需求和顾客价值主张的发展变化过程中。商业模式创新驱动型创业生态系统是在契合市场需求的基础上不断寻求发展，市场需求既是系统发展的目标也是系统优化的动力。一项物理技术创新成果的形成通常是科技创新深入推进的结果，遵循科技创新活动的内在发展规律，而不一定契合当前的市场需要，它需要通过商业模式进行市场运作才能得到商业化推广，否则技术创新将长期以技术专利、科技论文等形式栖身于人类知识的殿堂，而无缘市场价值创造活动。因此，一定程度上制约了物理技术创新驱动型创业生态系统的环境感知能力与市场契合度。与物理技术创新驱动型创业生态系统不同，商业模式创新驱动型创业生态系统的显著优势之一就是与市场需求、顾客价值有着天然的紧密联系，在通常情况下，企业对市场需求和顾客价值变化进行预测，进而引发企业商业模式创新，并且商业模式创新的过程紧密围绕市场需求和顾客价值诉求得以推进。

商业模式创新驱动型创业生态系统内在的市场敏感性对系统主体的创业活动具有重要实际价值。以商业模式创新作为切入点进入创业生态系统的企业，如果其商业模式无法契合市场需求，就难以顺利跨过初创阶段的障碍，无法打开市场并在行业中立足。而对于已跨越初期阶段的创业企业，若在后期发展中未能保持商业模式与市场需求的协调，也很可能面临丢失既得市场份额的风险，进而失去市场竞争力。一定意义上，是否具有一个契合市场需求的商业模式直接影响初创企业能否有效地融入创业生态系统。尽管市场的动态变化难以完全把握，但市场发展的总体趋势在一定程度上是可以预测的。对于创业企业来说，非常重要的一项工作是进行市场定位，即明确目标市场和目标客户，在竞争激烈的市场中挖掘出竞争对手遗漏或尚未关注的市场需求，进而针对特定市场需求设计商业模式以实现顾客价值诉求。在市场竞争愈加激烈的环境下，创业企业尤需及时洞察、把握市场需求变化情况并挖掘新的市场需求，根据需求变化和价值创造要求持续推进商业模式创新、升级与更替，获取创业生态系统优化发展的持久动力。汽车租赁行业的代表性企业"好邦客"的创建和发展充分发挥了商业模式创新与市场需求高度契合的内在优势。当时，针对许多工薪阶层想拥有一辆自己的座驾却难以承担买车的高昂费用这一价值矛盾，"好邦客"敏锐地洞察到了其中蕴含的尚未被发掘的市场需求，因此，它综合了当时国内的互助会和国外的汽车银行俱乐部两种形式，以"比租车便宜，比买车方便"的服务宗旨为囊中羞涩的工薪层实现了用车梦。好邦客的商业模式主要是企业为用户提供租车服务，会员用户根据使用情况获得相应积分，并可以用积分兑换不同类型的车辆。而企业的车辆来源除了自身购买外，还回收用户的二手车，用户将车辆托管给企业就可以享受企业的会员服务，同时可以获得车辆使用费的分红，而托管到期后，车辆依旧归还车主。好邦客以零代整、租售结合的模式不仅降低了企业的运营成本，也吸引了大量汽车销售行业的潜在用户。凭借这种独特的商业模式，好邦客改变了汽车售卖行业的传统规则，迅速发展成国内具有代表性的特色车行。

（三）周期短见效快

商业模式创新驱动型创业生态系统发展演进的动力主要源自系统主体对主导性商业模式的选择、优化与更替，系统升级演化的速度与效果很大程度上取决于动力积攒及转化的速率。商业模式具有明显的市场需求导向和价值创造导向，同时具有市场敏感性和环境适应性特征。因此，对于特定的商业模式，能够在较短时间内完成基于市场变化的转化更替。相比之下，物理技术创新驱动型创业生态系统在演化周期、升级速度、成效取得等方面存在较大劣势。通常而言，物理技术的微小改进对创业生态系统的扰动效果较为有限，也难以对创业活动产生及时的推进作用。加之物理技术创新的高投入、高风险性以及创新成果转化过程的复杂性，多数创业企业无力承担高额创业成本和创业过程的高风险。而商业模式创新在短期内就能达到明显的效果，新的商业模式能否为顾客所接受，是否真正满足了顾客价值诉求在较短时间内即可得到印证。如果商业模式创新适应市场需求，能够满足顾客价值诉求，创业企业将会在较短时间内取得良好效益；反之，创业企业则会遭遇挫折甚至被市场淘汰。另外，商业模式创新并非意味着一定要研发新的物理技术或开发新产品，通常是对企业既有资源要素进行重新组合，或改变现有产品和服务的推行方式即可取得出乎意料的效果。因此创业企业通过商业模式创新进入市场可在较短时间内见证特定商业模式的价值创造效果，实现创业企业的快速发展。

商业模式创新驱动型创业生态系统升级周期短、实践成效快的内在发展优势要求创业主体在创业过程中及早找准市场定位和顾客痛点，并在企业发展中及时调整、更新、优化商业运行模式，以免造成创业受挫甚至被市场淘汰的局面。顺驰在房地产业只用了短短三年的时间就从一家小公司成了可以与万科一较高下的地产大亨，能够取得如此优秀的创业成绩很大程度上得益于企业的商业模式创新。顺驰商业模式的最大特点就是快速，从拿到建筑用地到销售房产之间的时间被最大限度压缩，用压缩资金占用时间来解决资金链条紧张、资金缺口大的问题。顺驰的商业模式虽然不是一个可以长期使用的模式，但在当时的市场环境下，该模式实现了顺驰的快速发展。戴尔公司同样有效发挥了商业模式创新驱动创业周期短、见效快的发展优势。戴尔1985年开始经营电脑业务，当年年底销售额就已经达到7000万美元。1990年其销售额达5亿美元，而到1999年戴尔超过IBM、惠普等成为全球最大的个人电脑厂商。戴尔的迅速崛起与其采用的"定制+直销"模式密不可分。当时，IBM等公司主要通过实体店铺销售电脑，这种商业模式不仅成本高，而且过于呆板，无法满足顾客对电脑的差异化需求。戴尔改变了这种传统的实体商店销售模式，而是先拿到顾客的订单和费用，根据顾客需求组装电脑向顾客发货，这种模式大大减少了电脑从生产到销售的中间环节和时间，节省了库存和店铺成本，同时有效克服了积压电脑技术过时的问题。"定制+直销"模式为戴尔电脑产品积攒了很大成本优势，同时也为戴尔公司创造了可观的盈利空间。由此可见，商业模式创新驱动型创业生态系统可以在较短的时间内取得理想的实际成效。商业模式的成功带来企业的快速发展，通过商业模式的作用，创业企业可以迅速占领市场份额，吸引大量顾客。行之有效的商业模式创新在短时间内就可以成就一个企业，使创业企业创造出比竞争对手更高的扩张速度和运营效率，成为行业的标杆；反之，不合时宜的商业模式可能快速拖垮一个企业，甚至导致企业被淘汰出局。

（四）易于推广扩散

由前文可知，商业模式创新驱动型创业生态系统具有可移植性理论特征，这种可移植性在某种意义上造就了该类创业生态系统易于被推广扩散的发展优势。无论是从企业角度、行业角度，还是地区角度，商业模式创新驱动型创业生态系统均具有易被传播、推广、扩散的潜质，这是由商业模式内在属性所决定的。有价值、有影响的商业模式创新通常具有一定的普适性，可超越特定空间、时间的局限，实现跨主体、跨情境、跨行业的有效运转。商业模式创新的社会要义不在于永不停息的创意，而在于对核心创意的多次扩散。对于特定的、行之有效的商业模式，初创企业在模式采用过程中主要是根据不同的市场条件进行适当的调整，而不是对其核心内容进行颠覆性的改变，这样才能保障初创企业以低成本、低风险方式获得持续稳定发展。而以核心内容变更的形式推进商业模式创新往往会增加创业成本和企业运营的不确定性。

商业模式创新驱动型创业生态系统易于被推广扩散的发展优势为系统主体的创业活动提供诸多便利。首先，商业模式易于被推广扩散能够更好地实现创业企业的规模化发展。在创业初期，创业主体向国内外同行学习、识别具有一定借鉴价值的商业模式，在企业内部进行小规模的试验，进而结合企业情况选择适合自身的商业模式并加以改进；随着创业活动的深入，改进优化后的商业模式得到更为广泛的推广，成为实现企业规模快速增长的主要动力。其次，模式易于推广扩散的特性有助于整个行业创业水平的提升。商业模式的扩散不局限于企业内部相关业务部门的推广，同一行业的其他竞争者也会进行学习和模仿，潜在价值高的商业模式很快会扩散至整个行业，甚至取代行业原有的商业模式，实现行业整体水平的快速提升。但是，商业模式的这种特性能将其潜在价值以指数级放大，同时也可能将模式蕴藏的风险扩大传播，因此，企业在商业模式的学习、推广、扩散过程中须加以控制和调整。这种优势在互联网行业尤为显著，我国早期的互联网创业企业多数都是将国外已有的成熟商业模式推广到国内，以此获得企业的快速发展。葛永昌于2006年创立的返利网就是将消费返利的商业模式从国外引入国内市场，填补了市场空缺。返利网通过与各大网购平台合作，用户从返利网链接进入网购平台消费后，返利网给用户一部分现金作为回馈。这种模式抓住了网购消费者对价格敏感的消费心理，因此迅速被消费者所接受，吸引了大量的用户。此后，我国出现了多家返利模式的网站，例如返还网、360返利、减购网等。不仅仅是新创企业，返利模式的巨大潜力还吸引了电商巨头，网易、腾讯等也纷纷推出返利型网站。商业模式创新驱动型创业生态系统易于推广扩散的优势为其快速发展奠定了基础，为创业主体进行创业活动降低了成本和难度，吸引了大量的创业主体进入系统，进一步增强了系统活力。

二 潜在局限

事物总是有两面性的，商业模式创新驱动型创业生态系统在具有上述各种优势的同时也存在一定的局限性。商业模式创新为该类创业生态系统带来的优势具有特定的适用范围，并存在反向转化的可能。比如，易于推广扩散、周期短见效快的优势在一定程度上也意味着模式易于被模仿复制和快速更替的局限性，而能够充分发挥优势促进系统发展，还是受到局限性的阻碍制约系统扩大，主要取决于创业主体对商业模式创新的应用程度。此外，由于该类创业生态系统驱动力的单一性，系统发展后期可能会面临发展后劲不足、物理技术创新空心化的困境。

（一）易被模仿复制

商业模式创新驱动型创业生态系统有着易于推广扩散的优势，同时也意味着该类创业生态系统易于被模仿和复制，优势的自我维持性具有一定的脆弱性。商业模式的快速广泛复制，可能会打破创业生态系统的有序发展，对系统形成较大干扰，一定程度上影响系统与外部环境进行物质、能量、信息等交换的动力与活力，甚至对既有创业生态系统的有序演化造成威胁。同时，对于该系统中的创业企业来说，其竞争优势主要源自商业模式创新，一旦这种模式被诸多同行企业模仿，创业企业自身的竞争力可能会有所下降，企业运营可能陷入困境。各种复制型企业的出现使市场同质化竞争愈加激烈，僧多粥少的局面进一步恶化，势必会影响创业企业的创业活动进一步开展，制约创业生态系统的健康持久发展。这种局限性在小米公司的发展过程中曾有清晰体现。小米开创了"线上销售+高配低价"的商业模式，这种新的商业模式加上其饥饿营销的销售手段曾为小米带来了巨大的收益和大量忠实用户。但是依托该类商业模式进行创业的门槛低，容易复制，许多企业看到这种模式的经济价值后便纷纷模仿，各种高配低价的手机开始上线，行业竞争激烈导致模式弊端开始显现，用户被多家企业分散，对小米的持续生存造成了极大的威胁。之后，小米公司通过及时的物理技术创新和商业模式调整才度过危机，在国内手机市场稳固了自身地位。

商业模式创新能使创业企业获得高速发展，但高速发展的同时往往蕴藏着企业运营过程的高风险。竞争对手可通过对商业模式的复制以较快速度抢占市场份额，弱化商业模式创新企业的竞争优势，对模式创新企业造成冲击，甚至导致模式创新企业面临生存危机。尤其在中国的互联网行业，对网络经济商业模式的复制模仿极为普遍，大批国内创业企业通过学习模仿海外互联网行业成功的商业模式来开拓国内市场。对于掌握一定物理技术创新成果的创业主体来说，若是基于物理技术创新挖掘用户的新需求或开拓满足既有市场需求的新途径，不仅需要敏锐的市场洞察力，又意味着较高的创业资本投入和产品生产周期，因此这些创业主体在创业初期往往避难就易，采取复制市场已有商业模式的捷径来推动创业活动发展。而对于创业起步即依托于商业模式创新的创业主体，通常情况下更倾向于通过模仿已被市场采用并体现出一定经济价值的商业模式来实现企业发展。加之中国本土化的政策规制、市场环境与用户习惯，海外企业难以在短期内适应中国市场与顾客价值诉求，进一步为国内互联网创业企业提供了发展空间。例如，百度复制谷歌，淘宝复制 eBay 等，这些企业通过复制商业模式获得迅速发展，而这些商业模式创新的真正创造者在中国的发展空间却十分有限。因此，完全依赖于商业模式创新作为竞争优势难以支撑企业的长期发展。更为本质的问题在于，大量复制型企业的出现，会减少整个创业生态系统主体的多元化和要素的多样性，降低系统的活跃度和自组织演化能力，进而影响系统的发展速度和规格，导致系统发展停滞甚至倒退。

（二）模式更替快速

创业生态系统的模式不是一成不变的，随着系统要素发展阶段和系统动力发展水平的演进，其模式也逐渐更替变化。尤其是对于商业模式创新驱动型的创业生态系统来说，模式更替更加频繁、周期更短，这是由商业模式自身特征所决定的。任何一种商业模式均具有一定的生命周期，同时具有其适用的特定市场、经济与社会情境，只有在特定的环境下，商业模式才能充分发挥其优势，促进创业生态系统向前发展。相关研究发现，商业模式的生命周期大多在 5—10 年，甚至更短（三谷宏治，2016）。商业模式的快速更替使商业模式创新驱动型创业生态系统难以以一种形态保持长时间的稳定发展。对于创业生态系统的关键主体创业企业来说，商业模式的快速更替也给企业发展带来了严峻的挑战，很大程度上影响着创业企业的兴衰成败。当原有商业模式无法适应市场需求，而新的商业模式尚未形成或处于市场尝试阶段时，创业企业可能会受到较大冲击，若无法采取有效措施积极应对，企业可能面临发展停滞、倒退甚至倒闭的局面。例如，在数码相机取代胶卷的市场趋势十分明显的情况下，商业巨头柯达没有及时跟随市场变化采取措施调整企业模式，导致企业最终没有跟上时代发展的脚步而宣布破产，而当前手机拍照成为更多用户的选择，对传统的相机企业同样造成了巨大的冲击。

在当今的数字经济时代，市场环境瞬息万变，商业模式创新日新月异，不断变化的外部环境对创业企业稳步发展形成重大阻碍，同时对创业生态系统的优化运行提出更多难题。适应新市场环境的商业模式取代原有商业模式成为必然，创业企业必须顺应市场发展的趋势，不断对自身的商业模式进行改进、优化乃至创新更替才能在竞争激烈的市场中占有一席之地。另外，随着生活水平的提高，消费者的消费特征也在不断变化，消费需求不断升级，旧的商业模式将难以满足客户日益变化和不断升级的价值诉求，由此，同样要求创业企业进行商业模式创新，通过模式优化或更替满足顾客新的需求。此外，科技的快速发展带动着商业模式的更替演变，互联网将世界连成一个整体，网络经济的高度不确定性和虚拟性颠覆了传统的商业模式，将商业模式创新带入了一个高频率更替的时代。东芝、摩托罗拉、黑莓等传统的电子厂商接二连三地倒闭、被并购，苹果等企业凭借商业模式创新迅速占领市场成为行业巨头。在商业模式快速更替的时代背景下，要求创业企业必须具备高度的环境敏感性，能够根据现代科技、网络经济等环境的变化及时有效地改进、优化甚至更替企业的商业运行模式。

（三）发展后劲不足

商业模式创新驱动型创业生态系统发展演进的内在动力主要源自系统主体不断进行商业模式创新，一个行之有效的商业模式能够吸引大量用户，获得外部投资，占领市场份额，进而创造价值并为创业企业赢得利润。商业模式的良性运行驱动创业生态系统持续健康发展，为创业主体提供高速度、高效率的创业支撑体系，同时为创业企业带来后发制人的机会。而且，商业模式创新也是技术商业化的必要途径，创业企业需要通过设计商业模式将技术创新转化为顾客价值和企业利润。尽管商业模式创新对创业生态系统发展演进具有强大推动作用，但由于商业模式创新的低门槛、易被模仿性等特性，长期来看一定程度上弱化了其对创业生态系统发展演进的驱动效果，也缩短了驱动力作用的时间，可能导致系统优化活力逐渐消退，系统发展速度逐渐滞缓，系统发展的可持续性受到挑战。例如在手机行业中，初期很多智能手机企业凭借着商业模式创新快速打响品牌，甚至使用低价促销模式来吸引一部分用户，销售量迅速提升，企业规模快速壮大。但这种模式只在短期内发挥出较好成效，很快就暴露出发展后劲不足的问题。锤子手机在发展前期吸引了众多用户的眼光，凭借新颖的界面和情怀受到顾客的喜爱，为其初步发展奠定了良好的基础。但由于技术水平不足以及市场需求不合等原因，锤子推出的 7 款手机销量总共只有 300 万部，而 2018 年前三个季度中国手机行业的出货量就高达 2.76 亿部，锤子手机在市场上的份额几乎可以忽略。特定的商业模式虽然可能在短期内为创业企业带来快速发展，但难以为创业生态系统提供持久充足的演化动力。

通过商业模式创新，依托于国内庞大的市场，各个商业模式创新驱动型创业生态系统快速在国内建立、发展，尤其是在互联网行业中，许多大型知名企业都是从商业模式创新起步进而创造企业辉煌的。但是对于很多产品制造过程复杂的行业，商业模式创新可以在短期内驱动创业企业打响名声，但后期企业想要稳定持续地占领市场仅仅依靠商业模式创新的力量是不够的。在竞争激烈的智能手机行业，商业模式创新对前期的品牌塑造、产品营销等方面起到很大的促进作用，但商业模式创新无法涉及智能手机的支撑技术、功能属性等核心内容，产品的技术、品质、升级等方面的缺陷使创业企业在后期逐渐失去发展劲头，缺乏核心竞争力的企业即使商业模式别具一格也难以长期在市场上扎根立足。因此，对于商业模式创新驱动型创业生态系统，尽管演化动力主要源自系统主体对商业模式的持续改进提升，但对商业模式创新的过度倚重、对物理技术的长期忽视会导致系统发展后劲不足、自组织演化乏力等问题。而且，当遇到相关行业领域出现重大技术革新与产品创新时，系统物理技术欠缺的负面效果会更加突出。

（四）物理技术创新空心化

由商业模式创新驱动型创业生态系统的理论内涵可知，该类创业生态系统初始驱动力和演化动力主要源自系统主体富有创意且持续不断的商业模式创新，商业模式的设计、优化与更替成为创业生态系统构建、升级与演变的根本力量与内在路径。由于长期依靠商业模式创新来推动系统发展，系统主体势必疲于商业模式创新，将主要资源和精力放在商业模式创新上，依赖商业模式的改进优化来维持其系统生态位优势，从而可能导致对其他创业驱动要素的忽略，尤其是对高投入、高风险、高不确定性的科技创新的忽略。但商业模式创新给创业生态系统带来的高速增长如昙花一现，随着日趋激烈的行业竞争，缺少核心技术的创业企业有很大可能会陷入发展困境。换言之，商业模式创新驱动型创业生态系统由于对商业模式创新的过度依赖，在发展演进过程中不仅会面临发展后劲不足的问题，还很有可能会出现因科技创新能力弱化带来的科技空心化问题，最终导致创业生态系统出现核心竞争力缺乏乃至面临淘汰的困境。从创业企业角度来看，过度依赖商业模式创新同样存在科技创新空心化的潜在风险。商业模式的主要功能是将企业产品与服务顺利推向市场，从而满足市场需求，实现顾客价值诉求，为创业企业带来一定利润。但是企业长期依赖于商业模式创新，不断在商业模式上投注精力和资源，而忽视了科学技术研发、新产品开发等更为根本的企业成长支撑活动，逐渐导致企业科技创新能力下降，落伍主流科技创新大潮，进而陷入产品和服务质量落后、失去竞争优势的窘境。

商业模式创新驱动型创业生态系统导致科技创新空心化的潜在风险有一定的必然性，这种必然性的形成机理源自商业模式创新与科技创新两种创新活动的本质区别。商业模式创新能促使创业生态系统高速发展，所以创业主体争相进行商业模式创新并享受这种创新带来的短期内的高成效。商业模式的快速更替，创业主体的快速进入与退出，使创业生态系统对商业模式创新形成路径依赖，进而忽视科技创新对系统演进的推动作用。相较而言，科技创新是一种渐进的、高投入、不确定性大并伴随高风险性的探索活动，在短期内难以形成如商业模式创新为创业企业带来的显著成效。因此，为了追求高速发展，先前从商业模式创新中获益的系统主体会愈加倚重商业模式创新，对科技创新的关注和资源投入越来越少，进而导致整个系统的科技创新能力也越来越低。例如，国内风靡一时的团购风潮，从商业模式创新的角度来看是新的 O2O（Online to Online）模式的典型，但因为缺失核心技术的支持，在经历短暂的辉煌后迅速走向衰落。而它的原型美国的 Groupon 之所以持续取得重大进展，主要因为它具有国内团购网站所没有的强大的数据库和数据挖掘技术等科技手段作为基础支撑。可见，商业模式创新驱动型创业活动欲持久有效推进，离不开科技创新的保驾护航。为促使商业模式创新驱动型创业生态系统从社会环境系统中汲取更充分的物质、能量和信息以增进系统自组织演化动力，系统主体在聚焦商业模式创新的同时需适度关注科学技术创新，避免系统陷入科技创新空心化的困境。

第五节　商业模式创新驱动型创业生态系统的转换路径

根据前文理论研究，不同发展模式的创业生态系统之间并非不可跨越或截然对立的，各类系统模式之间具有一定程度的"通约性"与可转化性。商业模式创新是社会技术创新的重要内容，而商业模式创新驱动型创业生态系统是社会技术创新驱动型创业生态系统的有机组成部分，其发展演进过程同样存在转化升级的内在要求与实践路径。从转化路径上看，主要包括商业模式内在升级更替型转化、商业模式创新驱动向物理技术创新驱动转化、商业模式创新驱动向物理—社会技术协同创新驱动转化等具体路径。

一　商业模式优化更替实现系统转换

商业模式是企业根据特定的市场需求设计实施的一套企业运行模式，核心目标是在满足顾客群体价值诉求的基础上为企业创造价值。也就是说，对于一套特定的商业模式，它的提出、构建与施行具有明显的市场针对性和明确的价值指向，当模式设计之初的市场环境发生显著变化、顾客价值诉求出现重要转变或企业自身价值目标具有重大调整时，既有商业模式可能逐渐失去对市场的适应性，价值创造能力逐步下降。相应地，以该商业模式为主要驱动力的创业生态系统会日渐弱化对外界环境的感知能力，进而与社会大系统进行物质、能量、信息有序交换的良性通道会遇到阻滞。在这种社会情境下，创业生态系统就需要对既定商业模式进行改进、优化乃至替代。

当前，网络经济已深入渗透人类社会发展实践的各个方面，数字经济正悄然成为推动社会经济发展的重要因素。网络经济与数字经济交织叠加，市场环境瞬息万变，加速了创业生态系统转变升级的内在要求。从创业生态系统可能的转化方向看，商业模式创新驱动型创业生态系统在发展过程中具有不同的转化路径，其中重要路径之一就是通过商业模式的更替来实现系统的转化。也就是说，原有商业模式已无法继续为创业生态系统提供充分的发展动能，也难以通过对该商业模式进行局部改进与优化来克服动力瓶颈，从而产生了对原有商业模式的根本性变革或替代，以维持创业生态系统持续演化发展。这种更替只是对特定商业模式的更替，是新商业模式对既行商业模式的更替，推动创业生态系统发展演进的主要动力本质上依然是商业模式创新，动力类型并未发生实质性改变。当系统的主导性产品或服务无须技术性能的根本性改进，而依然能满足市场需求的情况下，创业生态系统可通过商业模式优化变更的途径来增强发展动力、降低运转成本、完善价值目标，进而实现系统的优化发展。

当用户的消费观念和消费模式受社会环境影响产生变化时，创业生态系统既有的商业模式可能会难以适应，阻碍系统发展，因此需要进行商业模式的优化或更替以推动创业生态系统持续发展。苹果通过产品结合设计了新的商业模式来代替原有的商业模式，即用"iPod + iTunes"模式替代原本的"iPod"模式，商业模式的创新改变了传统在线音乐市场规则，使苹果迅速发展为市场的主导力量。而可口可乐公司面临发展瓶颈时选择了重新进行市场定位来实现商业模式更替，从而符合用户新的消费需要。根据市场调查和市场趋势，可口可乐公司将重点转向了非碳酸饮料，并进行了商业模式创新，以此来适应用户和市场需求，追随饮料市场主流向非碳酸饮料转变的发展趋势。与此同时，数量众多的合作装瓶商影响了新商业模式的实施，在企业拓展市场时起到了阻碍作用，于是可口可乐公司决定重组装瓶系统，这样就可以不通过装瓶商而直接面对消费者，确保商业模式创新的有效性。新的商业模式给可口可乐公司带来了更持久的发展动能，非碳酸型饮料在公司产品中所占比重也逐渐上升，2006年达到20%，到2007年，可口可乐公司非碳酸型饮料的销量增长了11%，是碳酸型饮料的3倍多。可口可乐公司因此成为液体饮料行业的龙头，被美国《商业周刊》评为世界第一品牌。

二　商业模式驱动转向物理技术创新驱动

商业模式创新驱动型创业生态系统在系统整体发展状况尚可维持，但发展动能有所下降的情况下，可以通过商业模式更替推动系统优化。然而，当商业模式创新驱动型创业生态系统的动力机制遇到难以逾越的发展瓶颈，也就是说既有商业模式已经无法为系统提供持续的发展动力，通过商业模式替代仍然难以为系统提供充足的动能时，就需要寻求商业模式以外的要素推进创业生态系统的持续发展。从发展动力上看，物理技术创新是可供选择的一种重要转化路径。尤其是在系统现有产品和服务明显无法满足市场需求或严重偏离顾客价值诉求，需要对其品种、功能、属性等进行重大改进时，引入物理技术创新显得更为必要。通过物理技术的引入或创新不仅可以克服创业生态系统演进动力不足问题，同时为建立商业模式的稳定优势提供了支撑，弥补了商业模式创新的发展劣势，而此时创业生态系统的主要驱动力就会由商业模式创新转向物理技术创新。

商业模式创新驱动向物理技术创新驱动转化是创业生态系统转型优化的重要路径之一，同时这种转化有着内在的必然性与合理性。如前文所述，具有一定社会价值和影响力的商业模式可能在短时间内被不同创业主体、不同地区、不同国家乃至不同行业学习模仿，这种易复制性的内在属性往往很快抵消商业模式创新为创业生态系统带来的短暂繁荣，导致系统的竞争力和生态位优势难以持久。另外，在特定阶段，物理技术创新具有不同于商业模式创新的优势。在创业生态系统中商业模式通过价值创造实现顾客与企业的价值诉求，但这种价值创造需要以具有核心物理技术的产品或服务作为载体，也就是说商业模式创新离不开物理技术创新的基础支撑作用。物理技术创新虽然成本较高，周期较长，但与商业模式相比难以被复制模仿，一旦成为创业生态系统的主导性驱动力量，可以在较长时间内推动系统发展。同时，依靠物理技术创新建立的核心竞争优势将更加稳固，难以在短期内被超越。商业模式创新的优势是短暂的，物理技术创新是创业企业的内在核心，是长期稳定立足于市场的关键，缺失物理技术创新支撑的商业模式在经历高潮之后很可能会迅速走向低谷。从长远考虑，在依赖商业模式创新取得创业快速发展后，创业企业需及时关注本领域物理技术创新动态，适时适度引入物理技术，不断开发新产品、新服务，为创业生态系统注入新的动能与势能，这样才能稳定地占有市场，维持企业长久发展。

综上可知，对于商业模式创新驱动型创业生态系统，在通过商业模式改进、优化与更替均已难以为系统发展提供持久动力的情景下，可转向物理技术创新路径推动系统转化，借助物理技术重新建立系统核心竞争优势，构筑系统发展的动力源泉，实现系统持续优化发展。在创业实践中不乏通过这种路径转化克服瓶颈取得进一步发展的案例。小米公司曾凭借商业模式创新和饥饿营销策略一路快速发展，但在众多互联网手机企业纷纷采用这种模式时，企业依赖于该商业模式所建立的优势很快就不复存在了，快速下滑的销售量一度使小米陷入低谷难以翻身。生死存亡时刻，小米公司转而寻求手机行业物理技术创新的支持，通过技术创新路径将小米重新带回市场领先者的位置，致力于研发新技术、新产品使用户对小米重拾信心，有了技术核心竞争力的小米再次获得迅速发展，成为手机行业为数不多的跨越低谷再次崛起的企业。

三　商业模式驱动转向物理—社会技术协同创新驱动

创业生态系统实现商业模式创新驱动向物理技术创新驱动转化后，系统发展演进的主导性动力即转变为物理技术创新。与商业模式类似，物理技术在通常情况下也具有一定的生命周期和适用条件，当物理技术已经发展成熟或遇到难以逾越的创新瓶颈时，以该技术作为主要驱动力量的创业生态系统就会面临发展困境，需要进行新的路径选择。如果物理技术内在演化未能实现自我突破，而是在商业模式等社会技术的作用下克服了系统发展瓶颈，逐渐形成以物理技术与商业模式等社会技术协同创新的力量共同推动创业活动发展演进的局面，系统即转化为物理技术与社会技术协同创新驱动型创业生态系统。单就理论而言，该类创业系统是最具"生态性"、最理想的创业生态系统。

创业生态系统从商业模式创新驱动向物理—社会技术协同创新驱动转化同样有其内在必然性与合理性。对创业生态系统来说，无论是商业模式创新驱动还是物理技术创新驱动均难以提供永恒稳固的系统发展动力，只有二者协同作用，相互促进才能为系统带来无穷的生命力。商业模式创新与物理技术创新不是相互对立的两个方面，而是交互作用、共生共存于创业生态系统中，只是在不同系统及系统发展的不同阶段两者的功能角色有所不同。在创业生态系统中，物理技术创新主要构建系统的核心竞争力，而商业模式创新则可以深入挖掘市场机会，将通过物理技术创新建立的核心竞争力转化为经济效益，放大并稳固竞争优势，二者相辅相成、协同演进成为创业生态系统最理想的发展模式。从更深层次来看，物理技术创新影响的不仅是技术层面，对经营战略和商业活动的变化也起着重要作用，一定程度上可以催生新的商业模式，同时商业模式创新会反过来推动物理技术创新的发展。物理技术创新在创造新的市场机会时，想要将其转化为现实效益，就需要商业模式创新来实现，以保证技术创新可以带来持续的利润；而商业模式创新使市场进一步细分，促使企业不断进行物理技术创新，开发新的产品或服务以满足顾客需求（戚耀元等，2015）。因此，商业模式与物理技术通过互推互拉实现协同创新，进而以叠加倍增效应推动创业生态系统持续升级演化。

阿里巴巴是典型的双向驱动型的成功企业，它始于独特的商业模式创新，在中国开启了电子商务时代。但它能够获得巨大的成功凭借的不仅仅是商业模式创新，物理技术的不断创新使它具有更加深厚的底蕴和难以超越的竞争力。例如，已经成为全国购物狂欢日的天猫"双十一"，每年不断刷新的成交量代表了它的成功，这不仅仅是一个有价值的商业创意，其后隐含的更是阿里巴巴公司领先的数据整合和分布式计算的技术支持能力（阿里巴巴集团双11技术团队，2017），商业模式和物理技术的双重作用促使阿里巴巴得到快速成长。因此，从长远来看，为促使商业模式创新驱动型创业生态系统获得持久稳定的演化动力，需要系统主体的商业模式创新能力和技术创新能力协调发展，并最终转向物理技术与社会技术协同创新驱动的系统发展路径。

第四章 商业模式创新驱动型创业生态系统案例分析

商业模式创新驱动型创业生态系统是社会技术创新驱动型创业生态系统的重要理论形式，也是推动创业生态系统持续发展的重要实践因素。本章在前文有关商业模式创新驱动型创业生态系统理论研究的基础上，选取创业实践中商业模式创新驱动型创业的典型案例，以共享商业模式创新、平台商业模式创新为具体对象，分析商业模式创新驱动型创业生态系统在创业实践中的运行情况与发展特征。

第一节 共享商业模式创新驱动型创业生态系统
——以共享单车为例

共享商业模式是在共享经济与网络技术迅速发展背景下日渐兴起的商业运行模式，这种模式推动大量创业企业在较短时间内实现快速高效发展，当前共享模式已从衣食住行等多个方面深入渗透人们的社会生活，同时，对国内外的创业实践活动与社会经济发展产生了重要影响。

一 共享商业模式的理论内涵

（一）共享经济的兴起

共享的理念始于人类社会历史之初并贯穿于人类社会发展的各个阶段，但是在不同社会形态下呈现出不同的实践特征。初始阶段人类社会的共同劳动、平均分配、财物共有等可以视为共享理念的最初形态（韩蒙，2017）。从公有制社会的平均分配，到私有制社会的租赁、借用等行为活动，再到经济全球化的当代社会共享已经发展成了一种经济模式，而互联网时代的兴起，更是促使各具特点的共享模式层出不穷，推动了共享经济的快速发展。在经济社会发展的过程中,共享逐渐从初级形式向高级形态演变,最终形成了共享经济和共享理论。1978年,美国得克萨斯大学的Marcus Felson教授和伊利诺伊大学的Joe L. Spaeth教授(1978)首次提出共享经济概念的雏形——"协同消费",即个体间共同享用有价商品或服务的一种消费方式。随后,Botsman等(2010)详细阐述了这种经济模式并将其定义为一种新的消费生活模式,这种生活模式的构想在2011年被《时代周刊》评为"改变世界的十大理念之一"。而后Jeremy Rifkin(2014)在《零边际成本》中提出,随着科学技术的发展,边际成本不断降低甚至可能趋近于零,也就是说商品的使用权会更加受到重视,共享经济模式将成为主流经济模式之一。Debbie Wosskow(2014)认为共享经济是一种可以帮助人们共享资源的平台,建议政府和企业应该共同推动共享经济的发展。虽然共享经济理论很早就被提出,但真正在实践中得到快速发展得益于21世纪互联网技术在全球的兴起。互联网的广泛应用促使资源共享的范围和方式发生巨大改变,同时也为共享模式的实现提供了技术支持。21世纪初,Uber等互联网共享平台开始出现在人们的生活中,同时,经济危机让人们的消费观念发生了巨大改变,共享平台所提供的低廉价格成了平台吸引消费者的重要优势。因此,共享模式快速被大众所接受,尤其是热衷于潮流的当代年轻人更加容易也乐于接受这种新的消费方式。共享模式型企业飞速发展且数量规模不断增加,进而开启了全球性的共享经济模式。研究机构PWC进行调查估计后得出结论,2015年各类型的共享产业收入为150亿美元,而到2025年,其收入将增长至3350亿美元。

经济全球化和网络技术的快速发展将共享经济带到了中国,由于我国有着经济稳步发展、人力资源丰富的优势,共享经济在我国呈现良好的发展趋势。同时,共享经济模式在我国的迅速发展离不开政策的支持,2015年,《中共中央关于制定国民经济和社会发展第十三个五年规划的建议》中首次提出了"发展分享经济";随后在《中国分享经济发展报告2016》中明确提出"分享经济"这一概念;2017年,国家发改委等八部委发布《关于促进分享经济发展的指导性意见》,指出"鼓励创新,包容审慎"为其基本政策取向;十九大报告进一步突出了共享经济在我国经济发展中的重要作用。一系列鼓励政策的出台为共享经济在我国健康有序发展提供有力支撑。在得到政策实践重视的同时,共享经济在我国学术研究领域也受到了越来越多的关注。吴晓隽等（2015）认为共享经济在我国的快速发展与2008年的经济危机有着一定的关系；计海庆等（2016）指出云计算等计算机技术的快速提升为共享经济的发展提供了有力的技术支撑；刘根荣（2017）则认为由于环保意识的加强，人们会选择更加可持续化的生活消费方式，从而为共享经济的发展提供了空间。更有研究将共享经济列为"2017年中国经济学与管理学的十大研究热点"之一（李军林等，2018）。在理论方面我国的研究相对比较薄弱，但共享模式在我国社会经济中的实践效果已取得明显进展。《中国分享经济发展报告2016》数据显示，2015年我国共享经济市场规模大约是19560亿元，贡献就业人数5000万人；《中国分享经济发展报告2018》显示，到2017年，其市场规模和贡献就业人数已分别增至49205亿元和7000万人，由此可知，共享经济在国内的发展势头不可小觑。2012年，滴滴打车等企业的成立使共享经济率先在我国交通领域得到发展，随后共享单车、共享充电宝、共享空间等相继出现，共享经济的覆盖范围迅速扩大，涵盖了我国16个行业的消费端。共享经济作为一种新的消费模式，不仅有效地提升了社会资源的利用率，也极大地方便了人们的日常生活，满足了网络时代背景下社会大众新的价值诉求。

（二）共享商业模式的发展现状

共享经济在全球范围内迅速兴起，其改变的不仅仅是人们的消费方式，一种可持续的商业模式也随之出现。共享商业模式依托于共享经济的发展，是一种不同于传统商业模式的颠覆性创新。国外创业企业的共享商业模式创新形式十分丰富，涉及人们日常生活的各个领域，这些企业的发展时间相对较长，发展经验也更为丰富。在交通方面，Uber是共享商业模式创新的代表企业，自2009年成立以来，在短短五年内其价值就达到了412亿美元。Uber主要利用移动端平台建立用户与司机之间的联系，用户可以使用应用程序预约、追踪车辆，同时，Uber平台依靠云计算、大数据等现代信息技术提高资源配置效率，向顾客提供更优质的服务。这种商业模式将供求双方放在对等位置，克服了传统商业模式所存在的信息不对称等问题。除Uber以外，Lyft也占领了较大的市场份额，并与中国的滴滴和快的、印度的Ola Cabs、新加坡的Grab Taxi等企业组成联盟，在全球范围内进行市场扩张。除共享汽车以外，自行车、游艇、停车位等其他交通工具及交通辅助设施也开启了共享模式。在共享空间方面，主要有旅游短租共享、办公空间共享等模式。Airbnb 作为一家在线短租共享公司只用了 7 年时间其市值就超过了部分酒店巨头，使共享房屋模式对传统酒店行业造成了巨大冲击。目前在其平台上已有 190 多个国家的 40 多亿房源，市场规模扩展十分迅速。除了上述企业数量规模较大的共享领域，国外还有许多其他的共享模式，例如，共享资金价值服务的 P2P 网贷公司，非营利性的共享知识教育平台，为游客提供本地美食的共享饮食平台，共享医疗的远程医疗公司等，共享商业模式已经深入人们生活的多个方面并逐步颠覆了人们的生活和消费方式。

  我国许多共享商业模式主要是借鉴国外成功企业的商业模式，并在此基础上根据本土化特点加以改进。虽然中国的共享商业模式发展时间较短，但发展规模和速度不逊于国外市场。自滴滴开始，中国的共享商业模式迅速遍及多个领域和行业，从交通领域到房屋短租，再到技能知识的共享，大量创业主体在共享商业模式创新路径上努力探索和前行。《2016 年度中国"共享经济"发展报告》数据显示，我国有 36 家共享交通企业，15 家知识技能共享企业，14 家餐饮共享企业，16 家金融共享企业，12 家住宿共享企业，12 家物流共享企业。2011 年，共享商业模式创新型企业开始在我国陆续建立，到 2014 年呈"井喷"之势，如今正是其黄金发展时期。其中，共享汽车、共享房屋、P2P 网贷和共享物流的发展尤为突出。共享汽车是我国发展较早，相对成熟的共享商业模式，主要包括顺风车、网约车、P2P 租车和分时租赁等商业模式创新（张方方，2019）。与此同时，新兴企业仍在不断地进行商业模式创新，例如，天天区块链创投公司将区块链技术加入应用程序，不仅可以解决已有共享汽车商业模式存在的部分问题，也使企业的服务更加安全有效。在共享经济中，共享汽车也是交易规模较大的项目之一，据专业调查公司易观公司统计，2017 年中国共享汽车交易额近 11 亿元，到 2020 年预计可达 85 亿元。由于共享发展理念的快速扩散，房屋短租成为另一个典型的共享商业模式发展领域。国内先后出现多家房屋短租平台，如途家网、蚂蚁短租、小猪短租等，其中蚂蚁短租实行的 O2O 模式，为用户提供在线查询和预订服务，还有 24 小时不间断平台呼叫中心，其商业模式创新对传统的 B2C 模式运营酒店形成较大挑战。除此之外，

P2P 网贷商业模式也得到了快速发展，这种商业模式减少了供求双方的信息不对称，降低了交易成本，有助于资金的高效分配。2006 年 P2P 正式进入我国市场，早期发展主要借鉴美国、英国等的经验，随后许多电商、小额贷款公司等开始进入 P2P 领域，但由于缺乏有效监管出现了许多不良现象，一定程度上影响了该行业在我国未来的发展。在物流领域，行业领先企业多采用共享商业模式，其主要依靠信息和位置共享来实现高效的配送，这种模式可以有效解决配送效率低下、资源浪费、沟通有误等问题。共享经济的兴起和科学技术的发展促使企业不断进行商业模式创新，不仅增强了社会经济发展动力，也给人们的生活带来了巨大的改变。

（三）共享商业模式的理论内涵

共享就是与他人共同拥有物品的使用权，共享商业模式则是将共享的理念植根于商业模式之中，即将闲置物品、资源等的使用权通过租借等方式与他人共同拥有，并且使需求方实现价值创造，使供给方得到盈利的一种模式。这种模式的价值实现方式包括租赁、租借、分享、接入、众筹、交易等，在不同领域，共享商业模式实现价值的具体方式不尽相同。例如，在交通领域通常使用租赁的方式，物品的共享则一般以租借的方式实现。同时，共享商业模式一般是通过供需双方抽成、获取用户资源价值、得到用户流量等方式获得盈利，实现这个过程的核心就是第三方共享平台的搭建。共享商业模式促使同一个主体在不同的情境下既可以是资源供给者也可以是资源需求者，这颠覆了传统的商业模式，使提供的产品和服务更加多元化、差异化、个性化，进而能够更好地满足人们的需求，为创业企业带来更可观的经济效益。

目前，共享商业模式的组织形式主要有规模化供给的 B2C 模式和个性化供给的 C2C 模式。B2C 模式就是企业将其提供的商品或服务直接与消费者交易，C2C 模式则是共享平台作为第三方中介不直接参与交易，消费者既可以是供给方也可以是需求方。根据共享平台运营方的不同，B2C 模式又可分为两类：一类是共享平台由企业直接运营，企业既可以直接与消费者进行交易，也可以通过共享平台将商品或服务间接租赁给消费者；另一类是企业与共享平台相互独立，企业将商品售卖或者出租给第三方共享平台，平台再将其租赁给消费者。通常情况下，共享商业模式需要通过第三方共享平台建立供需双方的交易，供给方通过 B2C

或 C2C 平台提供资源，需求方则根据自身需求和供给资源的特点选择所需的资源，而整个交易能够达成的核心就是双方间的信任评价机制，这需要共享平台和政府共同监管，只有这样整个商业模式才能够有序运行。

与传统商业模式类似，共享商业模式的组成要素有主体、市场、组织；不同的是，其还包含了一项核心要素，即起中介作用并具有管理和匹配功能的共享平台（于果，2019）。主体要素主要是个人、企业和国家；市场要素作为主要环境要素包括交易主体和交易对象；组织要素主要包括征信企业、第三方支付企业、监管机构等政府和社会监督部门，主要功能是连接各个主体并保证市场有序运行。随着共享商业模式的持续发展，其要素构成也处于不断丰富之中。根据共享资源的类型，共享商业模式可分为三类：一是通过使用权的改变将实物资源进行共享的基础资源共享型，这是最基本的共享；二是共享可以增加用户满足感的虚拟资源的协同共享型，如共享知识等；三是共享主体间相互提供自己闲置的二手资源，以物换物的再分配共享型。共享商业模式的创新主要表现在以下六个方面：一是目标群体创新，第三方共享平台通过信息技术自动促成拥有闲置资源的供给方和有着个性化需要的需求方之间的交易，减少了交易过程中信息不对称造成的阻碍；二是技术创新，共享平台依托大数据等现代信息技术，在运营过程中对大量用户数据进行自动匹配，企业不断进行技术创新以期为客户提供更优质的服务；三是盈利模式创新，共享平台主要是依靠提供技术和服务来获取盈利，不同于传统企业通过售卖商品获得收入；四是业务体系创新，共享模式的业务体系简单，只有供需双方和第三方平台参与，精简了传统商业模式冗长的业务链，使资源可以得到更加充分的利用；五是资金来源创新，共享模式主要是为顾客提供租借等服务，用户在平台进行交易时需向平台交纳押金，而且多数用户不会在单次交易结束后立即申请退还押金，因此平台可以利用这部分资金进行技术和服务的升级；六是价值创新，共享模式追求的是企业效益的可持续性，而不是传统的企业利益最大化，这不仅降低了交易成本，也提高了社会的资源利用率（李宁宁等，2019）。

二 共享单车发展历程与现状

（一）共享单车的发展过程

从历史溯源角度来看，共享单车的初始形态产生自国外，1965 年荷兰构建了公共自行车租赁系统。受国外发展实践的启发，我国逐渐建设国内公共自行车投放系统，但始建时间较晚。实际上，直到 2007 年，我国才启动公共自行车投放系统，北京是国内第一个投放公共自行车的城市。随后十几年时间，共享单车在国内得到快速广泛推广。总体而言，国内共享单车的发展过程可以分为三个时期：第一个时期是 2007—2010 年，这一时期公共自行车模式刚刚从国外引入我国，运营主要依靠政府支持，由各个城市统一管理，自行车存放在固定地点的自行车桩中。第二个时期是 2011—2014 年，其发展模式主要是以企业承包为主，以永安行为代表的公共自行车承包公司相继成立，此时的公共自行车依然是有桩模式。有桩公共自行车主要投放在大城市的风景区、公交站和地铁口等交通枢纽以及居住密集区，而且运营的各项成本也都相对较高。第三个时期是 2015 年之后，移动互联网的快速发展带动了共享经济的繁荣，以 ofo、摩拜为代表的共享单车企业相继出现在各大城市，有桩单车被无桩单车取代，改变了人们的出行习惯，随后共享单车开始从一线城市向二、三线城市扩展，但其主要用户还是集中在大城市。新型的无桩单车只需通过手机交纳押金就可以随骑随走，更加符合人们的日常生活需求，满足了人们短途出行的便利需要，因此共享单车迅速被大众接受。2016 年迎来共享单车的飞速发展期，各种品牌的共享单车涌入国内市场，资本的疯狂投入使行业竞争愈加激烈。截至 2017 年，全国共投放包括 ofo、摩拜、小蓝车、永安行、优拜等 20 多种不同品牌的共享单车；到 2018 年，70 多家共享单车企业曾出现在国内市场中，共享单车市场活跃度不断提升。但随着越来越多的企业不断地向市场投放共享单车，一些问题也随之出现，企业无序过量投放单车，再加上管理不当，使公共资源急剧减少，同时也产生了停放混乱、维修缺位、押金退还滞后、单车损毁过多等一系列现实难题。

（二）共享单车的发展现状

短短几年内，我国共享单车领域得到快速发展，企业进入、退出频繁，在市场规模、用户数量和资金来源等方面均体现出自身的发展特征。

市场规模。目前，国内共享单车市场主要集中在一、二线大城市，虽然有部分企业将市场拓展到中小城市，但由于经济、人口等因素的制约，大城市仍是共享单车企业进行市场开拓的重点领域。近几年，共享单车呈井喷发展趋势，市场规模几乎每年均达到一个新的高度。2016年被认为是共享单车的爆发年，仅一年时间内市场新增共享单车企业24家，共享单车市场规模达到12.3亿元。到2017年，国内共享单车市场规模增长至102.8亿元，累计有77家企业投放市场单车达2300万辆（中商产业研究院，2018）。中商产业研究院发布的数据显示，2018年我国共享单车市场规模有178.2亿元。另据前瞻产业研究院统计数据，2019年我国共享单车市场规模达到236.8亿元，2020年预计可达300亿元。共享单车企业所投放的单车色泽各具特色，激烈的行业竞争被形象地称为"彩虹大战"。然而，尽管向市场投放共享单车的企业数量众多，但大部分市场份额被ofo和摩拜两大巨头所占领，其他企业由于投放量较小等原因尚未形成足够的市场竞争力。全球移动数据研究机构CheetahLab（猎豹全球智库）2018年发布的《共享单车全球发展报告》显示，2017年，ofo和摩拜两家企业占领共享单车市场90%以上的份额，其中摩拜的主要市场在一线城市，投放比例达到了70%，ofo则将重点放在了一、二线城市，投放比例分别为35.5%和40.4%。大城市市场几乎被两家巨头瓜分，哈啰单车等实力不足的一些企业开始另辟蹊径从三、四线小城市入手，在激烈的行业竞争中占领了一席之地。2017年之后，各地"单车坟场""僵尸车"等问题频繁曝出，一方面显露出共享单车市场监管过程存在的问题，另一方面也表明国内共享单车市场一定程度上已经达到饱和状态。

用户规模。2015年国内共享单车市场初步形成，此时用户规模为245万人，之后随着市场的扩展，用户人数迅猛上升。2016年，用户人数比上年增加11倍之多，达到了2800万人；2017年用户数更是猛增至2.05亿人；2018年共享单车的用户群体人数增幅开始放缓，但用户数量增至2.98亿人（岳玉莲等，2018）。2019年，用户规模总量实现新的突破，根据前瞻产业研究院发布的统计数据，2019年国内共享单车用户规模达到3.8亿人。在用户群中，主要用户群体为年轻人，多是上班族和大学生，且男性用户多于女性用户。共享单车用户使用单车多是用于通勤或为了节省时间，所以一般使用时间在10—60分钟。

资金来源。共享单车行业的盈利模式主要有三种：一是用户使用单车所付的租金，这是企业的主要盈利来源；二是用户的预存费用，也就是单车用户购买的月卡或充值到平台抵扣车费的金额，这是企业的次要收入；三是用户的押金利息，部分较大的平台用户人数多，押金数额大，因此押金利息也是比较可观的一笔收入。但共享单车企业的整体运营成本较高，上述三项收入所取得的利润处于较低水平，因此仅仅依靠这三种盈利模式所获得的资金并不足以支撑整个企业的发展。而且随着行业竞争越发激烈，部分企业开始推行免押金服务以及各种优惠策略，进一步压缩了企业的盈利空间。据统计，到 2018 年累计已有 10 多家共享单车企业免押金接近 100 亿元，享受服务用户人数达 4800 万人。共享单车企业一方面存在盈利能力不足问题，另一方面又面临着高额的人力、生产和运营成本，这对企业的长久发展十分不利。摩拜单车的财务报表显示，2017 年 12 月，企业收入 1.1 亿元，成本 5.6 亿元，单月净利润亏损 6.81 亿元，平均每天就有 2000 多万元的亏损。至 2017 年年底，摩拜债务总额高达 10 亿美元，拖欠供应商货款 10 亿元，挪用用户押金 60 亿元（贾明梁，2018）。大量的资金缺口导致共享单车企业只能依靠不断融资来维持日常经营。2015 年以来 ofo 融资次数超过 10 次，摩拜三年内融资 12 轮，融资金额共计 171.16 亿元，其他共享单车企业大多也都是依靠大额融资来维持发展。而且在企业融资过程中，内源融资较少，大多是外部融资，迫使企业的控股权结构发生变化，进而影响企业长期的盈利与发展。在 2017 年之后，市场投资逐渐饱和，许多小型企业面临融资不足的问题，再加上缺乏有效的运营模式，最终由于长期亏损而破产。共享单车行业整体最终陷入资金困境，即便共享单车两大巨头企业也未能摆脱发展困局，2017 年 ofo 宣布与蚂蚁金服合作，2018 年摩拜单车被美团收购。

三 共享单车的商业模式创新

共享经济的兴起带动了共享商业模式的发展和创新，共享单车的商业模式是共享模式中较具代表性的一种，共享单车行业的快速发展说明了共享商业模式创新蕴含的巨大经济潜力。共享单车商业模式创新主要体现在价值主张创新、核心资源能力创新、盈利模式及成本结构创新、关键业务系统创新四个方面，这些创新为共享单车创业生态系统注入强大的发展动能。

（一）价值主张创新

共享单车的价值主张创新包括两个方面：客户价值主张创新和企业价值创新。企业的客户价值主张是企业战略的一部分，是推动企业发展的重要动力，也是影响企业竞争力的直接因素。企业需要立足于客户，明确目标群体及其需求，同时了解用户对产品或服务的价值感受，即用户的认可程度。而共享单车模式作为共享经济下的商业模式创新，客户价值主张是企业关注的重点，对其创新是企业赢得大量用户的关键。企业价值创新就是通过对企业运营方式、盈利结构等的创新使企业获得更大的效益，进而增加企业价值。共享单车商业模式将用户放在重点中心位置，以满足社会大众短距离便利出行需求作为企业价值，为企业快速发展带来有效活力。

如今大城市交通拥堵问题严重，公共交通难以连接城市的所有角落，城市最后一公里问题始终是困扰大众出行的现实难题，而共享单车的出现满足了人们短距离出行的需求。在交通压力较大的城市中，汽车的平均行驶速度大约是 15 千米/时，而自行车的平均速度可以达到 12 千米/时，基本可以达到人们对日常出行速度的预期。而且，用户通过在手机上下载 App 即可以对单车随取随用，不仅方便快捷、节省时间，也符合国家倡导的绿色环保理念。共享单车的客户群体主要是中低收入人群，例如学生、上班族等，一方面是因为中低收入群体人数基数大，市场比较广阔，且对于价格比较敏感；另一方面，学生和上班族对新兴事物的接受能力相对较强，共享单车作为一种新的商业模式在这些群体中易于快速扩散，进而逐渐渗透到其他消费群体。共享单车企业致力于建立一种良好的客户关系，通过反馈模式促使用户脱离被动角色，主动对产品和服务进行反馈，同时还可以对不良行为进行举报，充当监管角色。从企业价值角度来看，共享单车企业通过物品使用权转移将社会闲置资源进行整合再利用，符合绿色环保理念，为社会可持续发展贡献企业价值。此外，企业收取押金和租金作为利润来源而产生的现金流、利益相关者的资金投入、可降低成本的与供应商签订的长期合作合同等均在不同程度上有助于企业效益提升，推动企业价值持续增长，为企业带来更大的发展空间。

（二）核心资源能力创新

核心资源及核心能力是指竞争对手难以模仿，能够为企业带来持续竞争优势的资源和能力。企业借助现代科学技术，通过建立平台来整合企业内外关键资源，形成核心优势，进而建设成一个可持续发展和创新的生态系统，在这个过程中对核心资源和能力进行创新是不可缺少的。

传统的企业注重通过满足客户需求来发展企业，共享单车商业模式则注重供需双方的资源配置和用户对平台的依赖度，即对共享型企业来说，供需双方及其对共享平台的忠诚度均是十分重要的核心资源和能力。

如今移动互联网等现代信息技术发展迅速，人们的经济条件和对生活质量的要求逐渐提高，过去被忽视的部分需求被创业企业再次挖掘，各种新型商业模式相继涌现，并不断冲击着传统的商业模式。共享商业模式成了较具代表性的一种商业模式创新，而核心技术作为共享型企业的关键资源，其创新对企业的发展有着重要影响。与传统商业模式主要以质量与价格作为关键资源不同，共享单车商业模式的核心支撑是共享平台，核心资源是支撑平台运行的信息技术。共享单车企业主要依靠移动互联网和大数据分析等技术构建资金流、信息流以及物流，促使信息无须通过中间平台进行传输，更加直接透明，从而形成自己的竞争优势。用户在使用时可以通过移动终端随时随地下载共享单车App进行注册，而企业通过App获得大量客户资源，得到用户的实时地点和路线，再通过大数据信息技术分析出用户的具体需求，进而高效率地投放共享单车，合理调配资源，提高企业的经济效益。共享单车后台的智能软件与每一辆自行车相连，可以监管共享单车的各种信息，使管理更加便捷有效。同时，二维码在线支付技术让用户的支付过程更加方便安全，高效的支付效率进一步加快了资金的流通速度。

（三）盈利模式及成本结构创新

企业进行商业模式创新的最终目的主要是获得更多的利润，一种可行的商业模式不可缺少的核心要素之一就是可持续的盈利模式，而一个可持续的盈利模式体现了企业的价值主张和运营机制。关键资源和能力赋予商业模式一定的独特性，而盈利模式提升了商业模式的持久性，一个独特且持久的商业模式才能构筑起企业持续发展的动力。在不同行业领域，企业与利益相关者的关系不同、目标定位不同、盈利点不同，因此盈利模式也有所差别。传统企业主要依靠销售产品来获得盈利，进入互联网时代后，许多企业以提供各种服务作为利润来源，尤其是共享商业模式驱动型企业，通常不以售卖实物产品作为盈利途径，从而要求企业开拓新的盈利模式。

共享单车现阶段的主要盈利模式为"租金+押金+广告"，企业为用户提供单车租赁服务，也就是说用户只能拥有单车的使用权而不是所有权。共享单车收取租金时采用分时收费方式，用户每骑行 1 小时收取 1 元租金，不足 1 小时按 1 小时收费。但是在城市中大多数用户是在短距离出行时才会选择共享单车，因此骑行时间一般不超过 30 分钟，从而使租金收费方式产生乘数效应，增加了企业利润空间。相较租金，用户缴纳的押金成为共享单车企业更重要的利润来源。共享单车投向市场初期，要求用户在使用单车之前缴纳一定额度的押金，一辆共享单车通常对应多个用户，也就是多份押金，这意味着企业向市场每多投放一辆共享单车，就可能为自身增添多个用户，并获取其缴纳的押金。虽然押金最终需向用户退还，但很少有用户每一次使用单车之后即选择退还押金，随着用户的增加，大量的用户押金形成了资金沉淀，企业可以利用这部分资金进一步扩大规模，获得更大的盈利。除了上述两种基本的盈利方式，大量的用户资源使共享单车企业备受广告赞助商欢迎。用户使用 App 扫码开锁成功后就会出现广告弹窗，随着企业用户的增加和品牌效应的累积，承接广告成为共享单车企业另一项可观的盈利来源。此外，大批的用户消费数据通过大数据智能平台不断更新和分析将会成为潜在的盈利点。这种新的盈利模式为企业的持续发展带来了可能。

另外，成本控制是盈利的基础，共享单车的成本主要包括单车制造成本、维护成本以及人力资源成本。共享单车商业模式改变了传统商业模式的成本结构，以企业运营成本而不是固定资产为主。之前的有桩自行车每年都会产生大额的车桩和车站折损费，再加上自行车的利用率低，这种成本结构及盈利方式难以获得利润。而现在的共享单车省去了大笔车桩和车站的折损费用，降低了运营成本，从而具有更大的盈利空间。

（四）关键业务系统创新

企业业务系统通常是指特定产品从设计到成交的所有环节，其中几个重要关键环节，如产品设计开发、确定供应商、生产、营销、成交等组成企业的关键业务系统。关键业务系统决定了企业的价值链，即企业与各利益相关方的交易方式，主要包含角色、关系及配置。其中，"角色"指的是企业及其利益相关者；"关系"指的是企业与利益相关者的职能关系；"配置"指的是企业与利益相关者形成的网络拓扑结构。

共享单车的关键业务系统由供应、发运、市场投放、营销和运营调度组成，而基础设施、人力资源、技术开发、采购等环节起到辅助作用，这些环节在企业运营过程中共同作用为企业创造价值和利润（屈亚萍等，2018）。在共享单车关键业务系统中所涉及的角色主要包括三个方面：供给方、共享平台和需求方。供给方是指提供、整合闲置资源的一方，即共享单车企业；共享平台是指将闲置资源的相关信息分享传递给供需双方的中间媒介，例如共享单车企业开发的移动端App；需求方是指对闲置资源有需求并成为共享平台用户的一方，即共享单车的注册用户。与传统企业的垂直业务系统结构不同，共享单车业务系统是一种横向结构，供需双方不需要通过第三方中介，而是经由共享平台直接在这种结构中产生关联，平台和供需双方之间是一种联盟伙伴的关系，与传统的利益相关者之间的治理关系形成显著区别，从而体现出共享单车商业模式在关键业务系统架构方面的重要创新。

四 共享单车创业生态系统的演化机理

共享单车创业生态系统从初建至目前仅仅五六年时间即经历了"兴起—高峰—危机"的发展历程，在创业生态系统快速发展的同时各种实际难题也相继凸显，企业解决问题的步伐似乎远远跟不上新问题产生的速度，各种问题的快速积累导致这个热门行业呈现迅速衰退的迹象。同时，共享单车创业生态系统在短期内的快速涨落一定程度上体现了移动互联网时代商业模式创新驱动型创业生态系统演进周期短、运行速率快、动能转换迫切等内在特点。共享单车创业生态系统的发展过程可分为三个阶段：初步建立阶段；高速扩张阶段；停滞衰退阶段。在各个阶段均出现了该阶段特有的问题，此时系统内企业通过商业模式创新不断克服"瓶颈"，促进系统持续优化发展，商业模式创新对创业生态系统的驱动作用显而易见。

初步建立阶段。2014年3月，北大光华管理学院学生戴威连同他的4个校友在共享经济背景下提出了一个解决"出行最后一公里"问题的方案，即通过对自行车编号，然后将车辆机械锁与手机App绑定用以提供车辆开锁密码，以此来实现校内闲置自行车共享，方便师生在校出行。这个方案就是最初的ofo共享单车项目，主要在北大校园内实行。2015年1月，北京摩拜科技有限公司成立，他们决定用共享的方式让自行车回归生活，与ofo的初衷是方便校园师生便利出行不同，摩拜一开始就是以商用为目的，主要针对社会上范围更加广泛的大众群体。摩拜首先在上海这个经济发达、人口密集的大城市投放单车，2015

年4月22日,第一批摩拜单车在世界地球日这天投放上海,标志着摩拜单车正式开始商业化运营。2015年6月,ofo也开始进行商业化试运营,不同于最初使用校园内同学们的闲置二手车,这次在校园内投放的单车是标准化的定制单车。2015年8月,北京拜克洛克科技有限公司成立,戴威任法人。至此,国内以ofo和摩拜为两大巨头的共享单车市场初步建立。这个阶段的共享单车创业生态系统凭借"用户刚需+共享租赁"的商业模式创新受到了客户的广泛认可,到2015年国内共享单车用户达到245万人。

高速扩张阶段。2016年8月,摩拜单车进入北京市场,2016年10月,ofo在北京和上海试运营,小黄车走出了校园开始进入城市交通运营系统中。同时,各种不同品牌的共享单车开始涌入市场,2016年共享单车市场上存在的单车品牌企业有20多家,这些企业融资金额达30多亿元,而用户规模达到了1886万人,相比上年增长700%,市场规模达12.3亿元,惊人的增长速度使共享单车行业越发火热,因此,2016年被称为国内共享单车元年。到2017年,共享单车用户规模为2.09亿人,市场规模为102.8亿元,市场内共投放单车400多万辆。其中,ofo已经在全球150座城市投放超过600万辆共享单车。行业在高速发展的同时原有商业模式的不适应性也开始凸显,无法带来持久利润的盈利模式、车辆的管理问题以及客户体验问题相继出现,为了克服这些发展"瓶颈",共享单车企业开始从技术和商业模式两方面寻求突破。物联网、大数据、人工智能等现代信息技术的发展可以有效地解决共享单车创业生态系统的车辆管理混乱问题,例如,利用电子围栏可以避免用户乱停乱放,而通过大数据分析和人工智能可以使单车投放区位和数量更加科学,资源配置更加合理。共享单车之前的盈利模式主要是"押金+租金",但随着行业竞争激烈程度加剧,各个企业纷纷推出各种优惠政策,免押金、优惠券等使企业的盈利模式失去原本的作用。因此,对盈利模式的改进势在必行,除了原本的租金和押金,企业新增了"广告+流量"模式。由于共享单车的使用用户越来越多,承接广告成了企业利润的一个有效来源。而且在互联网时代,流量和庞大的用户数据更是企业潜在的盈利点。与此同时,从最初的提供机械锁密码到手机操作直接开锁,越来越便捷的操作有效提升了用户的体验度。

停滞衰退阶段。截至2017年9月,国内包括北京、上海、深圳、郑州等 12 座城市陆续发布了共享单车"禁投令",共享单车行业迎来了又一个转折点。共享单车元年刚刚过去,行业高峰昙花一现就遭遇了市场的"倒闭潮"。2017 年 6 月,悟空单车成为第一个宣布倒闭的共享单车企业。随后几个月,町町单车、小蓝单车等陆续关闭,许多中小型单车企业接连出局,而两大巨头 ofo 和摩拜也陷入新一轮的困境。共享单车企业快速发展的资金来源主要是多轮的大额融资,各企业依靠融资资金打价格战来维持自己的竞争优势,可以说国内共享单车市场完全是资本的竞争,这种"烧钱"的竞争模式终究不是长久之计,入不敷出的状态使企业无法获得长久发展。除了价格竞争,各企业为了抢占市场而过度投放单车,不仅仅对社会资源造成了浪费,高额的维修、回收成本也使本就盈利微薄的共享单车企业陷入资金困境。2018 年 4 月,摩拜被美团以 27 亿美元的价格收购,ofo 虽然还在坚持却也难以摆脱资金匮乏的困境。在这种情况下,行业内价格战依然在持续进行,进而引发了更多新问题。其中,部分企业大规模挪用用户押金,从而导致在企业退出市场时用户押金难退、维权难行,这些现象降低了顾客体验度,抑制了顾客的使用意愿,对行业持久发展造成诸多负面影响。

在大多数单车企业都面临困境时,哈啰单车却异军突起,在中小城市市场站稳脚跟。不同于大部分共享单车企业将目标市场放在一、二线大城市的做法,哈啰单车从二、三线甚至四线中小城市入手。在三、四线城市,交通系统不发达,交通工具换乘需求较少,共享单车可以作为主要的交通工具,用户的使用频率也就更高。除了共享单车,哈啰单车还推出了共享电瓶车,以满足中小城市用户换乘距离较远的实际需求,更加稳固了其在二、三线以下城市的地位。与此同时,哈啰单车选择与支付宝平台合作,用户可以通过支付宝平台直接使用单车,而无须专门下载 App,这不仅提高了用户的体验度,同时支付宝的大量用户也给其带来了用户保障。在其他品牌共享单车都开始收取押金的时候,哈啰单车实行支付宝用户信用积分达到 650 分以上即可以免押金骑车的策略,更加稳定了支付宝的原有用户,在押金问题频出的背景下也降低了用户的使用顾虑。而且,哈啰单车在支付宝平台上推行的一系列针对不同用户的优惠活动覆盖了大多数用户群体,比如,大学生校园认证可免押金并赠送年卡、青少年免押金免费骑行等。用户群体有了保障之后,哈啰单车与永安行的合并使其技术储备显著强化,智能锁、定位系统等智能技术增加了企业的核心竞争力。可见，哈啰单车在市场定位、业务系统等方面均进行了商业模式创新，突破了共享单车行业现阶段的"瓶颈"，为企业发展提供了新的动力。然而，哈啰单车的商业模式创新为其自身发展开辟了一条新路径，但对于整个单车创业生态系统而言，许多问题依旧没有解决，系统优化升级的内在要求依然迫切。

五 共享单车创业生态系统的发展特征

共享单车创业生态系统的发展动力主要源自商业模式创新，其运行特征与商业模式创新驱动型创业生态系统的发展特征具有内在一致性，主要体现在价值导向性、环境适应性、市场敏感性、模式可移植性等方面。

价值导向性。商业模式创新驱动型创业生态系统的价值导向性包含两个方面的内涵，一方面是顾客价值主张的变化导致商业模式创新，另一方面是整个商业模式的运转过程实际上就是从价值主张到价值创造再到价值分配与价值获取的过程。共享单车创业生态系统作为商业模式创新驱动型创业生态系统的特定类型，其发展过程体现出明显的价值导向性。首先，共享单车创业生态系统从顾客刚需入手，充分考虑顾客的切身需求，通过"共享经济+智能硬件"的商业模式创新，为顾客提供了新的公共交通出行方式，很大程度上解决了城市出行"最后一公里"问题。随着经济社会的发展，顾客的价值主张会发生变化，为了能够满足顾客新的价值主张，提高顾客体验度，创业生态系统的主体就需要不断改变、优化、创新商业模式以满足日益变化的顾客需求及企业自身价值诉求。从有桩单车到无桩单车，从下载单独App到与支付宝、微信等平台合作，一系列改变都是为了适应顾客价值主张的变化。其次，为保证共享单车创业生态系统有效运行，系统主体盈利模式也在不断创新，从前期的"租金+押金"模式到后期的"租金+押金+广告"模式，这种变化同样体现了该类创业生态系统运行过程中的价值导向性。

环境适应性。作为社会大系统的有机子系统，共享单车创业生态系统具有一定的开放性，与社会其他子系统进行连续不断的物质、能量、信息交换，从而形成与其外部环境密不可分的结构关系。政策、文化等环境因素的变化均会对创业生态系统的发展产生不同程度的影响，系统若能很好地适应外部环境变化，其发展会更加顺畅持久；反之，若系统与外部环境的变化产生不适应性，且难以通过调节机制达到新的平衡态，就可能形成阻碍系统优化升级的一系列问题。共享单车创业生态系统是在共享经济大背景下发展起来的一种社会经济现象，是顺应时代发展趋势的一种商业模式创新驱动型创业生态系统，这种既满足顾客价值主张又解决了一定实际社会问题的创业生态系统不仅受到用户的欢迎，特定时期也得到政府的有力支持，正以十分迅速的态势渗入城市社会有机体之中，体现出较强的环境适应性特征。系统虽然有着环境适应性，可以根据环境改变不断进行系统优化，但在特定情况下，当系统优化的速度无法跟上外部环境的变化速度，就可能导致系统产生环境不适应性，影响系统的进一步发展。共享单车创业生态系统由于模式缺陷、竞争不当等各种因素产生了许多问题，这些问题导致社会资源被过度占用，给城市发展带来一定负面影响，系统与外部环境产生了不适应性。因此，政府开始对共享单车实行"禁投令"等规制措施，共享单车企业遭遇重大发展困局，从而对共享单车创业生态系统提出了更加紧迫、更具开拓性的环境适应能力要求。

市场敏感性。对市场保持高度敏感性是创业生态系统持续健康发展的必要条件，市场占有率决定了系统主体的发展规模，也为企业持续优化提供了动力，同时市场的整体动态趋势影响着创业生态系统的发展方向。市场需求的变化是创业生态系统进行商业模式创新的重要动力来源，为了符合市场需求，使创业生态系统的发展方向与市场的发展趋势相吻合，进而提高市场占有率，企业会采取相关措施收集市场动态信息，以便准确把握市场脉搏，调整自身的商业模式，迎合市场发展趋势。共享单车创业生态系统是具有高度市场敏感性的系统，它通过用户反馈功能可以在不经过第三方的情况下，直接得到用户的第一手反馈信息，从而准确把握用户的需求动向，并据此快速进行商业模式调整。与此同时，共享单车定位系统等智能系统会收集用户的使用信息以及行动路线，然后通过大数据信息分析技术对市场的发展趋势做出预判，进而引导创业生态系统的发展方向。这样可以有效减少企业因信息不对称而产生的错误决策，保持创业生态系统高度的市场敏感性，与市场发展方向协调一致。

模式可移植性。共享单车创业生态系统由商业模式创新提供主要发展动能，因此商业模式的可复制性使该系统在一定程度上具有模式可移植性。然而，可移植性并不等同于完全复制，机械刻板地复制商业模式可能会导致商业模式与外部环境产生冲突,不仅难以推动系统发展,反而可能会阻滞创业生态系统优化。国内最初引入的共享有桩自行车就是完全移植了国外的商业模式,但进行商业模式移植时缺乏对国内市场实际情况的考虑,因此其市场定位以及客户价值都产生了不同程度的偏差,使这种看似可行的模式难以在国内市场立足。随后,部分企业根据国内市场环境的独特性,对共享单车进行了商业模式创新,才形成了如今的共享单车创业生态系统。优化后的商业模式首先在北大校园内实行,后来移植到大城市中,部分企业又将其从一、二线大城市引入三、四线小城市中,使创业生态系统的规模不断扩张。整个模式移植过程,并不是简单机械地将商业模式直接应用到新环境中,而是针对各个地区的不同特点适当地对商业模式做出调整,以符合当地的市场环境。共享单车创业生态系统的模式可移植性有利于系统的快速扩展,能有效降低系统的运行优化成本。

六 共享单车创业生态系统的优势局限

（一）共享单车创业生态系统的发展优势

共享单车创业生态系统能够在短时间内迅速发展起来主要依靠系统主体不断优化商业模式,商业模式创新为其带来了巨大的发展动能,成为系统发展的主要驱动力。因此,该类创业生态系统的发展优势与商业模式及其创新特性密不可分,主要体现在符合市场需求、创业进入门槛低、规模扩张快速三个方面。

符合市场需求。共享单车商业模式的目的是解决城市交通亟待解决的一个长久难题,即大众出行"最后一公里"问题。该模式的主要用户群体是学生、上班族等中低收入群体,凭借共享经济便捷低价的特性,切中了目标用户的需求痛点。从最初的方便校园师生校内出行,到后期解决社会大众城市短距离出行问题,正是因为始终致力于实现不同用户的价值主张,满足不断变化的市场需求,该类创业生态系统才能快速超越校园边界,扩展至城市肌体之中。至2017年,共享单车几乎遍布了全国所有的一、二线大城市和大多数三、四线中小城市,不断扩大的市场范围和用户规模也意味着持续不断的市场需求。同时,共享单车不仅再分配了社会闲置资源,使其充分发挥应有的功能,其所提倡的绿色、环保理念也与时代主旋律相符,得到了政府等社会各方的大力支持。共享单车创业生态系统在发展的过程中虽然陆续出现了一些问题,但该类创业生态系统不断地创新商业模式来适应市场需求的动态变化，以此来维持系统持续良性发展。正因为如此，共享单车模式被越来越多的用户认同接受，推动了创业生态系统快速发展壮大。

创业进入门槛低。从企业运营方式来看，共享单车的商业模式并不复杂，从用户定位到业务系统再到盈利模式均比较简单，新创企业复制模仿既有商业模式的难度不高，而且进入共享单车行业的技术门槛不高，主要是依赖大数据信息分析技术和共享平台。技术水平相对欠缺的初创企业还可以将其外包给其他技术团队，企业正常运营无须高难度技术创新即可以实现基本功能。同时，企业的初期发展主要依靠商业模式的力量推动，对技术创新的依赖性不高，因此，对于新创企业来说是一个进入市场的好契机。此外，在共享经济日渐兴起的社会背景下，共享领域的发展被投资者们普遍看好，许多共享单车创业企业通过各种途径得到了不同规模的外源融资，相对充足的创业融资有效缓解了单车企业创业早期的资金难题。在共享单车创业生态系统初具规模后，许多创业企业纷纷进入该系统，抢占市场份额，想要在这个新兴的领域占据一席之地。到2017年为止，有77家不同规模大小的创业企业进入该行业，不断增加的创业主体为创业生态系统增加了生机和活力，推动了系统规模的迅速扩大，系统影响力不断增强。

规模扩张迅速。共享单车创业生态系统作为商业模式创新驱动型创业生态系统的典型代表，与其他类型的创业生态系统相比，扩张速度十分迅速。从行业兴起到拥有近3亿用户规模的热门行业，共享单车仅仅用了4年时间，能在如此短暂时间内实现创业规模质的突破主要依赖于商业模式创新释放出的巨大潜力。2015年，ofo开始在北大校园内出现，2016年国内共享单车企业增加了20多家，到2017年国内共享单车投放量达到2300万辆，颜色各异的共享单车在大多数一线城市随处可见，乘用共享单车成为广为接受的新时尚。部分共享单车企业在国内市场还没有饱和的情况下，就已经开始着手布局国外市场，其中，ofo的业务领域就扩展到了全球20多个国家的250多个城市。此外，共享单车的用户需求也呈现爆发增长态势，只用了一年半的时间ofo的日订单量就达到了1000万，用户规模扩张速度相比于淘宝、滴滴等平台更为迅捷。另外，短期多次大额融资为共享单车的快速扩张提供了充足的资金支持，2015年，ofo和摩拜就分别拿到了900万元和146万元的融资，随后两年内两家企业分别至少获得 8 轮融资，国内整个共享单车行业总融资额超过 600 亿元。

（二）共享单车创业生态系统的发展局限

共享单车创业生态系统的发展虽然迅速，但其高峰时间也十分短暂，由于各种实际难题接连涌现，该系统目前面临停滞甚至倒退的发展困局。系统若未能很好解决当前面临的多种问题，将长期陷入发展困境终会导致其退出市场，而要寻求突破首先要充分认识到共享单车创业生态系统发展的局限性，才能够有针对性地提出解决方案。该系统的局限性主要体现在商业模式创新不足、发展动力不足、管理能力欠缺等方面。

商业模式创新不足。由于行业的进入门槛较低，在国内拥有广阔的市场，许多创业企业在共享经济热潮的影响下进入共享单车创业生态系统。然而，创业主体的增多并没有带来更多的商业模式创新，大多数企业仍然停留在模仿阶段，企业只为进入市场赚取短期利润而缺乏长期发展规划，从而造成了共享单车行业严重同质化倾向，进而导致恶性竞争加剧。再加上共享单车的技术门槛较低，企业自身缺乏强有力的核心竞争力，技术水平无法拉开行业内企业的差距，因此企业难以建立持续的竞争优势，而是通过不断增加单车投放量、打价格战等方式占据市场份额，以求发展。这种不良竞争方式最终导致许多中小型企业因后续资金不足而面临倒闭，大企业也难以脱离通过"烧钱"亏损的手段保持地位的窘迫境况。对于共享单车企业来说，进行商业模式创新是建立竞争优势的根本，只有根据市场动态不断进行商业模式创新，企业才能占据发展的领先地位。而共享单车创业生态系统必须突破商业模式创新不足的困境，才能拥有长久的驱动力，实现系统持续健康发展。

发展动力不足。共享单车创业生态系统主要依靠商业模式创新作为发展动力，但在现阶段商业模式创新已经难以解决系统所面临的问题，无法再为系统提供更加充足的推动力。随着用户规模的不断扩大和单车投放量的不断增加，市场上共享单车供大于求，造成了单车损毁率大幅上升，企业需要负担损坏单车的高额维修费，这就导致企业的运营成本不断增加。再加上共享单车模式的盈利能力有限，企业只能靠各种融资资金来弥补亏损，这种恶性循环对共享单车创业生态系统的长期发展十分不利。与此同时，部分共享单车企业的技术水平和运营能力不足，单车定位系统不够精准，单车硬件设施不完善，损毁程度高，使顾客的使用感降低，影响顾客对企业的忠诚度。对于共享单车企业来说，大数据分析等信息技术水平的不足增加了单车调度以及管理难度。若商业模式创新驱动创业生态系统演进的动能减弱，而系统又无法依靠政府政策或技术创新获取新的动力，系统将会面临发展动力不足的困境，从而阻滞系统的长期发展。因此，企业应加强技术创新，增加核心竞争力，促使系统向社会技术与物理技术协同创新驱动型创业生态系统转型。

管理能力欠缺。共享单车目前遭遇的发展困境一定程度上是企业在各个环节管理不当造成的。行业内激烈的竞争和可以无偿占用的公共空间致使企业为了抢占市场而过度投放共享单车，同时投放的大量共享单车又缺乏高效有序的管理调配，因此产生了各种社会问题，使共享单车创业生态系统的发展受到阻碍。损坏单车堆积成山过度占用公共资源、乱停乱放现象严重影响城市交通、单车地域分配不合理造成用户流失等问题不仅增加了企业的日常运营成本和后期维修成本，使企业面临资金缺乏的亏损境况，也严重影响了用户的体验度和社会秩序，负面影响不断加剧，不利于系统的持续优化发展。共享单车对押金的管理机制同样存在问题，押金难退、押金去向不明等问题引发用户对共享单车企业甚至整个共享单车行业产生信任危机，用户信任度降低严重影响着企业的长期发展。共享经济这种新的经济模式由于发展时间较短，现在还处于探索时期，因此缺乏完善的制度机制，与传统城市管理方式易发生冲突。共享单车创业生态系统作为共享经济的产物，无可避免地会产生一系列问题，若不加强管理会致使整个系统秩序混乱，严重阻碍系统进一步发展。

第二节 平台商业模式创新驱动型创业生态系统案例分析

在互联网、大数据等现代信息技术快速发展的背景下，平台经济作为一种新的经济模式迅速向全球范围扩散，成为全球社会经济系统深具发展活力的组成部分。随之而来的平台商业模式更是颠覆了传统的商业逻辑，改变了社会经济的既有规则，对世界经济产生了深远影响，也给人们的生活方式带来了巨大变化。平台商业模式创新覆盖社会经济生活的各个领域，既包括网上购物、移动支付、网络社交等新兴领域，也涉及银行、电信、交通等传统产业，为大量中小企业提供了重要的创业机遇，成为驱动创业生态系统持续稳步优化的重要时代因素。

一　平台商业模式的兴起

（一）平台经济的崛起

随着互联网、物联网、大数据等现代信息技术的发展，平台经济作为一种新的经济体已经渗入人们生活的各个领域，改变了人们的生产生活方式，成为影响未来经济发展的新型经济要素。它不仅重新塑造了整个社会经济大环境，也提高了社会资源配置效率，成为优化整合产业链的重要手段。平台经济是经历了电商平台和互联网平台两个阶段后形成的现代新型经济形态。在平台经济早期，以零售业为代表的电商平台率先发展起来，这种直接面向终端消费者的平台形式减少了交易的中间环节，与互联网应用结合突破了时空地域的限制，有效改善了传统交易信息不对称的困局。随着各领域产业与互联网融合程度的加深，平台模式趋于多元化发展，各种产业领域的平台不断涌现，平台的资源种类和组织能力不断加强，进而逐渐形成了一种新的经济形态，全球开始进入平台经济时期。

平台经济在社会经济实践领域日益兴起的同时也引起了学术界的广泛关注。平台是指可以连接两个以上用户间交易的媒介，它既可以是现实中的实体也可以是一个虚拟的空间（徐晋等，2006）。已有研究对平台经济的概念还没有形成统一认识，多数学者主要从宏观和微观两个层面对其内涵进行界定。从宏观经济模式的角度，平台经济就是指依靠现代信息技术，由平台运营者通过平台向多主体提供服务，并对资源进行整合，使多主体同时获利进而达到整体利益最大化的一种新型经济形态；从微观层面来看，平台经济被认为是一种基于信息数字技术，以平台为媒介向用户提供产品和服务的商业模式。对平台经济的研究最初始于国外学者对银行卡支付、超市以及报刊行业的关注，这些研究均是基于双边市场理论，即某一市场通过对市场双方一方增加费用，另一方同时同等减少费用的方式来改变交易量，这样的市场就被称为双边市场。平台经济是典型的双边市场，与传统的单边市场有着显著的区别。平台通过对价格结构的设计来确保双边用户的利润，从而增加交易量，提高自身竞争力。平台经济有别于传统经济形态的特点除双边性以外，还在于其交叉网络的外部性，即平台获得利润并创造价值需要具有需求互补的交易双方同时对平台提供的产品或服务产生需求，一方用户通过平台获得的效用受到另一方用户规模的影响（王千等，2017）。由平台经济的这两个特性可以看出，平台的价值取决于用户规模和交易数量。平台经济之所以在学术界成为理论研究的热点，源自其在全球经济中越来越重要的地位。

21世纪以来，尤其是在"互联网+"时代背景下，平台经济以迅速发展之势在世界范围扩散，成为全球社会经济系统中具有巨大发展潜力的有机组成部分。平台型企业在全球的经济发展中占据了越来越重要的地位，全球市值前十的企业一半以上是平台型企业：苹果、谷歌、阿里巴巴、Facebook、腾讯、亚马逊，其中苹果是其中市值最高的上市企业。在2017年发布的全球独角兽公司中，Uber、滴滴、小米、美团、Airbnb作为排名前五的企业均是平台型企业。不仅是平台数量规模的增加，类型也更加丰富，社交平台、电子商务平台、生活服务平台、游戏平台、搜索平台、媒体平台、支付平台等，平台的种类涉及人们生产生活的各个方面。平台经济具有广阔的发展前景，因此平台企业备受资本青睐，仅2016年互联网的投融资案例就有1622起（叶秀敏，2018），为平台企业的发展提供了充足的资金。受全球平台经济蓬勃发展趋势的影响，国内正加速推进平台经济的培育发展。2015年，李克强总理在两会上提出"互联网+"计划，以此促进互联网与各产业领域的深度融合，为推动我国平台经济发展提供了重要契机。随后，《关于加快构建大众创业万众创新支撑平台指导意见》的出台进一步推动了我国平台经济的发展。目前，我国已成为全球范围内拥有平台企业数量规模最大、涉及产业领域最多的国家。从地域分布看，我国的平台企业主要聚集在北京、上海、广州、深圳，这四个城市包含了55家独角兽企业，其总市值达到7340亿美元；从产业领域看，我国的平台企业涉及电商、出行、支付、社交、游戏、金融等多个领域，其中社交类和电商类的平台企业数量规模最大。平台企业提供的各种产品和服务颠覆了人们的生活习惯和消费方式，推动了各领域的技术创新和商业模式创新，成为我国创业生态系统的先行主体。

（二）平台商业模式的发展现状

平台商业模式颠覆了传统的商业逻辑，重构了产业结构和产业链，改变了已有的社会经济规则（陈威如等，2013），对世界经济产生了深远的影响，也给人们的生活方式带来了巨大的改变。平台商业模式不仅应用于支付、社交、电商等新兴领域，也涉及银行、电信、交通等传统产业。国内外各类型的平台企业越来越多，据统计，全球一百强企业中，六成以上是平台型企业，平台模式的社会影响力日趋广泛，国外的亚马逊、谷歌、Facebook、苹果等，国内的阿里巴巴、京东、百度、腾讯等均是具有全球影响力的平台企业。这些平台企业的发展速度远高于传统企业。有关研究表明，谷歌、Facebook、推特每年的增长率均在150%以上，而传统企业宝洁、通用电气的年平均增长率不足10%（王生金等，2014），这充分显现了平台商业模式所具有的强大发展潜能，因此受到众多企业的追捧。受此影响，许多传统企业也开始引入平台商业模式，拓宽市场范围，推动自身发展，例如部分银行推出自己的互联网金融平台，为顾客提供更加便捷全面的服务。

平台商业模式是随着互联网的兴起而呈裂变式发展的，是基于互联网与现实产业结合的一种商业模式。欧美等发达国家和地区的网络技术水平领先于国内，所以平台模式率先在欧美等地区兴起，而我国的平台商业模式从模仿借鉴起步。国内的平台企业创立时间在诸多领域都晚于国外同类企业，在通信领域，1995年MSN诞生，国内平台企业腾讯在1999年推出了OICQ；在搜索引擎领域，1998年谷歌诞生，国内搜索引擎巨头百度2000年成立；在网购领域，1994年亚马逊成立，1998年京东在国内创立；在C2C电商领域，1995年eBay创立，而国内2003年出现了淘宝；在支付领域，PayPal成立于1998年，支付宝成立于2004年；在社交领域，2006年推特进入市场，2009年国内出现新浪微博；在交通领域，Uber创立于2009年，在中国滴滴创立于2012年。国内初期网络水平相对落后，平台型企业的发展难以与国外发达地区企业相媲美，但近年来我国网络技术和规模均具有大幅提升，为平台型企业的发展提供了充分的技术支撑。同时，我国宽松的政策、庞大的用户规模、完善的通信基础设施等为平台商业模式的发展提供了良好的发展环境，国内平台企业虽晚于国外企业成立，但其发展速度和规模却实现了赶超，并逐渐从模仿学习转向自主创新。在网购领域，2016年亚马逊、

eBay 的用户规模分别为 1.35 亿、1.67 亿，其交易额分别为 3850 亿美元、840 亿美元，同期京东和淘宝分别拥有 2.27 亿用户和 4.93 亿用户，交易额分别达到 6582 亿美元、30920 亿美元；在交通领域，Uber 的年订单量 20 亿次，滴滴的年订单量则达到 70 亿次，是 Uber 的 3 倍多；在支付领域，支付宝 6 亿用户的交易额达到 3 万亿美元，而 PayPal 只有 1.97 亿用户和 3450 亿美元的交易额；在通信领域，MSN 已经退出市场，而 QQ 和微信依旧有着 8 亿多的活跃用户。国内的网络平台企业已经在各领域成为行业的主导者，占据着绝对优势。此外，我国平台商业模式创新也进一步发展，新型平台企业相继成立，例如，共享模式下的摩拜、ofo，外卖行业的美团、饿了么等。上述发展体现了我国平台商业模式经历了由落后到并行再到领先、由模仿借鉴到自主创新的发展过程，现阶段平台模式已经成为推动我国经济发展的重要动力和深入实施创新驱动战略的有效路径。

（三）平台商业模式创新的内涵

平台商业模式主要是通过平台连接两个以上群体，建立多方互动机制以满足群体需求并从中获得利润的一种商业模式。平台模式作为一种新型的商业模式具有系统性和复杂性等发展特点，其系统性主要表现为平台商业模式的各个模块如服务模块、价值模块、交易模块等形成的一个有机的整体，每一个模块均不可或缺，模块间的协同作用完成整个价值创造的过程；其复杂性主要体现在参与主体的多元化、价值逻辑的多重构成等方面。因此，在研究平台商业模式时要关注整体的关系与平衡，而不能割裂各模块之间的内部关系。商业模式的核心是价值模式的构建，即确定实现的价值主张、价值获取以及价值创造的方式。平台商业模式是典型的双边市场，所以其价值模式与传统的单边市场型商业模式的价值模式有明显的差异。在价值主张方面，传统的单边市场满足市场需求的方式主要是提供某一项产品或服务，然后售卖给需要的消费者，而平台商业模式则是通过提供一个交流平台来促进交易双方的交流，降低交易成本，从而吸引更多用户加入平台。在价值获取方面，单边市场的商业模式考虑成本、竞争、需求等因素来制定产品价格形成盈利模式；平台商业模式由于双边市场和交叉网络外部性的特点，考虑的核心问题是如何吸引更多的双边用户，因此通常采用不对称定价策略，即对一方低价补贴来吸引更多的用户，对另一边收取费用来进行盈利。

在价值生产方面，单边商业模式和平台商业模式区别不大，都是通过对资源的利用来实现价值主张和满足市场需求。在价值传递方面，通过一定的销售渠道将产品传递到消费者手中是传统单边市场商业模式的常用手段，但平台商业模式是利用其交叉网络外部性吸引大量的双边用户，买卖双方均会因为另一方存在大量用户而不断加入平台。价值分享是平台商业模式特有的属性，因为平台本身是一个系统，为了维持系统的稳定，需要合理的分享机制，而传统单边市场的商业模式就不需要考虑这个问题。

商业模式创新是指企业为了建立竞争优势而采取的价值创造和获取的新手段，是新的业务活动系统（王娜，2016）。与传统商业模式一边是成本一边是利润的单线市场不同，平台商业模式的成本和利润同时来源于双方用户，因此带来了盈利模式的转变，所以传统商业模式创新理论在新的双边市场中难以完全适用。在互联网免费的背景下，企业为实现持续盈利需要重构价值网络并拓宽收入来源（王琴，2011）。平台企业的商业模式创新可以从平台功能延伸、双边市场的非核心要素开放与核心要素保留、开发非利润来源方这三个方面入手（王生金，2013）。平台商业模式的创新路径主要有四种：一是通过大数据和信息技术改变其效用模式；二是通过新媒体和传统媒体结合进行商业模式创新；三是将实物交易与媒体或软件产品结合；四是建立一个分子模型方便各参与者进行交易（Lyons，2009）。对于不同类型的平台商业模式，商业模式创新的路径也不尽相同，如服务型平台进行商业模式创新主要是为了吸引更多的外部开发商来使用平台，因此可通过提供一些软件开发工具来创造一个好的发展环境，抑或提供功能强大的模型工具以方便用户使用平台（Giessmann et al.，2012）；而传媒型平台商业模式创新可以通过选择不同类型的价值链对核心价值环节进行创新（郭锴，2010）。

二 平台商业模式的创业典范

自党的十八大以来，我国开始从国家顶层制度设计上构建"大众创业，万众创新"的发展格局，创新创业逐渐成为经济发展的第一动力。平台经济作为一种新的经济形态在我国快速发展，各领域信息化水平的提高和互联网的普及为平台商业模式的扩散提供了强大动力，同时规模巨大的用户基数则成为我国平台商业模式快速发展的优势基础。近年来，我国各领域的平台企业发展迅速，不少企业已成长为本行业的领军者，在世界经济舞台中的影响力越来越大。平台商业模式创新驱动型的创业企业不断出现，平台类型日益丰富，电子商务类平台、交通类平台、支付类平台等已对人们的日常生活和社会经济发展产生深刻影响。

（一）电子商务类平台企业

电子商务平台是企业或个人基于互联网搭建的用于网上交易的交流平台，交易双方可以通过平台洽谈和实现交易，买方可以通过平台将产品或服务意见反馈给卖方，促使卖家改进产品或服务，进而使交易双方形成良性的互动交流。电子商务平台有多种具体运营模式，如B2B、C2C、O2O、运营商平台等，其中应用最广泛的是B2C模式，例如京东、亚马逊等，而在我国对人们消费行为和习惯影响最大的电子商务平台是C2C模式的淘宝网。

淘宝开启了中国购物新模式，从根本上改变了国人的生活消费习惯，成为人们生活中不可缺少的一部分，同时为我国经济快速发展做出了巨大贡献。1999年，马云采用独特的B2B模式创立了阿里巴巴网站，度过初创期的各种困境后，马云凭借自己独到的洞察力，在电子商务领域占据了稳定市场，2001年阿里巴巴成为全球首个会员超百万的电子商务网站。为了拓展业务范围，阿里巴巴于2003年收购C2C模式的购物网站——淘宝网；为了更加符合我国用户的购物习惯，2004年淘宝网站推出即时聊天工具"淘宝旺旺"，具有通信交流、交易管理等多种功能，淘宝网成了国内网络购物市场的引领者；2005年，淘宝超越eBay、雅虎等，获得中国互联网品牌50强中C2C网购网站第一名，其成交额超过80亿元，超越了同期的沃尔玛；2006年，中国网民数量突破1亿，淘宝网成为亚洲最大的网购网站，人们的生活消费习惯已经产生了巨大变化，调查表明，当时每天有900多万人"上网逛街"；2007年，淘宝网年成交额突破400亿元，成为亚洲最大的网络零售商；2008年，淘宝推出了新的B2C平台——淘宝商城，即如今的天猫商城，同时阿里巴巴宣布5年内将为"大淘宝"战略投资50亿元；2010年，淘宝网旗下的团购平台"聚划算"上线；2011年，淘宝网被拆分为三家公司独立运营，即一淘网、淘宝网和淘宝商城，自此淘宝体系初步形成。淘宝凭借不断的商业模式创新成功地从模仿到超越再到领先，在电子商务C2C领域中占据了绝对的优势。如今淘宝网综合了团购、C2C、B2C等多种电子商务模式，成为世界最大的电子商务交易平台之一。

（二）交通类平台企业

在"互联网+"与平台经济的影响下，各领域的传统产业与网络深度融合，构建了多种类型的平台，涉及人们衣、食、住、行等各个方面。尤其是随着人口增加、经济发展，城市的交通压力越来越大，符合绿色发展新理念的交通出行平台通过整合城市交通工具资源，有效缓解了城市的交通压力。近年来，我国多家交通类平台企业陆续创立，其中滴滴出行是发展最好、最具代表性的交通类平台企业。

滴滴出行将互联网与传统的出租车行业相结合，在整合社会资源的同时实现了资源的高效匹配。2012年，滴滴打车在北京中关村诞生，它主要通过手机App建立车主与乘客之间的联系，并建立信用评价机制，以提升司机服务水平，提高运营效率，一定程度上解决了传统出租车行业监管方面长期存在的难题。2014年，滴滴与微信合作，实行补贴车费的营销策略，吸引了大量用户。同时，推出主要针对高端商务出行的专车服务业务，并通过进一步完善服务保障体系以提升交易的成功率。同年，基于大数据分析的调度系统"滴米"上线，优化了用户的出行体验，该年"双十二"打车成功率达到了90%。2015年1月，滴滴企业版上线，主要针对企业商务用车烦琐的问题，使企业在无须购买车辆、聘用司机的情况下依然可以得到优质的服务。同年2月，滴滴打车与快的打车合并，成为国内最大的交通出行平台，随后5月和6月相继推出了"快车"和"顺风车"业务，一定程度上缓解了城市高峰期的交通压力。其中，顺风车业务平台作为第三方不收取任何费用，所有乘客车费归车主所有，将私家车转变为公共交通的一部分，在缓解城市交通压力的同时，也推动了绿色出行新理念。7月，滴滴巴士上线，提高了城市的交通运行效率，完善了企业综合交通服务平台的构建，随后代驾服务的推出满足了用户的当下新需求。9月，滴滴打车正式更名为"滴滴出行"并发布了新的Logo和App。滴滴建立的时间虽不长，但其发展速度远超国外的交通类平台企业，到2015年滴滴的订单量已高达14.3亿，超过Uber六年的累计订单数。2016年，滴滴收购Uber中国业务，同时开始扩展海外业务。2018年，滴滴进入中国台湾、日本、墨西哥等市场进一步拓展业务范围。

目前，虽然我国网约车平台企业已有80多家，但滴滴出行仍然是一家独大，地位稳固。滴滴出行成立4年占据了我国交通出行平台领域

80%以上的市场份额，累计获得来自阿里巴巴、腾讯、苹果、淡马锡等国内外巨头的融资约209亿美元，《2017年中国独角兽企业发展报告》显示，滴滴市值已达到约560亿美元。滴滴不断进行商业模式创新，在不同发展阶段推出的不同业务满足了用户不断变化的价值主张，推动用户规模持续增长，到2015年为止，仅安卓手机用户的App下载量就达到了7亿次。不断增加的用户和不断拓宽的市场为滴滴出行注入持续而强劲的发展动力。

（三）支付类平台企业

电子商务的快速发展不断影响社会大众的消费模式和消费习惯，传统的柜台服务已经难以满足互联网时代下用户在交易支付时便捷安全的需求，人们需要一种更加便捷、高效、安全的支付方式。在新社会需求的强力拉动下，第三方支付平台应运而生并不断发展壮大，之后随着手机和移动互联网的普及，第三方支付更是延伸到移动端，成为人们日常不可缺少的支付手段。其中，支付宝是我国影响范围最广、用户最多的第三方支付平台。

支付宝作为阿里巴巴旗下的第三方支付平台，以信任为核心，始终坚持为用户提供"简单、安全、快速"的在线支付，在确保用户支付安全的同时建立了网络间的信任机制。支付宝于2003年上线，起初主要服务于淘宝网，是为了突破淘宝当时的发展瓶颈而打造的支付工具，核心功能是为淘宝网交易作担保，降低用户网上购物的交易风险。2004年，支付宝开始独立运营，从淘宝的担保平台转为独立的第三方支付平台。由于当时我国网上消费处于起步阶段，支付宝的用户仍主要来自淘宝网，在其他行业的使用较为有限。2006年，机票、网游等网络化较高的领域率先使用了支付宝作为支付工具，到年底已有超过30万家企业使用支付宝，支付宝作为独立的第三方支付平台开始被大众所接受。2007年，支付宝交易额达476亿元，其中70%来自淘宝网。2008年，支付宝用户规模突破1个亿，超过淘宝网会员数量，占我国网民的四成以上，并开始与卓越、京东等B2C平台合作，推出手机版移动支付。随后几年，支付宝不断拓展业务，先后与多个行业达成合作，到2011年，支付宝用户达5.5亿人，合作商家超过46万家。同年，支付宝推出了条码支付，进军线下支付市场。2012年，支付宝开始对接基金公司。2013年，可购买小额理财产品的余额宝正式上线。支付宝不仅在国内发展成为行业领头者，在国外的市场也不容小觑。自 2014 年起，支付宝成为全球最大的移动支付平台，与国内外 180 多家银行建立了合作。2016 年，支付宝与三星、苹果展开合作。2017 年，支付宝进驻中国香港、摩纳哥等，此时已有 12 个欧洲国家接入支付宝。支付宝作为我国最大的第三方独立支付平台，融合了支付、保险、理财、生活服务等多项功能，截至 2018 年，其全球用户超过 9 亿人，覆盖全球 38 个国家和地区（张云飞，2018）。

三 平台企业的商业模式创新

平台企业能够快速兴起源自其颠覆性的商业模式创新，这种创新不仅满足了市场需求，创造了企业价值，其强大的杠杆作用更是促使传统生产生活方式发生了颠覆性变革，给予平台巨大而持久的发展动力。根据上文典型平台企业的发展实践，本小节总结企业商业模式创新的具体表现，以进一步揭示商业模式创新对平台企业发展的强大的驱动作用。

（一）电子商务类平台企业商业模式创新

淘宝网作为我国首个网购平台，其商业模式创新改变了人们的传统消费模式，为传统零售业注入了新的活力，推进了我国电子商务领域的发展进程。淘宝的商业模式始于免费模式，这是针对我国经济现状和消费者特性而进行的商业模式创新，凭借这种模式，淘宝网后发制人超越了当时实力强大的零售网站 eBay。对于淘宝网来说，其商业模式创新主要在价值主张和盈利模式两个方面。

价值主张创新。淘宝网始终坚持平台策略，即不参与交易，只是作为一个为交易双方提供信息交流的平台，完成最基础的支持，充当中介和监管的角色。另外，传统的零售业无论是哪种形式都无法突破地域的限制，而淘宝网通过互联网搭建平台，实现了买卖双方在任何有网络的地方即可发生交易，为卖家带来了难以预估的大量潜在客户。同时，这种无须通过层层中间商的平台销售模式促使卖家可以直面买家，降低了运营成本，也使买家能够以低廉的价格获得更好的产品和服务，符合平台双方用户的需求。而且，卖家进驻平台销售产品的门槛较低，为许多前期资金不足的创业者提供了良好的创业机会。此外，淘宝平台模式还为用户提供了独特的价值，吸引了大批的忠实用户，为其快速发展奠定了基础。首先，淘宝的商品种类较为齐全，"没有淘不到的宝贝"这一口号充分说明了淘宝的商品纷繁复杂，包罗万象，这是因为淘宝只是作为中介平台存在，其销售商品的种类不受传统零售业自行采购的限制，主要由卖家决定；其次，讨价还价的沟通模式符合中国人的消费习惯，阿里旺旺的上线使买家和卖家可以直接沟通商定交易价格，商品价格由卖方自主决定，不受平台限制，为交易双方提供了更多自由空间；最后就是淘宝的人性化设置、社区化的建设符合人们群居的特性，用户在社区的互动增进了彼此间的沟通，积分的设置增加了用户黏度，为用户提供了更好的购物体验。价值主张的创新促使淘宝模式更加贴近人们的生活习惯，提升了用户的购物体验，为其积累了大批的忠实用户。

盈利模式创新。盈利模式作为商业模式的核心要素是商业模式创新的重要内容。淘宝作为 C2C 平台一直坚持免费策略，因此并不能带来收益，所以淘宝需要通过拓展其他业务来实现盈利。其收入来源主要有广告、技术平台服务费、B2C 交易抽成。淘宝的高访问量带来了巨大的广告价值，除了网站固定的广告费，淘宝还采用点击付费的广告收费模式，即用户关键字每次被点击均需向淘宝支付一定的费用，这种收费模式为平台带来十分可观的经济收益。技术平台服务费针对的是淘宝推出的旺铺功能，每一个淘宝卖家都可以选择订购这项功能，淘宝旺铺主要为卖家提供更加美观便捷的网页界面以吸引顾客，提升用户的购物体验。2003—2008 年，淘宝旺铺从 1.5 万家增至 22 万家，服务费收益也是逐年上升。淘宝于 2008 年上线的 B2C 商城是一种全新的 B2C 模式，它不涉及物流和商业运营，只是邀请部分厂商通过淘宝平台销售商品。对于厂商卖家淘宝每次会抽取交易 5%—15% 的抽成，而淘宝会为这些商家提供一些特殊服务，如提升搜索排名、举办优惠活动等。淘宝的盈利模式与传统的电子商务网站不同，其免费模式带来了大量用户，提升了网站人气，而高人气又为其带来巨大的广告价值，同时吸引了多个品牌厂家入驻网站。这种相互关联、相辅相成的盈利模式具有一定的持久性，为淘宝带来了持续不断的收益。

（二）交通类平台商业模式创新

滴滴出行改变了传统出租车行业的打车方式，节省了乘客路边打车的等待时间，降低了沟通成本，满足了消费者快速便捷的乘车需求。在"互联网＋"大背景下，滴滴出行吸引大量用户依靠的是商业模式创新，其创新主要体现在产品和服务创新以及价值链创新两个方面。

产品和服务创新。为目标顾客提供何种质量规格的产品和服务才能更好地满足其需求是商业模式创新的一个重点，对交通出行领域来说，想要解决传统行业的固有问题，首先需要从产品和服务着手进行创新。打车难、等车久、空车率高等始终是制约传统出租车行业发展的重要实际难题，但在如今的数字经济时代，网络以及信息技术为解决这些问题提供了有效途径。滴滴出行基于移动信息技术不断推出各种新业务以满足各类用户的不同需求。针对普通的打车乘客，滴滴打车可以通过定位系统以及大数据分析技术分配订单给距离最近的司机，节约了乘客的等车时间，在提高效率的同时减少资源浪费；针对私家车司机，滴滴推出顺风车业务，充分调动车主的积极性，将私家车纳入城市公共交通系统之中，既有利于缓解城市交通压力，方便人们便捷出行，也符合绿色环保的理念；滴滴代驾则满足了现代频于应酬的上班族的代驾需求，减少了酒驾的概率，提升了城市的交通安全；滴滴巴士连接了城市的人口聚集区，利用大数据合理规划行车路线，最大程度上满足用户的日常出行需求，有效缓解了城市公共交通压力过大的问题。这一系列产品和服务创新精准地满足了各类用户的不同需求，提升了用户的体验度，进而吸引更多的用户加入平台，推动平台持续发展。

价值链创新。如何高效地利用、整合信息与资源，实现企业的价值链增值是平台型企业价值创造的核心内容。与传统交通出行领域的价值链不同，互联网平台企业需要整合的资源不仅包括司机、用户、车辆，更重要的是对在线流量与信息的整合利用。滴滴出行有效地解决了传统出租车行业信息不对称的问题，在传统交通行业中，乘客和司机之间无法进行沟通，打车和接客一定程度上均有凭借"运气"的成分，具有很大的随机性。而现在企业可以通过信息技术实现高效的信息匹配，乘客和司机通过平台快速直接产生关联，有助于提高司机的服务水平和乘客的信任度，进而提升了行业整体业务效率，实现了价值链增值。另一方面，滴滴出行对所掌握的大量信息的潜在价值进行深入挖掘，来实现价值链增值，如与支付宝、微信支付等合作实行移动支付，以此开拓用户的信息价值，实现用户和流量共享；与QQ、微信等社交平台的合作则引入了社交元素，符合当下年轻人的行为习惯，提高了用户黏度。同时，滴滴为实现信息的再利用和价值的再创造与蒙牛等多家企业合作。合作伙伴之间的信息共享实现了价值链整体的共创。不仅仅是企业价值链，滴滴与快的、Uber中国的合并实现了整个行业的资源整合，对行业的整体价值链起到了增值作用。

（三）支付类平台商业模式创新

支付宝将"信任"作为自身提供产品和服务的核心，不仅保障用户在线交易的安全，也为用户在网络间建立起信任机制。独特的商业模式促使支付宝从最初的担保交易工具发展成为独立的第三方支付平台，更让其处于行业全球领先地位，为广大用户创造了丰富的价值。支付宝的商业模式创新主要体现在运营模式创新和产品服务创新两大方面。

运营模式创新。支付宝是全球首个担保交易平台，它有效地解决了网络交易产生的部分安全问题，降低了用户的交易风险，减少了用户的网上交易顾虑，让网上交易更加容易被大众所接受。担保交易的实质就是在交易尚未完全完成时支付宝作为中介保存货款的一种服务，有效地解决了买卖双方网上交易的信任问题。买家只需要选中商品并与卖家达成协议，然后支付宝作为第三方中介平台接受买家的货款并提醒卖家发货，买家确认验货合格后，支付宝再将货款转给卖家完成整个交易，若货品不合格或不符合买家需求，买家可与卖家协商退货，卖家收回货品后，由支付宝将货款退回给买家。在整个交易过程中，支付宝保障交易的安全进行，为买卖双方提供信用机制，当买卖双方产生争议时，支付宝还可以作为第三方对其进行调解。同时，支付宝还与各家银行合作，为淘宝卖家提供小额信用贷款，有效解决部分卖家短期资金不足的难题，吸引了更多用户加入淘宝网、使用支付宝作为支付工具。作为独立的第三方支付平台，支付宝在改进线上业务的同时开始拓展线下业务，与各商场、线下门店合作，推出各种优惠活动推广手机移动支付，逐步改变了人们长久奉行的现金支付方式。

产品服务创新。支付宝除了作为支付工具被广泛使用，还拓展了多元化的其他业务，包括线下支付、转账、生活缴费、信用卡还款等，满足用户日常生活中的多项基本需求。其中，在2013年推出的余额增值服务——余额宝，为用户提供了低风险的小额理财服务，广受用户欢迎。用户通过余额宝可以直接购买基金产品进行理财，并获得较高的收益，这种低风险、高收益理财模式吸引了大量用户。与此同时，余额宝中的资金还可以随时用于购物、转账等，这种随时可以取用的方式增进了用户对资金的灵活运用。传统的理财需要大额资金、定期存款，使人们在购买理财产品时十分慎重，而余额宝在很大程度上打破了这些局限，用户无须办理复杂的手续，没有大额资金的门槛要求，没有固定的投资期限，简单而便捷的理财方法激发了用户的理财热情。2013年上半年，由于股市不景气，国内基金规模平均缩水幅度超过11%，而和余额宝合作的天弘基金的基金规模却上涨了30%。余额宝以支付宝的消费群体为基础，主要针对的是人数众多的小投资者，这些用户有着年轻、资金不足、投资经验缺乏等特点，而余额宝提供了简洁直接的界面、随时可以查看资金余额、不限投资资金和期限、可以随时使用等服务，这些功能吸引了众多不懂理财、生活忙碌的年轻人群体，不断增加的用户群体为支付宝的发展带来了更多活力。

四 平台商业模式创新驱动型创业的演进机理

由前文可知，平台企业在社会实践中具有多样化的表现形式，平台商业模式创新驱动型创业生态系统呈现差异化发展形态。虽然各类系统之间存在共通性，但不同类型的系统发展演进路径仍有着差异。在各类平台中，电子商务平台的发展时间相对较长，体系相对比较成熟，因此，本小节以电子商务平台的演化路径为例阐述平台商业模式创新驱动型创业生态系统的演化机理。

电子商务是将传统的购买行为与互联网、大数据等现代信息技术相结合的一种商业模式，而电子商务平台是买卖双方开展交易活动的线上中介平台。电子商务平台的商业模式创新对传统零售业造成了巨大的冲击，其创新内容主要表现在目标客户的选择、盈利模式、成本结构、业务系统形式等方面。电子商务平台得益于现代互联网技术的创新及扩散，但驱动其创业生态系统跨越阶段性瓶颈的主要动力仍然是商业模式创新。根据对已有电子商务平台的研究，可以将其创业生态系统分为四个阶段：初创阶段、成长阶段、调整阶段、成熟阶段。阿里巴巴作为电子商务平台创业企业的典范，其发展过程较为清晰地展现了平台商业模式创新驱动型创业生态系统的演化机理。

（一）初创阶段

电子商务平台创业生态系统的初创阶段是创业企业着手整合创业资源、搭建电子商务平台、进入平台市场领域的过程，是开启平台型创业活动的起始阶段。新市场的开辟可通过多种途径实现，对于电子商务平台型创业，商业模式的模仿、学习与创新是进入平台市场的有效方式。电子商务平台型创业要求创业企业主动进行商业模式创新，以此建立自身的竞争优势，占据一定的市场份额。而对于已经进入市场的企业，无论是被动还是主动，均需要进行一定程度的商业模式创新以应对新的进入者，避免被后来者超越。电子商务平台创业生态系统构建初期，物理技术作为基础性要素发挥基本支撑作用，但驱动系统发展最重要的动力源自商业模式创新。互联网技术的发展和网络的快速普及奠定了国内电子商务市场的物理技术基础，各类型的电子商务平台凭借各具特色的商业模式进入市场，电子商务平台创业生态系统开始初步形成。20世纪末，国内进出口企业面临与国外相关企业信息对接的难题，由此阿里巴巴搭建了一个中介平台，为交易双方提供信息交流机制。当时，建立电子商务平台的物理技术难度虽然不大，但从未有企业尝试去做针对企业的线上交易平台，阿里巴巴的兴起即始于这样一种理念创新。阿里巴巴充分考虑当时国内企业的需求，通过搭建平台为企业用户提供丰富有效的信息和服务，而盈利来源则主要依赖用户的会员费。实际上，在电子商务领域，更多用户倾向于免费的信息，因此依赖会员费盈利存在很大风险。为规避风险，阿里巴巴构建了用户等级机制，不同等级的用户付费不同，所享受的服务也存在明显差异。从免费用户到付费用户，再到增值服务用户，用户模式实际上构成了一个由低至高的市场准入规则。阿里巴巴凭借大量有效的信息流促使用户自愿主动付费，以得到更高级别的会员服务。凭借独特的B2B商业模式和为中小企业服务的市场定位，阿里巴巴迅速打开国内市场，吸引了众多中小企业会员，仅两年时间注册会员超过73万。同时，活跃的用户创造了源源不断的信息流，为平台发展带来了强大活力。

（二）成长阶段

创业主体的日益增加促进创业生态系统规模不断扩大，但有进入者就有退出者，市场的优胜劣汰法则不断淘汰无法适应环境变化的创业主体。因此，为了保持自身的竞争优势，满足持续变化的用户价值诉求，企业需要不断地进行商业模式创新。单一商业模式在特定情境下能够为创业生态系统注入强劲动力，但随着时间推进和市场环境的变化，其驱动效果会被逐渐削弱，需要增添新的动力以实现系统持续发展。B2B模式在特定时间内为阿里巴巴的发展带来强大的动力，但以企业为客户的市场定位使其业务增长空间受到较大局限，部分企业客户实力达到一定程度后着手创建自己的网站，形成企业独特的信息来源，逐步弱化对阿里巴巴平台的依赖。面对 B2B 模式带来的发展困境，阿里巴巴开始拓展业务范围，进军 C2C 市场。2003 年，阿里巴巴创建了以 C2C 为核心运营模式的淘宝网，当时中国的电子商务市场尚处在起步阶段，网络普及率仅有 4.6%，C2C 市场只有易趣一家独大。易趣的商业模式主要是模仿 eBay 的拍卖模式，而淘宝网另辟蹊径，借助"免费模式"迅速吸引了大量的卖家入驻平台，又通过密集的广告宣传吸引大量的买家通过平台进行交易。随后，阿里巴巴根据我国网民的购物习惯，推出阿里旺旺即时聊天工具，加强网络社区化建设，借以提高用户的购物体验度，增强用户黏度，逐步树立起强大的品牌号召力。除了"免费模式"，淘宝网还将搜索引擎引入网站，方便用户搜索查找商品；同时，推出支付宝作为交易担保工具，降低用户的网购交易风险。商业模式的持续创新为淘宝网确立起独具特色的发展优势，平台迅速发展壮大。2005 年，淘宝首次超越易趣，成为我国 C2C 市场的领先者，到 2008 年，淘宝已占据 83.9% 的市场份额。与此同时，淘宝商城的成立代表淘宝开始进入 B2C 市场。

（三）调整阶段

电子商务平台创业生态系统在经历初创阶段和成长阶段后，规模不断扩大，进入系统的创业主体良莠不齐，因此，平台发展的重点从追求规模快速提升转变为规模与品牌并重。与传统行业不同，电子商务行业对互联网技术具有高度依赖性，而互联网在突破地域限制、方便交易的同时带来的诚信问题也愈加显著。而且，当时我国的征信机制刚刚起步，信用卡的持有率不足 3%，但美国等发达国家的征信系统已经有了相对完善的非诚信惩罚机制，为电子商务平台营造了一个良好的发展环境，因此信任问题成为当时我国发展电子商务平台的阶段性难题。信任问题影响着整个创业生态系统的发展前景，如果不能妥善解决，负面影响将导致大量平台用户的流失，系统的发展将陷入停滞甚至被迫退出市场。为解决买卖双方交易的信任问题，阿里巴巴借鉴国际贸易诚信问题的第三方担保交易模式，在淘宝网推出一项安全交易的功能。最初这项功能在技术和过程上创新性不强，但选择这项功能的卖家交易量开始增加，因此，2004 年支付宝开始作为担保平台在淘宝网上线，成为淘宝网重要的交易和结算工具。增加担保机制之后，淘宝的交易量大幅增加，2003 年其交易总额为 0.34 亿元，2004 年即超过 23 亿元，增加了

60多倍，突破信任机制瓶颈的淘宝开始飞速发展。用户在网上交易时越来越依赖于支付宝，阿里巴巴抓住这一机会将支付宝脱离纯粹的第三方担保平台，发展成为独立的第三方支付平台。随后，为了满足客户不断增加的需求，支付宝开始拓展业务范围，例如，为了满足买家对资金托管的需求，支付宝建立了虚拟账户；为了满足对托管资金增值的需求，余额宝正式上线；为了解决淘宝卖家短期的资金困难问题，支付宝与金融机构合作开展了小额贷款业务等。业务范围的扩展和用户的增加使阿里巴巴的企业治理框架发生变化，2014年蚂蚁金融成立，成为阿里巴巴创业生态系统中重要的组成要素。

（四）成熟阶段

电子商务平台创业生态系统在调整阶段对商业模式、企业架构等进行改变，一定意义上适应了市场环境的变化，有力推动了平台创业生态系统的快速发展。然而，如前文所述，由于受商业模式创新驱动型创业生态系统本质属性的制约，电子商务平台创业生态系统趋于成熟时终将面临商业模式创新驱动力不足的难题。为克服创业生态系统发展动力不足问题，需要寻求新的演化动力与发展路径。此时，系统可以由商业模式创新驱动向技术创新驱动路径转化，当然，更理想的情况是向物理技术与社会技术协同创新驱动转化，这种形态更加符合创业生态系统优化升级的内在要求，将给创业生态系统带来更加持久的发展动能。阿里巴巴前期主要是通过商业模式创新构建优化创业生态系统，而易复制性、低成本创业等内在特征决定了固有商业模式难以作为创业生态系统长期的核心竞争力，通过商业模式创新难以构筑企业长期竞争壁垒，因此，阿里巴巴在进行商业模式创新的同时开始重视物理技术创新。2009年，阿里巴巴成立阿里云，主要研究人工智能、大数据、云计算等现代信息技术。对于云计算的开发研究使阿里巴巴的业务开展得更加顺利，平台能够为用户提供更加高效、更加安全的服务。阿里云自主研发了超大规模的通用计算机操作系统——飞天，可将遍布世界的服务器连接成为一台超级计算机，为社会提供在线公共服务。基于云计算的余额宝以超乎寻常的速度高效率运行，每秒处理的业务请求量超过10000笔，将之前8个小时方能完成的工作任务缩短至半小时以内。效率提高的同时其可靠性也在提升，每年"双十一"大量的订单在短短几分钟内提交支付，而通过余额宝进行支付的速度及成功率均高于其他方式。商业模式和物理技术的协同创新为阿里巴巴提供了充分持久的动力,进一步稳固了其行业领导者的地位。

五 平台商业模式创新驱动型创业的发展特征

平台商业模式创新驱动型创业生态系统在发展过程中进行了商业模式创新和技术创新,但其主要推动力来自商业模式创新,即主导创业生态系统的平台商业模式影响着系统的内在运行机制及外在特征。因此,平台商业模式的内涵及特征决定了该类创业生态系统的发展特征。

(一) 价值导向性

价值是商业模式的核心,商业模式主要描述的是价值创造和价值获取的过程,而更好地实现顾客价值与企业价值是商业模式创新的最终目的。因此,价值在商业模式及其创新中的重要地位决定了商业模式创新驱动型创业生态系统具有价值导向性,并体现在创业企业商业模式创新的过程中。由前文可知,各领域的平台企业在创业之初主要是从发现顾客需求开始,之后不断进行商业模式创新也是为了实现不断变化的用户价值主张。例如,滴滴出行是为了弥补传统出租车行业的不足,实现用户快速便捷出行而建立的互联网平台。随着平台的发展,单一的功能已经无法满足用户多样化的需求,为了获得更好发展,满足各类用户的不同需求,滴滴针对不同用户不断推出新的业务,优化商业模式以求达到实现顾客价值的目的。阿里巴巴为了满足中小企业的网上交易需求,建立了 B2B 模式的交易平台,随后转而创立淘宝网实现了个人用户之间的在线交易,为了使平台更加符合国人的消费习惯又推出了即时聊天工具阿里旺旺,为了降低用户之间的交易风险创建了支付担保工具支付宝,这一系列创新举措均是以实现顾客价值为目的,在满足顾客价值的同时进一步增进了企业自身价值的实现。

(二) 演化自组织性

平台商业模式创新驱动型创业生态系统是一个开放的远离平衡状态的系统,它通过与外部环境进行物质、能量、信息交换,从无序混乱的状态自发向有序的状态转变。在自组织系统中,关键群体之间具有一定的异质性,也就是说关键群体各有特色、各具功能,彼此之间形成一定互补关系,他们之间的交互活动会产生"1 + 1 > 2"的效果。因此,系统内部各群体要素之间的协同合作将对系统发展起着重要推动作用。自组织性在电子商务平台创业生态系统中表现得更加明显,阿里巴巴作为我国电子商务平台的"领头羊",其创业生态系统具有较大代表性。阿里巴巴经过多年的发展,其创业生态系统关键构成要素日渐丰富,主要包括 B2B 模式的 1688、C2C 模式的淘宝网、B2C 模式的天猫商城、第三方支付平台支付宝、搜索引擎雅虎中国、金融类的阿里金融、技术类的阿里云等,这些要素涉及交易、支付、搜索、技术等多个领域,要素之间相互促进,互为补充,以自身的发展为其他要素提供支持。这些构成要素在创业生态系统发展过程中交互影响、协同作用,从而推动阿里巴巴创业生态系统不断进行自我优化,实现系统整体持续健康发展。

(三)系统多元化

同样是商业模式创新驱动型创业生态系统,不同的创业主体在创业过程中所选择的商业模式也不尽相同,而同一种商业模式在被不同创业企业所采用时,由于创业主体的差异,商业模式的具体呈现及其创新路径也可能具有一定的差异性。商业模式及其创新的多样性决定了以商业模式创新为驱动力的创业生态系统发展形态的多元化。尤其是平台创业生态系统中的各类创业主体,这些创业企业的创立主要是基于互联网,它们将现代网络技术与传统产业相结合,分别从不同的角度寻求大众的需求痛点,弥补传统产业的不足,并满足人们生活中随着时代发展而产生的各方面需求。因此,众多的行业决定了平台类型的多样性,即便在同一行业,不同创业主体发掘的市场需求与顾客价值不同,其商业模式创新的侧重点与具体形式也各具特色。例如,在电子商务领域,C2C 模式的易趣、B2C 模式的京东、O2O 模式的美团等,虽然同是网络购物平台,但因为满足的顾客价值主张不同,采用的商业模式及推动商业模式创新的路径差异显著,基于各自商业模式形成的创业生态系统同样表现出发展形态的多样性。

六 平台商业模式创新驱动型创业的优势局限

平台商业模式创新驱动型创业生态系统是在互联网普及的背景下形成的,其依赖独特的商业模式快速打入市场,满足了顾客在传统产业情境下无法实现的价值需求。平台商业模式创新驱动型创业生态系统短期内能在全球范围实现快速发展,与其自身具有的优势密切相关。该类创业生态系统的发展优势突出表现在创业主体进入门槛低、满足用户个性化需求、系统内多主体共赢等方面。

（一）发展优势

1. 创业主体进入门槛低

平台商业模式创新驱动型创业生态系统构建优化的动力主要源自创业主体对商业模式的选择与创新。商业模式创新与物理技术创新不同，在最初无须复杂的专业知识，主要依靠的是创业者对于市场的敏感度以及能否及时抓住发现的机会。因此，在平台型商业模式创新驱动型创业生态系统构建过程中，思维的创新更加重要，一个新颖可行的商业运营理念即可能助力创业主体获得充足的社会风投资金，而未必要求创业主体拥有大量自有创业资金。例如，阿里巴巴1999年创立时初始资金只有50万元人民币，但平台推出三个月就获得了500万美元的风投资金，2002年又获得软银2000万美元的投资。而且，电子商务平台在技术方面已经相对成熟，创业企业在发展初期对技术创新的要求较低，平台的技术方面甚至可以外包给其他企业，只要模式足够新颖，能够满足顾客的价值诉求，就会受到用户的青睐。淘宝网同样是典型的例子，最初上线的淘宝网是由一个仅有9人的小团队在一个月内研发完成的，页面十分简陋，整个网站只有20多件商品，但新颖的商业模式依旧快速吸引了大量用户，成立仅20天注册用户已达到1万人。因此，对于平台商业模式创新驱动型创业来说，其显著的优势即是创业主体能以较低成本、较快速度进入创业阵营开展创业活动。

2. 满足用户个性化需求

平台商业模式是一种能够为顾客提供高性价比产品与服务的模式，有着价格相对低廉、产品种类更加多样的优势。平台模式的价值链通常呈扁平结构，省去了传统产业链中许多冗余中间环节，所以整个交易过程不需要通过中间商渠道，用户可以以更低的价格直接从卖家手中购买商品，实现自身价值诉求。例如，电子商务平台就是对传统零售业的效率升级和成本节约。除了对中间环节的简化，对闲置资源的整合也进一步降低了平台的边际成本，成为平台商业模式价格竞争优势的主要来源。平台模式的另一大优势是产品服务的多样化，充分的选择空间吸引了大量的各类型用户。电子商务平台大多数是开放性的，会尽可能多地引入第三方商家，为平台用户增添更多的选择，淘宝之所以被人们称为"万能"，主要是因为淘宝有着多样化的选择，只有想不到，没有买不到。平台商业模式创新型创业生态系统凭借其商业模式的特点，吸引了大量的买卖双方，不断增加的用户以及变化的价值主张为系统主体持续进行商业模式创新提供了源源不断的动力，促使系统主体不断增加，规模不断扩大。

3. 系统内多主体共赢

平台商业模式创新驱动型创业生态系统强调开放共赢的理念，系统不仅追求创造更多的价值，也重视发挥系统开放共享的特性，从而使系统内的多主体实现共赢，以此推动创业生态系统健康有序发展。创业生态系统的开放性吸引了众多合作伙伴，进而形成了多主体交互的社区，各主体在系统内共享技术、资源、能力等，互相协助，共同发展，实现共赢。同时，多主体之间构建的合作联盟使各主体可以合理分工以满足用户的不同价值诉求，从而实现共同盈利。阿里巴巴在发展自己网购平台的同时，也与众多企业合作，不仅为自身拓展了更大的发展空间，也拉动了其他企业的进步，如收购雅虎中国为平台的搜索引擎助力，投资美团、新浪，与各物流公司合作建立菜鸟物流平台等，在提升自身平台水平的同时，也带动了合作企业的持续发展。与合作企业之间的友好同盟关系进一步提高了创业生态系统的稳定性和抗风险能力，促进系统内各主体形成良性竞争，提高了各主体的生存能力，实现共同发展、互利共赢。

（二）存在局限

平台商业模式创新驱动型创业生态系统有着独特的优势，促进了系统内创业企业快速发展，但任何社会经济现象均具有两面性，平台商业模式创新驱动型创业生态系统在具有上述各种优势的同时，也存在一定的发展局限，突出表现在易被模仿复制、物理技术创新空心化、难以监管调控等方面。这些局限成为制约系统主体创业活动持续、有效推进的重要影响因素，同时构成阻滞创业生态系统稳定、有序演化的潜在风险。

1. 易被模仿复制

平台商业模式创新驱动型创业生态系统的竞争力核心就是创新的商业模式，但商业模式易被模仿复制的本质特点决定了特定商业模式难以构成创业主体持久的竞争优势，也无法成为维持系统长久运行的核心竞争力。系统内的创业企业可以凭借平台商业模式创新快速进入市场，但这种优势难以保持长久性，当大量同行企业广泛采用该模式时，创业企业前期建立的竞争优势将被极大弱化。而且，商业模式的广泛复制也使创业生态系统出现同质化严重的状况，市场竞争会愈加激烈，不利于系统有序持久的发展。与此同时，竞争对手也可以通过复制商业模式来抢占市场份额，企业必须不断进行商业模式优化，保持优势，否则将被对手超越，面临被市场淘汰的危机。尤其对于平台企业来说，我国大多数平台企业本就是通过模仿国外平台商业模式开启创业活动的，滴滴出行复制 Uber、淘宝复制 eBay、微博复制推特等。这些平台商业模式创新的初创者在中国发展无力，而通过复制其商业模式并进行优化的中国企业却获得了迅猛的发展，占领了大部分市场份额。虽然其中有部分原因是国外直接引进的商业模式未能有效适应我国市场需求，但平台商业模式创新驱动型创业生态系统的易复制的局限性也得以充分体现。

2. 物理技术创新空心化

平台商业模式创新驱动型创业生态系统的内涵表明了推动系统发展和演化的主要动力是不断进行的商业模式创新，但长期聚焦于商业模式创新可能会弱化系统对物理技术创新的关注，甚至会导致对物理技术创新价值的忽视。如前文所述，商业模式的特性决定了某一特定商业模式难以成为系统发展的长久动力，想要建立竞争壁垒就需要依靠物理技术创新的力量。商业模式创新可以给创业企业带来快速发展，但通常这种快速发展具有明显的时效性，当技术水平过于落后时，仅仅依靠商业模式难以实现企业持久发展。物理技术创新经历的周期虽长，带来的效果一般也更为长久。掌握核心物理技术并将其应用于产品的开发改进很大程度上能为企业增添难以复制的核心竞争力，加之对商业模式的优化，能够形成充分持久的动力实现企业持续健康发展。平台企业多是通过商业模式创新实现早期的高速发展，很容易对商业模式创新产生路径依赖，长此以往，企业将面临物理技术创新空心化的困境，这必将阻碍创业生态系统的长期发展。因此，平台商业模式创新驱动型创业生态系统在进行商业模式创新的同时不能忽略物理技术创新，在发展到一定阶段时要有意识地进行路径转化，以维持系统发展动力。阿里巴巴虽然从商业模式创新中获取重大成功，但没有忽视物理技术创新，而是以物理技术创新为企业的商业模式创新作支撑，两者共同作用，促使整个创业生态系统长久有序发展。

3. 难以监管调控

平台商业模式的构建主要基于互联网的发展，网络打破了传统商品交易时空和地域的限制，给予平台型企业商业模式创新实现的可能，但随着这种线上交易规模的不断扩大，对平台以及买卖双方行为的监管难度越来越大。平台型商业模式逐渐覆盖了生活中各个领域，平台用户随之不断增加，与此同时，各类虚假信息、假冒伪劣、违规操作等现象也越发频繁，平台企业作为第三方中介对买卖双方约束力不足、难以监管的局限逐渐显露。若无法消除各种违规行为、保证交易公平，用户对平台将产生怀疑，创业生态系统的发展将受到巨大影响。这种监管不足的风险随着平台企业的发展难以避免，滴滴顺风车事故频发、淘宝商品真假难辨、拼多多各种山寨品牌疯狂售卖，这些现象的出现给平台驱动型创业生态系统的可持续发展带来了巨大挑战。由于淘宝本身只是一个中介平台，难以把控售卖商品的质量，当淘宝用户在平台上购买到假冒产品时，只能在双方产生纠纷时根据平台信息进行调解，而无法实现更加细致的监管；滴滴是顺风车行业审核最为严格的平台之一，仍旧无法避免各类事故的发生。这是平台型企业以及互联网的特性决定的。对此，平台企业只能不断加强对平台用户的监管，发布各类规则约束买卖双方行为，降低用户的使用风险，但难以从根本上实现对用户的全面监管。

第五章 政策驱动型创业生态系统理论研究

政策是公共权力部门制定发布的具有公共约束力的行动规则，是分层化"社会技术"概念的重要内容。在世界各国日渐倚重政府政策激励国民创业的背景下，政策逐渐成为创业活动起步与深入的重要社会性驱动力量，政策驱动型创业生态系统构成"社会技术"创新驱动型创业生态系统的有机部分。本章基于"社会技术"创新基本理论思想，结合有关创业生态系统研究成果，重点对政策驱动型创业生态系统的形成根源、理论内涵、发展特征、适用情境、优势局限、转换路径等问题进行理论探讨。

第一节 政策驱动型创业的社会根源

随着时代的发展，创业逐渐成为推动社会经济发展的重要动力，政府对创业的政策支持进一步确定了创业在社会经济发展中的重要地位，深化了社会大众对创业的认知，引导更多的社会公众参与创业活动。近年来，政策对创业的作用逐渐得到社会大众的认可，以政策为主要驱动力的创业行为日趋广泛。作为新近兴起的创业模式，政策驱动型创业活动有其深刻的社会经济根源。

一 社会经济发展的内在需求

创业作为当前人类社会重要的价值创造活动，是随着社会深入发展而逐渐出现的一种社会经济现象。在人类社会发展的过程中，不同时期社会经济发展的主要驱动力也不尽相同。在原始社会，人类生存所需资源主要来自自然的赐予，以狩猎经济为主。但是随着人类社会的发展，既有资源已经无法满足人们的需求，为了获得更好的生活，人类不再局限于使用大自然提供的现有资源，开始探索如何对资源进行合理利用，进而获取更多高质量的劳动成果。由此，人类逐渐进入农业社会，经济活动的重心开始向提高生产力转移，土地与劳动工具成为推动社会经济发展的重要驱动因素。在提高生产力的社会发展内在需求驱动下，人类不断探索对自然资源的新的使用方式，人口规模和生活水平均得到大幅度提升，迎来了新的社会发展阶段——工业社会。在工业社会初期，生产方式以工场手工业为主，并由此萌发了创建企业这一新的经济组织方式，推动了工商业经济的繁荣发展（刘健钧，2005）。在随后很长一段时间内，企业家成为创业活动的主要群体，推进了工业经济的快速发展。创建企业作为早期创业活动，主要通过整合自有资本或者家庭资本来实现，过程较为缓慢，通常伴随较大的风险，因此此类创业行为的社会扩散效果受到较明显制约。为了给社会经济发展创造更多的机遇，人们开始探索新的创业方式（尹建龙，2018）。第二次世界大战以后，人类逐渐进入电子信息时代，以电子信息技术为代表的现代物理技术所固有的技术特征为有创业意愿的人提供了大量创业机会，促使更多的人参与创业活动过程，创业逐渐成为推动社会经济发展的重要路径。随着创业行为在世界经济舞台上角色的日益凸显，我国也逐渐认识到创业活动在社会经济发展中的重要作用，在政府的支持下，创新创业市场活力日益活跃，有力地促进了社会经济发展。创业活动及政府机构在经济发展中的重要作用为政策主导型创业生态系统的形成奠定了社会基础。

改革开放以来，我国经历了多次创业热潮，有力推动了社会经济的发展，创业在推进我国工业化、信息化、城市化和农业现代化进程等方面均发挥了重要作用。1978年，党的十一届三中全会提出要积极鼓励发展个体经济和民营经济，并制定出台了多项鼓励性措施，为个体和乡镇企业创业提供政策机遇。由此形成我国第一次社会创新创业热潮，为我国市场经济发展做出重要贡献。随后，政府鼓励解放思想，大力发展市场经济，大批知识分子辞职"下海"，迎来我国第二次大规模创业活动，加速了个体与私营经济的发展，同时也深化了我国社会主义市场经济体制变革。社会经济结构的转变必然伴随着政策制度的变革与重建，而市场经济导向的政策体制变革创造了更多的创业机遇，引导激励各领域公众从事独立运营、自负盈亏的经济价值创造活动，由此不断激发社会创业活力，以政府政策作为初始驱动力量的创业行为逐渐盛行。在社会经济快速发展的背景下，中国逐步走向世界，2001年正式成为WTO

组织成员，全面融入世界经济体系，为我国公众提供更加广阔的创业空间。在政府政策引导下，全国人力、物力、财力等社会资源加速流动，为创业者提供了更加有利的新型创业环境，大量"海归"回国创业，形成我国第三次创业热潮，带动了我国互联网经济的飞速成长。同时，互联网的快速发展开创了我国创业新局面，在信息技术创新的支持下，出现互联网与传统行业相结合的新型创业模式。该创业模式有力推动了产业结构转型，培育了"新经济"的良好环境（汪连杰，2016）。互联网创业逐渐渗透到社会的各个产业，不断影响着技术、产品、产业形态的转变，其开放性更为创业者提供了广阔的活动空间。为进一步激发创新创业活力，党的十八大提出创新驱动发展战略，引发国内第四次创业热潮（唐寒冰等，2018）。此次创业热潮具有新的时代特点，创业活动参与群体的范围扩大至人民大众，形成覆盖全社会的创业新格局，为社会经济进一步发展注入强劲动力。近年来，我国经济持续快速增长，新兴产业表现活跃，"大众创业，万众创新"发展蓝图的提出以及多项创业鼓励政策的出台极大地推动了创业活动的发展。政府及其政策在创业活动中扮演着愈加重要的角色，为以政策为主要驱动力的创业生态系统的形成奠定了重要社会基础。

实际上，创业活动与经济发展的内在关联在学术领域较早已引起学者的讨论。早在创业行为出现初期，坎蒂隆、萨伊等经济学家即对创业在经济发展中的功能进行了详细阐述，熊彼特、鲍莫尔等则进一步分析了创业在经济发展中的关键作用。Hansen 与 Prescott 将人类经济社会发展划分为以传统型经济为经济结构的前工业时代和以现代工业经济为经济结构的后工业时代，并指出经济结构的转型一方面是因为城市化与专业化促进创业机会的出现，另一方面也得益于创业活动刺激创业资本投资。而全球创业观察（GEM）项目的开展，不仅丰富了中国和 G20 经济体创业活动的质量、环境和特征的相关研究，也为各国学者认识创业活动、环境、政策等创业问题提供了重要信息来源（朱至文，2016）。目前，创业已经被纳入内生经济增长理论，即创业行为不仅是推动经济增长的动力，也是经济增长的结果。还有部分学者认为创业环境与经济发展呈正向相关，优越的创业环境能够促进区域经济健康发展，创业与市场化对经济增长的协同效应对不同区域的经济增长影响存在显著差异（高顺成，2013；程锐，2016）。

二 创业成为重要的政策工具

21世纪以来，创业已成为世界各国促进经济发展的重要动力，各国政府越来越关注创业活动，并将其视为促进经济增长、推动社会发展的有效政策工具。从性质上看，创业活动是产权界限明确的私人运营行为，主要由市场决定其运行机制与效果。但就其实践效果而言，创业是具有私人性与公共性的混合物品，需要政府支持才能释放出创业行为的社会效用（王万山，2016）。因此，各国政府纷纷出台各类创业政策，对创业活动给予不同程度的支持，这些鼓励政策便于创业者更好地获取和利用外部资源，为政策驱动型创业生态系统的构建优化提供了有效初始动力。

全球创业浪潮兴起，各国政府加速制定各项创业政策，引导鼓励创业活动开展，为大众提供了创业条件和保障。作为发达国家代表的美国在较早时期便对创业活动给予了高度重视，并通过政府政策支持创业企业进行创业活动，其创业政策集中在创业教育、创业投融资支持系统等方面。美国是世界上最早开展创业教育的国家，目前已有2000余所大学设立创业教育课程，并专门设立了国家创业教学基金，创办多样化创业培训平台，为创业者提供创业教育支持。此外，美国政府十分重视对创业活动的资金支持。实际上，在20世纪50年代初，美国就设立了小企业管理局，旨在为创业企业的投资融资提供支持与贷款担保，随后又通过了《小企业投资法案》，进一步强化对小企业创业活动的融资支持。创业教育是创业人才输出的基本保障，创业投融资支持系统则为创业者开展创业活动提供必要的资金支持，两者在创业活动中均发挥着重要作用，是创业活动开展的基础支撑。除了美国，韩国、印度等国也逐渐认识到创业对社会经济发展的重要作用，并积极出台各项政策推动创业活动的开展。新兴市场经济国家的代表——韩国，主要从税收优惠、金融扶持以及创业投资三个方面为创业者提供强有力的资金支持，并出台一系列配套政策和措施，激发创业者创业激情，保障创业活动的顺利开展。同时，为实现创业活动的可持续发展，韩国政府还成立了综合技术金融股份有限公司，加大对技术开发的支持力度。印度则通过创业教育、孵化器建设与创业投资发展等多元化路径对国民创业给予政策支持。作为最大的发展中国家，我国在改革开放后逐步融入借力创业活动助推社会经济发展的国际潮流，经历了允许创业、放开创业、鼓励创业的发展历程，并通过制定实施各类创业政策推动国家创业生态系统的构建和优化。我国的创业政策主要涉及创业投融资、创业教育、创业税收优惠和创业环境四个方面。

一是创业投融资。创业投融资政策主要为创业者提供资金保障，降低创业风险，提升创业者参与创业的意愿，是社会创业活动广泛、顺利开展的重要制度基础。创业投融资政策是我国最早实施的创业活动支持措施，在20世纪80年代中期，我国第一家创业投资公司——中国新技术创业投资公司成立，随后国家各地相继成立了多个创业投资基金，为创业活动提供早期的资金支持。2008年，国家发布了《关于创业投资引导基金规范设立与运作指导意见的通知》，在创业投资引导基金的性质、设立等作出进一步规定。2015年，国务院发布了《关于促进融资担保行业加快发展的意见》，对融资担保及其合作模式给予规定。目前，我国创业投资引导基金进入加速设立时期，基金设立日趋理性化、专业化（杜月等，2018），至2016年年底，由政府引导的创业投资基金已达到近千只。

二是创业教育。创业教育是社会创业活动大规模开展的有效推进措施，便于加强创业者对创业行为及创业政策的认知理解。1999年，教育部出台了《面向21世纪教育振兴行动计划》，开启了我国大学生创业教育序幕，为大学生参与创业奠定良好的基础。2002年，教育部在9所大学开展了创业教育试点工作，积极推进大学生创业教育工作。2009年，十一届全国人大二次会议正式提出"鼓励大学毕业生自主创业"，由此我国开始了政府引导的创业教育的全面推进（徐小洲，2019）。2009—2019年是创业教育发展的重要时期，在此期间，国家政府出台了多项重要文件推进创业教育的开展。2010年，中共中央、国务院发布了《国家中长期教育改革和发展规划纲要（2010—2020年）》，提出职业教育应面向社会，并着力培养学生的职业技能与就业创业教育。2015年，国务院颁布了《关于进一步做好新形势下就业创业工作的意见》，提出开发针对不同群体的创业培训项目，把创新创业课程纳入了国民教育体系。2018年，国务院出台了《关于推动创新创业高质量发展打造"双创"升级版的意见》，提出要针对不同创业群体、创业活动开发特色化的创业培训项目。

三是创业税收优惠。税收覆盖创业活动的各个关键环节，创业税收优惠政策为社会创业者塑造良好的营商环境，能够有效缓解创业企业融资难问题，增强企业发展动力，是创业活动深入开展的有效制度保障。我国创业税收优惠政策主要针对创业投资企业、小微企业、创业平台、重点创业群体的创业活动。2007年，财政部、国家税务总局联合发布了《关于促进创业投资企业发展有关税收政策的通知》，在创业投资税收方面给予优惠。2008年，财政部和国家税务总局出台了《关于金融企业涉农贷款和中小企业贷款损失准备金税前扣除政策的通知》，指出金融机构对涉农贷款和中小企业贷款计提的贷款损失专项准备金，准予在计算企业所得税的应纳税所得额时扣除，进一步缓解了中小企业贷款难问题，一定程度上促进了农村创业活动的发展。针对小微企业的税收优惠政策的出台能够提高创业企业的竞争能力，激发其创业热情，吸引更多创业者参与创业活动。2013年，财政部与国家税务总局发布了《关于科技企业孵化器税收政策的通知》，对创业孵化平台的房产税、城镇土地使用税和营业税等给予相应优惠。创业平台为创业者提供了广阔的创业空间和良好的创业环境，政府出台关于创业平台的税收优惠政策能够促进其可持续发展，便于构建良好的创业生态环境。2014年财政部发布《关于继续实施支持和促进重点群体创业就业有关税收政策的通知》，规定失业人员从事个体经营的相关税收优惠政策。针对重点社会群体出台创业税收优惠政策，不仅减缓特殊群体就业压力，同时有效增强了相应社会群体开展创业活动的意愿。

四是创业环境。在政府的支持与引导下，我国创业活动日趋活跃，创业生态系统不断优化，创业服务与产业环境的相关政策措施不断强化，创业政策的重心逐渐转移到创业服务体系建设方面，致力于建设良好的创业环境。2015年，国务院公布了《关于简化优化公共服务流程方便基层群众办事创业的通知》，简化各政府部门创业办事流程，提升创业服务效率。2016年，国务院颁布了《关于加快众创空间发展服务实体经济转型升级的指导意见》，对创业平台、信息服务建设等给予强有力的政策支持。一系列优化创业环境的创业政策为创业活动中所需的资金、人力资源、创业平台、创业文化建设等提供了重要保障，激发了社会大众参与创业的意愿，并为政策驱动型创业生态系统提供了良好的环境支撑。

三 社会大众对创业的新认知

人们对于新事物的认知需要一个过程。受认知程度影响，创业活动在发展初期仅有较少的特殊群体参与，未能被社会大众广泛接受。实际上，早在12世纪，"创业"一词就已经出现在法语中，但直到进入工业社会时期，创业才成为日渐盛行的社会经济价值创造活动。但受社会经济发展水平的限制，在工业社会时期主要是大型企业占据经济发展的主导地位，而这些大型企业的发展依赖于自有资本的积累或家庭资本的集聚，因此这一时期的创业只被少数企业家、社会精英关注，难以引发人们的广泛重视。随后，多次工业革命推动了社会经济快速发展，为创业活动带来了更多机遇，越来越多的人开始探索新的创业方式，创业活动逐步被更多群体所接受。随着创业活动的深入发展，在成功创业者的示范、政府的宣传、创业理论的研究以及良好的创业文化氛围等多种因素的影响下，人们对创业的认知逐渐加深，对创业风险的承担能力逐步提高，创业自信心日渐增强，创业活动受到社会群体和政府的广泛关注，并逐渐形成了以政策为主要驱动力的新型创业模式。在社会大众对创业形成新认知的过程中受到了多种因素的影响：首先，成功创业者的示范极大地激发了民众参与创业的积极性；其次，政府出台的各类创业政策为大众学习认知创业活动提供了基本保障；再次，创业理论的研究深化了大众对创业活动的系统性认知；最后，良好的创业文化氛围增强了大众进行创业活动的信心。这些因素共同构成了社会大众对创业的新认知感受，成为政策驱动型创业生态系统中创业主体开展创业活动的必要条件。

成功创业者的社会示范效应激发了大众参与创业活动的积极性，促使人们对创业活动的价值意义产生新的认知。在创业活动发展过程中，出现了一批又一批的成功创业者，这些成功创业范例不断激发着社会大众参与创业的兴趣，形成了良好的社会典范效应，强化了人们通过创业实现自我、获得成功的心理暗示。越来越多的人逐渐认识到创业的价值和意义，并希望通过创业来实现人生理想、体现人生价值。改革开放初期大批知识青年返乡，同时农村土地承包责任制引发农村劳动力过剩，导致城镇失业率一度高达5%。为了解决这一问题，国家政府出台政策引导农民与返乡知识青年开展创业活动，建立了多个成功的创业企业，其中美的、格兰仕、万向等创业企业的发展尤为成功，为后期创业活动的开展起到了良好的模范作用。随后，国有企业、科研院所和政府机构任职的知识分子等精英群体认识到创业的价值意义，凭借其良好的教育、开阔的视界及其探究和立异精神，开始经商创业，由此诞生了一批更具现代思想的优异创业者，如陈东升、冯仑、潘石屹、史玉柱等。成功的创业者能够从创业中获得大量利益，在其影响下，潜在创业者为追求利益或实现自身价值，降低对创业风险的顾虑，激发了通过创业来实现个人财富的聚集以及地位和成就的提升的热情，同时成功的创业经验也为潜在创业者提供了相应的借鉴与动力。成功创业者的示范给潜在创业者提供了心理支持与创业活动经验，极大地激发了民众参与创业的积极性，加深了大众对创业活动的新认知。

政府对创业的逐渐重视，加速了大众对创业活动的新认知。在较长的历史时期内，创业活动的参与者仅限于少数企业家以及社会精英，以大型企业发展为主。第一次世界经济危机对大型企业造成了极大的冲击，使人们意识到大型企业并非长盛不衰。经济危机导致大批金融公司、工业企业倒闭，大量人员失业，阻碍了社会经济进一步发展。大型企业在这次经济危机中暴露出灵活性不足、发展模式转型慢、难以在短时间内适应新的市场变化等缺点。由此，创业、创新、产业动态性和就业等主题逐步成为政治争论的焦点，美国的里根总统和英国的撒切尔夫人都非常支持创业和发展小企业，创业逐渐成为世界各国政府关注的要点（方世建等，2008）。随着时代的发展，创业在社会经济发展中的作用愈加凸显，各国政府逐渐将创业作为推动国家和区域发展的重要政策工具加以宣传和应用。在政府的推动支持下，人们能够从政府态度、政府政策、主流舆论媒体等多种途径越来越多地了解认识创业的价值和意义。随着"大众创业，万众创新"的提出，我国将创业提升到了国家战略层面，在中央顶层制度设计引导下，我国各地区积极出台创业支持政策，推进创业活动开展，增强创业活力。创业逐渐走入社会大众的视野，而不仅仅是企业家、精英人士参与的活动，民众对创业有了新的认知，大量社会群体在政府的支持下参与创业活动，由政府政策为主导的创业生态系统逐渐形成。与此同时，宽松的创业政策为创业主体提供了更多的创业机遇，便于创业者进行不同的创业选择。各项财政补贴、税收优惠、投融资支持等政策进一步降低了创业风险，增强了社会大众的创业意愿。对于创业经验较少的创业者，政府通过开展创业教育培训、举办创新创业交流活动等方式，提高其创业能力，降低创业者参与创业活动的顾虑。在政府和各类创业政策的引导下，社会形成了良好的创业氛围，人们对创业活动有了新的认知，创业活动得到了社会大众的广泛认可，民众参与创业活动的积极性不断提高。创业行为的大范围开展建立了一批新企业，孕育了多个新兴市场，有效带动了政策驱动型创业生态系统的形成和发展。

创业理论的深入研究使人们对创业活动有了更深层次的认知，为创业活动的可持续发展提供了理论基础。随着创业实践活动的日益频繁，人们对创业活动的理论研究也不断深化，对创业规律、创业模式等的认识不断提高，一定程度上影响和改变了大众对创业的固有认知，使创业者对创业的活动过程、概念内涵、本质特征、运行机制等有了更深层次的了解，便于创业活动的顺利进行。20 世纪初，熊彼特第一次明确了创业者的概念，将其定义为通过创新和提前行动制造变化与不均衡的人。在工业社会时期，虽然创业理论没有得到社会大众的广泛关注，但部分学者的研究仍为后续创业理论研究奠定了基础。20 世纪 80 年代初，经历了两次石油危机的西方主要发达国家均处于经济衰退的困境中，大批企业破产倒闭，大量人员失业，严重影响了社会秩序。西方学者开始被迫反思现有的经济理论，探索新的经济发展动力。学者发现小型企业在这次危机中受到波及较小，并且在增加就业和推动社会经济发展方面发挥积极作用。相关研究表明，1970—1980 年，美国新的就业机会大部分是由小企业以及新建企业提供的。随后，学者的研究焦点开始转向创业活动，涌现了大量的研究成果，逐渐引起了社会大众的重视，创业活动的价值和意义被人们认可和接受，越来越多的人开始参与创业活动。为了保障创业活动的顺利发展，各国政府纷纷出台相关政策给予支持，以政策为主要推动力的创业活动开始频繁出现，政策驱动型创业现象得到广泛关注。

在成功创业者、政府、创业研究学者等多方协同作用和影响下，整个社会逐渐形成支持创业、鼓励创业的文化氛围，社会大众逐渐认可创业、支持创业，创业者的创业认知能力水平得到了显著提升，越来越多的人开始参与创业。其中，创业理论研究贯穿于整个创业活动过程，成功创业者的示范效应则在创业活动开展初期作用较为显著，尤其是在我国多次创业热潮中，起到了良好的模范带头作用，深化了大众对创业价值的认知。自 21 世纪以来，政府在创业活动中的作用愈加凸显，由政府引导的创业活动更容易得到社会大众的认可，各项政策宣传更加深了社会大众对创业活动的认知，降低了创业者的创业顾虑，从而有效激发了人们的创业积极性。由成功创业者、政府、创业研究者等共同构建的创业环境为大众提供了新的创业认知，增强了其创业意愿，为政策驱动型创业模式提供了发展动力，塑造了良好的创业环境。

第二节 政策驱动型创业生态系统的概念内涵

政策驱动型创业生态系统在蕴含上述社会经济形成根源的同时，具有区别于其他类型创业生态系统的独特的理论内涵。作为政策规制与创业生态系统的有机融合，政策驱动型创业生态系统既内含政策的部分特质，又具有创业生态系统的本质内涵。

一 创业政策与政策驱动创业的研究进展

随着创业活动的日益频繁，政府出台的各类创业政策逐渐增多，创业政策也成了学术界关于创业研究的热点之一，国内外学者从不同角度对创业政策进行了研究，并形成一系列具有指导意义和理论价值的研究成果。从 20 世纪 90 年代中期开始，联合国国际发展组织、经济合作与发展组织、欧洲委员会及亚太经济合作组织等开始考察、研究创业活动对经济所作出的贡献，并试图找出提高地区创业活动水平的现实方案。国外从这一时期开始对创业政策给予关注，学者关于创业政策的研究集中在政策类型和政策框架方面。对于政策类型的研究，Kayne（1999）认为创业政策应该包括资金、知识、教育、共识、税收和规制环境。Rubel（2000）根据创业者在当前经济生活中扮演的角色、创业者为经济作出贡献需要的因素等，建议政府完善金融机制和税收政策，重视创业知识型基础设施的建设，改进企业注册制度和执照制度。[①] Lundstrom 等（2005）提出可将创业政策细分为新企业创业政策、中小企业政策推广和全面创业政策。Verheul 等（2002）将创业政策分为五种类型，

[①] 转引自高建、盖罗它：《国外创业政策的理论研究综述》，《国外社会科学》2007 年第 1 期。

即创业供给、创业需求、创业的风险奖励机制、社会的创业价值、资源和知识的可获得性。Zoltan（2009）从社会、经济、企业和个人四个层面给出与其相对应的四类创业政策。Peters（2016）从提升初创企业存活率和营造更好的创业环境两个方面来理解创业政策的类别。对于政策分析框架，主要是一些国际组织和社会团体对其进行研究，例如瑞典小企业研究基金会的MOS框架、GEM的分析框架、欧洲委员会使用的框架和欧盟创业绿皮书使用的框架。

在国际创业政策引领以及创业发展趋势的指引下，国内学者也对创业政策进行了一系列研究。学者通过建立模型、指标体系等，从多个角度对创业政策进行分析。万玺（2013）提出了由忠诚度、满意度与吸引度构成的创业政策结构方程模型；徐德英等（2015）从企业角度出发，通过政策供需匹配模型对北京市创新创业政策的匹配情况进行了实证研究；范巍等（2014）根据创业环境结构和GEM创业环境模型，运用政策文本分析方法从人员要求和优惠措施两方面对留学人员的创业政策进行了内容分析；张钢等（2008）建立了技术创业和创业政策测度指标系统，对我国30个省份的数据进行实证分析，探讨了创业政策对技术创业的影响；傅晋华（2015）利用创业政策三维度分析框架对我国农民工创业政策进行系统分析并探寻其中存在的问题。

随着统计学、计量学、数据可视化在社会科学研究领域的应用与拓展，将量化分析与政策文本分析相结合逐渐成为一种趋势。政策文献量化研究的分析方法有政策文献计量和政策内容量化，是将统计学、内容分析法、文献计量学等学科方法进行综合，对政策文献进行研究，对政策文本的内容与外部结构要素进行量化分析，以政策文本内容、政策文献结构要素为研究对象，结合质性研究方法揭示政策主题的历史演进、政策工具的使用与选择、政策发展中的主体合作网络等问题。张永安等（2015）对区域科技创新政策使用PMC指数模型，结合文本挖掘方法对其进行量化评价。黄萃等（2015）对中央政府颁布的风能政策中的政策工具、高新技术产业税收优惠政策文本采用内容分析法进行计量和分析。汪涛（2015）在内容分析的基础上对我国大学生创业政策、科技创新政策进行量化分析。许阳等（2016）运用内容分析法对海洋环境保护政策进行量化分析。孙萍等（2014）结合具体地区对城市科技政策的演变进行量化研究。曾婧婧等（2014；2016）对区域合作政策、太阳能产业政策、生物医药产业发展政策进行了量化研究。

在经济全球化加速发展背景下，国际竞争更加激烈，创业作为推动社会经济发展的重要经济活动引起各国政府的关注与重视，为了支持创业活动的广泛开展，各国政府纷纷出台各项鼓励政策推动创业发展，保障创业，充分发挥其带动经济增长的积极作用。部分创业者在创业政策的引导下开始创业活动，政策成为创业活动的重要驱动力，形成政策驱动型创业新模式。创业政策的大量出台对推动创业活动大范围开展有着不可忽视的作用，随着越来越多的创业者选择这种模式，政策驱动型创业引起了学者的关注，但目前仍未形成统一的概念和理论认识。自DiMaggio 的开创性论文《组织理论中的利益与能动性》发表以来，学者开始探讨制度创业。制度一般是指在一定历史条件下形成的办事规程或行动准则，而政策则是政府机构在一定历史时期内标准化制定的奋斗目标、工作方式、实施步骤等，在一定程度上可以视为标准化的制度。制度创业是一种可以从相应的制度中获取利益或者利用资源改变现有制度的活动（李雪灵等，2015）。关于制度创业的研究已有了一定的成果，但政策创业的相关研究仍比较缺乏。对于政策与创业的内在关联，已有研究主要集中在分析特定情况下创业政策现状、问题、演进过程与发展趋势等。Lundstrom 等（2005）认为创业政策是可以激励创业主体的创业精神，有助于提高国家或地区的创业活动水平，通过传递动力、技能和机会鼓励更多的人群创办企业。Peters（2016）认为创新和创造是创业活动必不可少的内容，创业政策主要有两方面的作用，一是可以激励更多创业主体创建企业，提高初创企业的存活率；二是可以营造更好的创业环境，为新创企业创造良好的发展机遇。万玺（2013）阐述了海归科技人才创业政策对于吸引海归创业的重要意义。郭德侠等（2013）分析了财税、金融、配套服务等创业政策与我国大学生创业参与程度之间的相关关系。常荔等（2014）研究了不同类型创业政策对科技型中小企业创业活动产生的影响，探寻实现政策效应最大化的路径。赵都敏等（2011）指出政策是创业环境的重要组成部分，完善的创业政策是经济增长的重要手段。党蓁（2011）构建了政府扶持型创业体系，深入研究了创业系统及促进创业的政策作用机理，提出政府扶持型创业体系包括四大基本要素：创业环境、市场、政策及其主体，从侧面阐述了政策驱动创业的影响。何云景等（2010）探索了创业环境、创业政策、创业支持系统三者之间的联系，指出了政府政策在创业过程中的支持作用。刘新民等（2018）通过分析中央政策文本，构建了创业政策对创业企业的迁徙决策影响的作用模型，发现产业、技术、社会化服务等政策对创业企业的迁徙影响显著。

综上所述，创业政策已受到学术界较多关注，并取得了具有启发意义的研究成果，同时体现出一些研究特征。创业政策的研究主要集中在创业政策环境优化、创业政策系统思考、创业教育、创业态度等方面。关于政策与创业关联，已有研究主要致力于分析特定情况下创业政策现状、问题、演进过程与发展趋势等，同时认为政策是创业的基本环境，是创业活动开展的基础，经济增长是创业活动的最终目标。虽然已有部分学者提出制度创业概念，但相关研究还处于初步分析阶段，目前尚未明确提出政策驱动型创业生态系统的理论概念，对其理论内涵还缺乏基本探讨。

二 政策驱动型创业生态系统的概念内涵

随着社会经济的不断发展，创业模式逐渐增多、创业规模逐渐扩大。20世纪末期，世界各国政府认识到创业活动在推进产业发展与经济增长方面发挥着重要作用，将其视为推动国家创新与经济发展的重要动力，出台了大量的政策法规，为行业内代表型企业提供税收优惠与贸易保护，扶持创业企业发展，民众自主创业意愿不断提升，全球创业浪潮日渐兴起。政策驱动型创业逐渐成为社会大众广泛认可的创业模式，并引发理论界对政策与创业、政策驱动型创业生态系统的关注。由上文可知，虽然学者对于政策视角的创业活动的理解各有不同，但是也体现出一些共同特征：政策是政策驱动型创业的重要支撑条件，是政策驱动型创业活动开展的基础，经济增长是政策创业活动的最终目标；政策是在特定时间、特定历史条件和特定国情下形成的，具有一定的时间阈值和空间阈值，社会经济发展越快，政策的时空阈值范围越狭小；政策代表着政府的行为，具较强的合法性与社会认可性。因此，政策驱动型创业模式所对应的创业生态系统受创业政策周期波动影响，导致创业周期同样具有较大的波动性。受政策合法性保障，以政策为驱动力的创业活动是目前合法性较强的创业模式，被社会大众广泛认可。创业政策并非直接作用于创业活动，而是通过增强创业资本和创业机会对早期创业行为产生影响，政策驱动型创业生态系统中创业活动在初期发展速度较快。

政策驱动型创业生态系统作为创业生态系统的子系统，其概念界定不仅依赖于对政策、创业活动的分析，还依赖于对创业生态系统概念内涵的研究。创业生态系统的适用性和可持续性依赖于各构成要素之间的相互作用，而系统各要素、各组织以及要素之间的空间与秩序共同构成创业生态系统的结构。政府、高校、资本、人力资源、专项服务、成熟企业等系统要素的协同作用使创业生态系统具有持续的竞争优势。健全的创业生态系统需要具备核心竞争能力和创业支持体系，但不同创业生态系统核心竞争能力的发展重点不同。例如，中国创业生态系统核心竞争能力在于其完善的制造业，美国硅谷创业生态系统的核心竞争能力在于其领先的高新技术优势，印度创业生态系统的核心竞争能力在于其高效的外包，美国华尔街和英国伦敦创业生态系统的核心能力在于其金融业的发展较为完善。政策驱动型创业生态系统的核心能力则在于创业政策对系统的支撑力，创业主体利用政策优势开展创业活动。创业生态系统主要是由创业主体及其赖以存在和发展的创业生态环境所构成的，二者彼此依存、相互影响、共同发展，是一个动态平衡系统，其中创业活动的广泛推进依托于具体的创业环境。在政策驱动型创业生态系统中，创业环境主要是在各项创业政策的引导下构建的，在各项政策措施的支持下，创业平台的建设、创业基础设施的提供以及宽容的创业文化氛围的形成共同构成了创业生态系统的发展环境。

综上所述，政策驱动型创业生态系统是以政府政策为核心初始驱动力、随政策设计变化而发展演进的创业生态系统；是创业主体在政策驱动下开展创业活动过程中与其生存和发展的创业生态环境所构成的彼此依存、交互作用、协同共进的动态平衡系统。该类系统是政府意志在创业生态系统领域的具体呈现，是政府创业政策具化为社会创业实践的有效载体。其宗旨是以政策资源为基本动能，激发社会创业热情，重塑公众创业认知，塑造大众创业格局，以实现政府特定的社会系统治理目标。作为创业生态系统的重要子系统，政策驱动型创业生态系统具有对政策高度依赖性、创业周期波动性大、创业成长周期呈阶段性演化、创业模式更替频繁、创业过程不确定性显著、创业行为社会认同高等本质特征。该系统蕴含创业进入门槛低、创业初始投资成本低、创业成效显现快速、有利于政府意志执行、有效抵消创业风险等理论优势，同时存在创业转型需求迫切、市场感知能力不强、对政府政策制定执行能力要求严苛、对创业主体政策学习转化能力要求高、创业成长驱动力转型迫切、可能导致攫取政策红利的虚假创业等潜在局限。

第三节 政策驱动型创业生态系统的理论特质

从政策驱动型创业生态系统的概念内涵可以看出，该生态系统是由创业主体与创业环境之间的相互作用构成的动态平衡系统。作为以政策为主要驱动力的创业生态系统，政策驱动型创业生态系统同时具有政策、创业活动以及生态系统的相关特性。基于前文对政策驱动型创业生态系统社会根源、概念内涵的分析，结合已有相关研究，对政策驱动型创业生态系统的理论特征进行总结，主要体现在对政策的高度依赖性、创业周期波动性大、创业成长呈阶段性变化、创业模式转换快速、创业过程不确定性高、创业行为合法性强等方面。

一 对政策的高度依赖性

政策驱动型创业生态系统是以政策为核心初始驱动力，以政策发展变化为演化动力的创业生态系统，系统的内在运行机制与外在发展特征很大程度上取决于其所依赖的创业政策。该创业生态系统主要通过政策引导刺激创业，开拓创业新局面，其核心动力是政府实施的一系列以实现经济增长为最终目标，鼓励创业为基本手段，构建创业环境为基本方向的政策措施。作为以政策为主要驱动力的创业生态系统，系统的正常运转离不开政策资源的推动，同时在政策的支持和引导下，进入系统的创业主体不断增加，系统活力不断增强。政策驱动型创业与商业模式驱动型创业、物理技术驱动型创业相比具有自身的独特性，对政策具有高度的依赖性，尤其在创业初期，创业主体的创业活动紧跟政策方向，以政策为其核心动力。当创业生态系统中的创业主体在未能掌握有效商业模式或相关领域核心物理技术时，可通过对政策的恰当应用开展创业活动。创业政策的发布、扩散、学习、更替等是政策驱动型创业生态系统发展演进的主要动力，因此该系统对政策的高度依赖性是其首要特性。政策驱动型创业生态系统对政策的高度依赖性主要体现在以下两个方面。

一方面是系统内创业主体能够顺利开展创业活动离不开政策支持。与商业模式创新驱动型创业模式和物理技术创新驱动型创业模式相比，政策驱动型创业模式受政府政策支持和保护，具有较低的创业进入门槛，只需少量的初始投资成本就可进行创业，但在创业活动初期对政策的依赖性较强，需紧跟政策方向以寻求政策便利和保护。对于难以依靠商业模式创新或物理技术创新进入创业生态系统的创业主体来说，若失去政策支持，创业主体便很难在创业初期获得足够的资金、服务等各方面的支持，进而失去进入系统的权利，创业意愿将被极大削弱。为了推动更多创业主体进入创业生态系统，为系统提供更多动力，政府通过降低创业门槛、支持重点创业群体等政策措施，促进大众参与创业。相关研究表明，创业企业拥有的政策认知资本越多，企业获得发展或成功的机会就越大。创业主体在获得市场准入资格后，创业活动的后续发展依旧面临各种风险，而政府的各项创业政策为创业活动的持续发展提供保障。若没有政策支持，创业者的创业意愿，创业活动的开展、生存等均可能受到一定程度的影响。近年来，在国家政府的大力支持下，我国社会大众参与创业的意愿愈加增强。2018年3月底，财政部、人力资源和社会保障部、中国人民银行联合印发《关于进一步做好创业担保贷款财政贴息工作的通知》，支持促进重点群体创业就业，新政策扩大了贷款对象的范围，将在农村自主创业的农民纳入支持范围。同时，为促进大学生创业，政府还设立了高校毕业生就业创业基金，为高校毕业生创业提供股权投资、融资担保等服务。在政策红利的支持下，大量农民工开始返乡创业，大学生参与创业的积极性高涨，创业主体不断进入系统，为创业生态系统发展增添了强劲动力。这些创业政策为创业主体开展创业活动提供了资金支持，同时也加深了创业生态系统对政策的依赖性。尤其是众创理念提出后，我国迎来了新一轮创业热潮，政府出台的大量创业政策吸引了各类人群参与创业，政策驱动型创业模式的发展达到新高度，政策驱动型创业生态系统规模进一步扩大。在政策驱动型创业生态系统中，政府通过税收优惠等政策措施为系统内的创业活动顺利进行提供保障，减少了创业成本，降低了创业风险，使创业主体开展创业活动时对政府政策愈加依赖。同时，在政策的引导下创业生态系统逐渐集聚各种创业资源，使创业主体拥有更多优质资源，为创业活动的健康发展提供资源保障。

另一方面是创业生态系统的外部环境建设离不开政策的支持。在政策驱动型创业生态系统中，基础设施、创业平台等创业环境的建设主要依靠政策的支持。在政府政策的支持下，大量创业平台涌现，创业基础设施日渐完备，为创业主体提供了良好的创业环境，宽容失败、默许试错的创业政策打造了积极的创业文化氛围，这吸引了更多的创业主体进入系统，系统内的创业活动也得以更加顺利进行。创业平台的建设为创业者打造了良好的创业环境，而良好的创业环境能够为创业者提供优质的创业服务，让创业者能够更快地推动创业活动的发展。同时，良好的创业环境能够聚集更多团队和优质资源，从而为跨界合作创造更多机会。创业孵化基地作为政策创业活动的重要载体，受到政府的大力支持。政府通过积极全面落实创业政策，积极推进基地建设，提升服务能力和水平，发挥示范引领作用，为促进创业就业作出巨大贡献。国务院发布《关于做好当前和今后一段时期就业创业工作的意见》，对发展创业载体作出明确要求，各地要加快创业孵化基地、众创空间等建设，试点推动老旧商业设施、仓储设施、闲置楼宇、过剩商业地产转为创业孵化基地。《中国众创空间白皮书 2018》统计显示，目前中国众创空间发展迅速，其数量跃居全球第一，截至 2017 年年底，全国纳入火炬统计的众创空间已达 5739 家，与 2016 年相比增幅超过 33%；众创空间总面积达 2523 万平方米，与 2016 年相比增幅超过 33%。目前，全国众创空间提供工位超过 105 万个，在 2017 年服务的创业团队和初创企业超过 41 万个。

二　创业周期波动性大

政策驱动型创业生态系统的创业周期波动性大主要是因为系统内创业活动受政策变动性大、变化快特征的影响，表现出随政策变化而波动发展的特征。重要政策的变化往往导致创业生态系统内各因素发生变化，如政策目标群体的改变、创业政策发展方向变化等都会直接影响创业生态系统发展的方向和速度。

人类社会作为最大的社会系统，拥有各个层次的子系统。虽然这些子系统位于不同的层次、拥有不同的结构，但都是社会系统的有机组成部分，并处于不断发展演进过程中。同时，任何一个社会子系统均由若干个相互依赖、相互作用的要素组成，其中不同要素扮演着不同的角色，当一个或多个要素发生变化时，整个社会系统也会随之产生相应的改变，即系统发展存在一定的波动性。创业生态系统作为社会系统的一个子系统，也具有类似的特点。创业的过程其实就是机会开发的过程，当系统内部的机会被不断发现、不断创造时，生态系统也在不断演化（蔡义茹等，2018）。政策驱动型创业生态系统作为创业生态系统的一种，同样具有创业生态系统拥有的一般性特征，同时会因为系统主要驱动力量的差异而体现出不同于商业模式创新驱动、物理技术创新驱动等其他类型创业生态系统的独特性。政策驱动型创业生态系统是创业主体与其生存和发展的外部环境所构成的彼此依存、相互影响、共同发展的动态平衡系统，该系统主要由创业主体、政府、创业政策等要素构成，某一要素发生动态变化，整个系统也会随之波动。

在政策驱动型创业生态系统中，政策作为主导要素，对整个创业生态系统的影响最为显著。政策是具有时效性的，每项政策都作用于特定的时间范围内，社会环境发生改变会催生出相应的政策以适应时代发展，尤其是当社会经济发展较快时，政策的适用周期会随之变短。政策所具有的周期性特点使以政策为主要驱动力的创业生态系统同样呈现周期性波动。此外，创业政策发展方向的变化也会对创业生态系统的发展方向产生影响。政策驱动型创业生态系统是新时代背景下形成的新型创业生态系统，受其主要驱动力的影响，该创业生态系统也体现出较大的创业周期波动，创业政策周期短、变化快是导致创业生态系统波动大的主要因素。创业周期波动性大是政策驱动型创业生态系统的理论特征，也是该类创业生态系统的潜在局限。若无法及时适应政策波动带来的影响，其创业活动将会受到较为明显的干扰。

三 创业成长呈阶段性变化

政府政策在引导创业的同时也会受到创业行为的影响，并且政府会随着社会经济发展变化对政策进行适度的调整，形成能够更好带动社会经济发展的新政策。由此，便带来了政策创业模式、发展方向的演变，形成了政策驱动型创业的阶段性演化。在政策变革的过程中，政策要素会随着社会经济的发展而产生阶段性变化，进而使整个政策驱动型创业生态系统的创业成长周期呈阶段性变化。总体来看，政策驱动型创业生态系统中政策与其环境要素的相互作用共同引起了创业活动成长周期的阶段性变化，创业活动在不同时期的发展需求也是导致该系统的创业成长周期具有阶段性变化这一特征的重要因素。

政策涉及社会的各个领域，其目的是通过对各种社会关系的调整和社会行为的规范来保持社会的有序运行。同时，社会经济的发展变化也会反作用于政策，随着社会经济结构的调整，政策也会做出改变。社会经济的发展既具有一定的连续性，也存在一定的阶段性，而为了适应社会发展，不同时期制定的政策也会呈现出相应的变化。创业生态系统受多种因素影响，但对其影响最大的是其关键资源。对政策驱动型创业生态系统来说，政策作为主要驱动力需要与系统的关键因素相适应。因此，创业政策的制定需要考虑到不同阶段的关键因素，才能充分发挥创业政策的驱动作用（郑炳章等，2014）。同时，在不同的社会经济发展背景下，创业政策也需要顺应时代发展，形成能够更好地适应新环境、促进创业活动开展新的创业政策。由此可见，创业政策在社会环境等因素的影响下，也存在阶段性变化。作为以政策为主要驱动力的创业生态系统，其同样具有阶段性变化的特征。自改革开放后，我国经历了多次创业热潮，政府在此过程中起到了重要的推动作用。为适应时代发展，政府通过制定符合社会发展特征的创业政策引导创业活动开展，以推动社会经济发展。从最初的少数人员参与的精英创业到如今大规模的大众创业，政策的不同倾向带动了不同社会群体的创业活动发展，主要创业主体的变化使创业生态系统发展也呈现阶段性变化。

在政策驱动型创业生态系统中，创业活动的初期运转主要依靠政府政策的支持。创业活动初期对基础设施等条件需求较大，此时政策支持主要倾向于指导创业活动开展与创业行为发展机制、目标确定等。在整个发展历程中，政策驱动型创业初期的创业行为较为活跃，主要是由于创业初期创业主体可以依靠政策红利开展创业活动，在政策提供的资金、基础设施等基础上，创业主体可以组建团队，拥有基础的办公条件。在这个阶段，其主要目标是增强素质、规范管理、聚合资源、创建一个有生命力的可行的产品服务模式。随着创业活动的不断深入，创业企业内部管理更加规范，创业活动逐渐超越对基础设施等基本支撑条件的需求，更加注重创业质量的提升。此时，创业主体所依赖的政策类型开始由引导型向服务型转变，致力于创业环境的改善。但是，该阶段可能面临着创造性不足、精准化服务水平不高、特色不明显等现实问题，便需要创业主体在政策创业的基础上，找寻自己的特色进行突破，实现路径转换。到创业活动后期，其发展主要依赖于创业模式转型与技术的创新。政策驱动型创业是众多行为者参与的集体行动，创业者、所处环境和政策类型的差异导致政策驱动型创业各阶段呈现出不同的特征。

四　创业模式更替频繁

在政策驱动型创业生态系统中，创业主体采用的创业模式主要由创业政策决定。而政策具有较大的波动性，社会经济发展越快，政策的波动性越大。不同的创业模式意味着不同的资源利用方式，创业模式的选择很大程度上影响企业在市场上的发展程度，因此创业模式的选择对创业成败至关重要。随着经济发展转型、政策目标转变，为保证创业活动能够正常有效进行，创业模式也需要更替转变。政策驱动型创业生态系统受政策波动性影响，表现出创业模式频繁更替的特点。

在政策驱动型创业生态系统中，创业活动初期对政策的依赖性较强。在创业过程中，系统要求创业主体对政策具有较高的学习转化能力，使其能在政策方向改变时及时调整以适应政策转变，保证创业活动的顺利进行。因此，随着创业活动的深入发展以及社会经济的变化，创业主体选择的创业模式、发展方向等需要根据政策这一主要驱动力的变化而改变，以此保证系统拥有长久的发展动力。同样，当已有政策无法满足创业生态系统发展需求时，就需要新的政策或进行系统路径转换，以获得新的发展动力。若没有新政策出现，系统也无法及时转换路径找寻新动力，创业生态系统可能会进入衰退或退出阶段。在创业生态系统发展过程中，当现有政策无法满足其发展需求时，具有一定创业能力的创业主体为寻求更好的发展路径，会进行创业模式转型，如转向物理技术创新驱动的创业模式或商业模式创新驱动的创业模式。政策作为国家意志的代表，拥有较强的合法性和较高的认可度，根据政策调整的创业决策具有较低的风险，更易受到认可。随着新的创业政策的出现，创业主体会依靠新的政策红利调整创业模式，以获得更大的发展空间。政策驱动型创业模式对创业主体的创业能力要求相对较低，创业主体依赖政策资源可以较为快速地进行创业活动，见效较快。受政策驱动型创业生态系统波动性这一特质的影响，随着政策的快速更替，为保障创业生态系统持久发展，创业模式也需要进行相应的频繁转换。在经济全球化的新时代，国际竞争愈加激烈，国家为提升综合国力，大力支持创新创业，各类创业政策不断涌现。受政策时效性影响，不同政策的适用周期不同，为保证创业生态系统的正常运转，创业模式需要频繁更替，以适应新的发展需求。在创业生态系统发展过程中，创业模式的及时更替能使系统健康持续发展，从而为更多创业主体创业成功提供保障。

五 创业过程不确定性显著

这里的不确定性是指难以事先准确预料和把握创业活动过程与结果，是创业行为的内在属性。创业行为是创业者通过获取信息、资源、机会等，以一定的方式创造更多财富、价值并实现创业企业或创业者个人某种特定目标的过程。在这一过程中，创业者需要根据其面临的各种环境作出决策，对于决策结果创业者往往无法准确得知，从而导致不确定性的存在。创业者开展创业活动所处的环境处于动态变化之中，而创业行为也是在这种不断变化、充满风险及高度不确定性的动态环境中进行的。当环境不确定性较高时，由于市场走势、技术发展方向难以预测，创业行为效果的不确定性和风险都将提升。在政策驱动型创业生态系统中，政策所构建的创业环境也受政策影响不断变化，政策的更替、优化直接影响了创业行为决策，导致创业行为结果的不确定性增强，同时，创业者对政策认知学习能力的局限进一步增加了创业过程中的不确定性。

社会系统作为一个由若干要素组成的有机整体，其发展演进受诸多因素影响。社会系统中的各个要素相互依赖、相互作用，但是每个要素又具有一定的独立性，有着各自的发展规律，当不同要素以不同方式组合在一起时，社会系统会出现多种可能的变化，因此社会系统的发展具有不确定性。创业生态系统作为社会系统的子系统，同样具有这种不确定性。政策驱动型创业生态系统是由各种要素相互作用、相互依赖所构成的群落，存在不同类型的创业主体与多变的外部环境。不同的创业主体具有不同的创业行为，系统环境也会随着各种因素的变化而发生改变，进而创业主体会根据环境变化作出不同的决策，因此系统内的创业活动具有高度的不确定性。政策驱动型创业生态系统是创业生态系统的子系统，在系统的演进过程中，产生大量的创业机会，不同的创业主体根据自身条件等综合因素选择不同的创业行为，其中创业机会的产生与创业行为的选择都是不可预测的，因此整个创业过程充满着各种不确定性。同时，这种不确定性是激发创业行为的重要因素，创业主体采取积极的应对方式尽量降低创业过程的不确定性，尤其是创业能力较高的创业主体更是将不确定性视为新的创业机会，将风险转变为机遇，推动创业企业进一步发展。在创业生态系统中环境的不确定性越高，创业主体可获得的信息资源越多，就越能产生创业活动。

对于以政策为主要驱动力的创业生态系统，其自身具有较强的政策依赖性，且系统环境主要依靠政策支持来构建，这决定了该类创业生态系统的建立、发展、优化等均受到政策的影响。政策变化促使创业支持条件、创业环境等发生改变，直接影响了系统内创业活动的发展方向。创业政策的制定取决于社会经济发展情况、政府意志的需要以及创业活动发展现状等多方面的因素，因此创业政策的制定存在不确定性。政策的不确定性导致其构建的创业环境也存在较大的不确定性，如创业信息不对称、创业资源难以获取等，尤其是创业主体对政策的认知、学习能力有限，使政策创业活动具有更高的风险性和更大的不确定性。与此同时，创业主体做出的决策会根据创业环境、创业支持条件的变化产生不同的结果，导致其创业过程充满了不确定性。创业主体在开展创业活动之前，会根据自身条件优势及其掌握的各种资源信息，对其创业过程和结果进行预测，以决定是否开展特定活动。当创业主体对政策认知有限时，不能准确地预期到创业活动所产生的效益，无法立刻决定是否开展创业活动，产生了创业行为的不确定性。在创业过程中，创业主体对政策的认知学习能力也会影响其在创业活动中的各种决策，从而造成创业过程具有不确定性。对于具有高度不确定性的创业行为来说，政府在政策出台时需要注意政策变更带来的影响，注意增强创业主体对政策的认知学习能力，尽量改变创业主体规避或逃避的行为趋向，培养其正确看待不确定未来的心态，使创业者能够积极面对各种不确定情况。因此，创业生态系统、创业政策、创业环境的不确定性以及创业主体对政策的有限认知能力共同决定了政策驱动型创业生态系统的创业过程具有较高的不确定性。

六　创业的社会认同性高

创业的合法性主要指容易被社会认可并获得相应的社会理解、认同与支持。创业行为和创业过程依附于特定的社会网络，通过社会网络寻求资源和机会，创业活动能否得到其所在社会网络的认可和支持是决定其能否生存和发展的重要因素。创业行为的合法性问题贯穿整个创业过程，是创业活动正常开展的重要保障。与其他类型创业行为相比，以政策为主要驱动力的创业行为在创业初始就获得了以政府为代表的社会的认可，增强了创业生态系统的生存发展能力。

从广义上来看，合法性是某一社会现象或社会行为符合社会秩序、规范、价值观等要求，能够被社会广泛认可。政策代表了国家意志，具有较大的权威性，政策的合法性决定了以政策为主要驱动力的创业活动同样具有合法性，其创业模式更易得到社会的广泛认可。政府通过发布创业政策，提供各类政策红利，推动政策驱动型创业生态系统的发展。自改革开放以来，在政府政策的引导下，我国迎来了多次创业热潮，创业群体也逐渐扩展到社会的各个领域。政策驱动型创业模式逐渐得到了社会的广泛认可，大批创业者依靠政策的支持开展创业活动。1987年以后国家大力支持个体经济与民营经济发展并出台相关政策，为农村输送了大批返乡知青，创立了众多乡镇企业；20 世纪末期以来，国家加快信息化建设，推进工业化和现代化，吸引了大批"海归"回国创业；2015 年"大众创业，万众创新"的提出，大量创业政策的发布，更是将政策驱动型创业活动推向整个社会，政策驱动型创业生态系统的创业主体进一步增多，系统规模进一步扩大。

从狭义上来看，合法性一般指符合国家政府的意志。以政策为驱动力的创业生态系统是政府意志在创业生态系统领域的具体呈现。在该系统内，政府通过政策措施激发大众创业热情，以实现政府特定的社会系统治理目标。政策主要是对社会或个人的行为的指导与规范，是国家意志的体现，具有极大的权威性，在调动社会资源方面具有更大的优势。创业政策是国家及地方政府发布的有助于创业活动开展的一系列政策，具有与其他领域公共政策类似的属性。作为政府制定的用于鼓励创业的合法工具，它激发了大众参与创业的积极性，保障了创业行为的合法性。政策驱动型创业模式依靠创业政策的力量，借助政策合法性能更好地获取各种资源，进而加快创业活动的速度。因此，政策驱动型创业生态系统是政府意志的体现，具有较强的合法性，其创业活动受到政策的支持与保障。政策驱动型创业生态系统的创业行为合法性强主要由政府政策的特性决定，在系统中，创业主体依赖政策资源开展创业活动先获得政府规制性认可，随后通过合法经营获得社会认可，其合法性贯穿了整个创业过程。相较于其他类型创业生态系统，该生态系统在创业行为初始便符合国家意志，具有较强的合法性既是政策驱动型创业的内在特征，也是该类创业模式被社会大众广泛接受的重要保障。

第四节　政策驱动型创业生态系统的适用情境

政策驱动型创业生态系统是以政府政策作为主要动能，随政策的更替而发展演进的创业生态系统。作为创业生态系统的重要形式，政策驱动型创业生态系统不是无源之水、无本之木，而是社会大系统的有机组成部分，要与社会系统进行源源不断的物质、能量、信息交换。它的构建、运行与优化受到社会、经济、政治、文化等多种社会因素的影响，即政策驱动型创业生态系统的有序演化需要具备一定的社会情境。这些社会情境主要包括：政策成为支持鼓励创业的重要路径、创业成为经济发展的重要模式、公众具备政策认知学习能力、创业文化在全社会广泛兴起、宽容基于公共资源的创业试错。

一　政策成为支持创业的重要路径

政策驱动型创业生态系统的主要驱动力是政府出台的各项创业政策，该系统的发展演进离不开政策的引导。创业政策是政府引导鼓励创业的重要工具，是政府意志在创业生态系统领域的具体呈现。政府对创业活动的支持和鼓励是推进创业政策发展演化的重要动力，是带动政策驱动型创业生态系统动态变化的潜在动力。随着创业在社会经济发展中的作用越来越明显，各国政府也越发重视创业，并积极探索政策对创业行为的正面作用，政策逐渐成为支持创业的重要手段，由政策支持的创业活动也得到了社会的广泛认可。政府通过降低创业门槛、提供创业初始资金支持等政策手段打造良好的创业环境，刺激大众参与创业，从而达到推动社会经济发展的最终目的。政策驱动型创业生态系统以政策为主要驱动力，政府支持在推动创业活动开展方面的作用十分显著，系统的运行发展都离不开政策的支持。

政策驱动型创业生态系统的本质就是通过政策引导刺激创业，开拓创业新局面，从而实现促进经济增长的最终目标。政府在创业活动方面出台的各项支持政策极大地激发了社会创业热情，为政策驱动型创业生态系统的发展提供了重要驱动力和主要动能。政策作为政策驱动型创业生态系统的主要动力，贯穿了政策驱动型创业发展演进的整个过程。为促进政策驱动型创业生态系统的发展，国家发布了一系列关于创业投资、贷款融资等方面的创业政策，以此降低创业门槛，促进大众参与创业，扩大创业群体，引导各领域创业活动的开展。近年来，在国家的大力支持下，我国大众参与创业的积极性愈加高涨，依赖政策进行创业的社会群体也愈加增多。在各项创业政策的支持下，政策驱动型创业生态系统的构建逐步完善。随着政策驱动型创业生态系统的发展演进，政府开始逐渐重视服务职能建设，出台大量政策文件，服务整个创业过程。政府通过提供融资担保、扩大创业培训、加强税收优惠等措施为系统内创业活动的开展提供更多有利条件。其中，促进作用最为突出的是税收优惠政策，例如，2017年政府为推动"大众创业，万众创新"，提出了相关税收优惠政策指引，并陆续发布了83项税收优惠措施，涵盖了创业就业的关键环节与领域。此外，政府鼓励各地加快建设创业孵化载体，为创业主体提供更加广阔的创业平台和更加完善的创业服务，鼓励大众积极参与创业，甚至为部分地区的失业人员提供免费的创业机会，为形成大众创业新格局提供了良好的创业环境。政府政策对创业活动的支持与引导，激发了大众参与创业的积极性，有助于创业生态环境的形成，为政策驱动型创业生态系统的构建与发展提供了重要驱动力。

政府为政策驱动型创业活动提供合法性保障，促使政策驱动型创业模式更易获得社会大众的认可，为政策驱动型创业生态系统的发展奠定了社会发展基础。在政府的引导下，政策支持成为鼓励创业的重要路径，以政府政策为主导的创业行为是得到政府认可的合法行为，能够享受相应的政策红利、资金支持、风险保护等。相较于商业模式创新与物理技术创新驱动型创业模式而言，政策驱动型创业更容易被社会大众认可，创业行为的社会认同度较高。近年来，在政府的积极引导下，社会大众对创业有了新的认知，越来越多的社会群体积极参与创业，形成了大众创业的新局面。例如，为解决小微企业、返乡农民工、大学应届毕业生等创业群体等就业问题，政府积极出台相关政策，通过提供更多的创业机遇和创业资源，大力支持鼓励其参与创业。2009年国务院发布了《关于进一步促进中小企业发展的若干意见》，提出要推动中小企业转变发展方式。对此，各部委也纷纷出台政策，为中小企业发展保驾护航。在社会群体占比较大的大学生群体，也是创业活动的重要参与者，其创业参与情况受到了各地政府的广泛关注，享有的相关创业政策十分丰富。政府通过加大对融资、税收、创业培训、创业指导等相关政策的执行力度，促使更多大学生能够参与创业活动，拓展了政策驱动型创业生态系统的创业参与主体。2017年，约有21万大学生参与创业。在政府的积极推动下，农民工返乡创业趋势也在逐渐增强，但他们普遍缺乏创业经验、科学技术、市场敏感性等，存在创业资金不足、风险承担能力较低、经营手段匮乏等问题。在这种情况下，返乡农民工依赖政府给予的贷款融资、税收优惠、创业指导等服务可以更好地进行创业。国家出台的各类政策，一定程度上缓解了农民工创业难的问题，鼓励农民工带技术、资金返乡创业，加速了农业现代化建设，也促使政策驱动型创业生态系统的参与群体更加广泛。政府对创业活动的大力支持，带动了政策驱动型创业生态系统的发展，为其进一步扩大规模提供了发展动力与环境。

二 创业成为经济发展的重要模式

政策驱动型创业生态系统是以政策资源作为基本动能，通过政策支持引导创业活动发展，促进社会经济进步。发展社会经济是该系统的最终目标，因此，政府只有关注到创业活动在经济发展中的重要作用时，才会催生出一系列创业政策，从而形成以政策为主要驱动力的创业模式及其对应的创业生态系统。创业成为推动经济发展的重要模式，是政策驱动型创业生态系统形成的必要条件。如果创业活动没有表现出在社会经济方面的促进作用，政府便不会为发展经济而出台创业政策，政策驱动型创业生态系统亦不会因此形成。随着社会经济的发展，创业在推动社会经济发展中的作用愈加凸显，已成为经济发展的重要模式。为提高综合国力，增强自身经济实力，我国政府对创业也愈加重视。进入21世纪以来，在政府的支持下，我国创业活动日趋频繁，在全员创业指数不断提升的同时也带动了经济发展。2007年我国创业指数为16.4，较2002年的12.3提升了4.1（杨朝继，2018）。近几年，在政府与社会的共同努力下，我国的创业指数还在进一步提高，2017年更是高达70.75，超过部分发达国家。在国家与社会的支持下，我国创业活动愈加活跃。相关数据表明，我国近年来的新增专利数量、新产品研发等大多都是由创业企业完成，甚至GDP增长和就业率的提高也与创业活动的展开密不可分，创业已成为推动经济发展的重要模式。

创业在带动经济增长方面的突出表现，使创业活动获得了政府的高度重视，为政策驱动型创业生态系统的形成和发展奠定了基础。近年来，我国出台了大批政策支持鼓励创业活动，以期实现创业带动就业进而促进经济发展的目的。随着我国经济结构改革与产业结构调整，作为政策驱动型创业生态系统的重要创业主体，大学生就业与经济发展之间的关系也越来越复杂。近年来，我国经济增长放缓，就业机会受限，大学生就业问题逐渐显现。因此，为了保持社会经济平稳良好发展，国家出台了一批政策鼓励引导大学生创业，聚集社会各项资源为大学生创业提供支持，实现以创业带动就业，扩大就业容量，解决大学生就业问题（石琳琳，2019）。各类大学生创业政策为大学生群体提供了新的创业机遇，吸引了大批毕业生参与创业。此外，国家也愈加重视"三农"问题，关心农村经济发展，发布了各项支持鼓励农民工返乡创业政策。农民工返乡创业是对"大众创业，万众创新"的积极响应，同时也对当地经济发展产生了积极的影响。尤其是在面临就业压力大、工资低、合法权益得不到保障等问题时，返乡创业政策对农民工的吸引力更为显著。根据相关部门的数据统计可知，农民工返乡创业所创办的企业占我国乡镇企业的20%（杜坤，2019），返乡创业的农民工人数还在不断增加，对农村的经济发展具有越来越大的推动作用。农民工返乡创业不仅能够推动农村经济发展，还有助于改善农村生产结构、优化农业生产模式，促进农村生产逐渐走上科学化的发展路径。随着创业在经济发展中的作用日渐凸显，政府对创业更加重视，由政策驱动的创业活动范围也愈加广泛，带动了大众创业局面的形成。这种相互作用是政策驱动型创业生态系统发展演进不可缺少的潜在动力。

三 公众具备政策认知学习能力

政策驱动型创业以政策为主导，创业主体对政策的认知学习能力直接决定着创业活动能否顺利进行，对政策驱动型创业生态系统有着重要影响。作为政策驱动型创业的主体，创业行动者具有相应的政策认知与学习能力才能在政策变化更替的过程中寻求适合创业企业的发展路径，更好地应对创业过程中出现的各种问题，为创业成功提供保障。系统内的创业主体具有较高的政策学习转化能力，能更好地保证创业活动的可持续性，有助于推动创业生态系统的健康持续发展。公众作为创业生态系统的潜在主体，只有具有一定的政策认知学习能力，才能转变为系统内的创业主体，进而依靠政策资源开展创业活动。

在"大众创业，万众创新"被提出后，各级政府出台了一系列创业政策，为大众提供了良好的创业氛围，形成了新的创业局面，带动了以政策为主要驱动力的创业生态系统的发展。在政策驱动型创业生态系统中，创业活动初期大多依赖于政策的扶持。一系列政策的出台提供了大量的创业机遇，公众对政策的解读程度决定其能否抓住这些机遇。在该系统中，政策是创业活动开展的重要驱动力，而创业主体对政策的学习与执行能力则决定创业政策的实施效果、创业活动的开展程度等，从而一定程度上影响其创业成本的高低。因此，在政策驱动型创业生态系统中，如果创业主体缺乏对政策的认知学习能力，则难以依靠政策获取适合自身发展的政策支持，从而阻碍创业活动的开展或导致创业活动的失败。在众多社会群体中，大学生与农民工都是数量较大的社会群体，其创业问题受到政府更多的关注。其中，大学生创业者拥有更为专业的科学文化知识、较高的思想素质，对生活充满向往，更具有激情，勇于开拓创新，是创业生态系统的重要参与者，这类创业主体不仅拥有极大的数量基础，在创业质量上也更有保证（李霞等，2016）。大学生具有一定的知识储备，在政策获取、学习等方面拥有较强的能力，能够较好地借助创业政策的力量获取其需要的创业资源，开展创业活动。相对而言，农民工在政策信息获取、学习等方面的能力较为缺乏，难以准确获取相关创业信息，对政策的认知较为有限，难以准确把握政策动向，在一定意义上制约了创业活动的实践效果。由此可见，创业主体的知识文化基础以及学习能力对创业活动的顺利开展有着重要的影响，尤其是在政策驱动型创业中，创业主体能否正确理解政策并合理利用政策是决定创业能否成功的关键性因素，对创业生态系统的发展优化有着显著影响。

创业主体能够通过增强自身的政策学习转化能力，保障政策驱动型创业生态系统的平稳健康发展。在政策驱动型创业活动中，拥有较强的政策学习转化能力的创业主体能更准确地理解政策传达的各类信息，获取适合自身发展的政策资源。在创业生态系统与政策的波动性影响下，政策驱动型创业生态系统的创业周期会随着政策要素的变更而呈现出较大的波动性。在此情境下，创业主体需要在政策变化时及时发现政策转变方向，寻找应对措施，实现创业模式转型，以保证创业企业的生存与发展。而成功实现创业模式转型对创业主体的政策学习转化能力要求较高，当既有政策无法满足创业活动发展需求时，创业者需要及时发现并作出相应的转型决策。当新政策出现时，为获取更多更好地发展资源，创业主体需要敏锐地发掘政策支持方向及政策可能提供的资源红利，促使企业发展方向与新政策目标靠拢。如果创业主体因学习能力有限而无法从各项创业政策中及时获取可用信息与资源，可能会导致创业活动难以进一步开展甚至创业失败。创业者所具有的政策学习能力是保证创业活动健康可持续进行的重要因素，也是影响政策驱动型生态系统发展与优化的关键要素。

为保障政策驱动型创业生态系统的健康可持续发展，政府需积极采取各类措施，提高创业主体的政策认知学习能力，增强其创新创业能力。例如，为更好地支持大学生与农民工群体创业活动的开展，政府积极出台了相关政策，改善创业环境，优化创业者自身的创业能力，以此激发大众参与创业的积极性。同时，政府通过开设创新创业教育课程、设立创业基金、建立创业孵化园等多种方法加大了对大学生的扶持力度，优化大学生创业能力与创业环境，使其更容易开展创业活动。对返乡创业的农民工来说，虽然具有一定的经验积累，但是与大学生群体相比，存在知识储备量不足、对政策的解读能力有限等问题，难以充分发挥政策应有的效果，因此政府通过强化创业培训和服务，逐步改善农民工创业环境，增强农民工对政策的认知与解读能力，使创业政策能够得到更好的落实。

四 创业文化在全社会广泛兴起

在创业过程中，创业者所处的创业环境是不断变化的，环境的变化提高了创业风险，增强了创业行为的不确定性。在政策驱动型创业生态系统中，其驱动力与创业环境建设均依赖于创业政策，政策的演变为创业生态系统的发展带来了更多可能性，但也导致创业行为具有较高的不确定性。创业活动的不确定性一定程度上会降低大众创业的积极性，影响创业活动的开展与政府意志的执行，此时就需要良好的创业文化氛围为创业者提供精神支持与物质保障。创业文化的主要作用是引导人们的思维模式与行为模式（王飞绒，2010），良好的创业文化氛围能够激发社会大众的创业意愿，保障创业活动的顺利进行，维护创业生态系统的稳定发展。构建鼓励探索、允许试错、宽容失败的创业文化氛围是推动创业生态系统优化、促进国家和地区社会经济发展的重要因素。积极的创业文化氛围对大众的思维方式能够产生潜移默化的影响，引导社会大众形成以创业来实现自我价值的行为模式,进而形成推动创业生态系统发展的内在动力。由于政策驱动型创业生态系统具有波动性大、不确定性高等特质,宽容失败的创业文化氛围对提高大众参与创业的积极性、扩大创业生态系统范围、推动系统持续优化有着重要意义。

创业文化在全社会的广泛兴起激发了一系列创业行为的产生,打造了良好的创业环境,推进了政策驱动型创业生态系统的建设优化。政策驱动型创业生态系统构建的创业环境特性主要取决于当前的创业政策。如今,我国政府对创业活动持积极鼓励引导态度,政府通过出台各项政策措施,降低创业门槛,减少创业风险,从而推进大众创业进程。在鼓励冒险、允许失败的文化氛围中,即使创业主体创业失败,在政策的保障下也能将损失降到最少。自"大众创业,万众创新"的理念提出以来,国家出台了体制机制改革、税收优惠政策、金融和服务政策等一系列政策措施,有力促进了全社会创业活动的发展。数据显示,2019年第一季度,我国平均每天新登记市场主体 5.3 万户,同比增长 26.3%,其中新登记企业 1.65 万户,同比提高 12.3 个百分点,创新创业活力不断增强。① 目前,我国创业的参与范围逐渐扩大,层次逐渐提高,创业活动呈现爆发式增长态势,创业主体更加多元,创业文化环境愈加完善。良好的创业氛围是创业活动开展的前提,也贯穿着创业活动的始终,对政策驱动型创业发展有着积极的影响。在政府的支持下,鼓励尝试探索、允许试错、宽容失败的创业文化氛围的逐步形成,为政策驱动型创业生态系统提供了良好的创业环境,增强了社会大众参与创业的积极性,为系统持久健康发展提供条件。

五 宽容基于公共资源的创业试错

创业活动本身是一项风险与机遇并存的行为,而政策驱动型创业因为具有创业周期波动性大、政策资源依赖性高、创业行为不确定性显著等特质,在一定程度上会增加创业过程的复杂性。在政策驱动型创业生态系统中,政府对创业活动的态度是影响创业活动开展的关键性因素。政府和社会为鼓励创业表现出宽容试错行为的态度能够为创业者提供精神支撑,有效降低创业失败的心理压力,极大激发社会大众的创业激

---

① 《我国营商环境持续向好 市场主体活力涌动》,《光明日报》2019 年 5 月 13 日第 4 版。

情。政府对依赖公共资源的创业试错行为和冒险精神的宽容态度也是政策驱动型创业能够受到广泛认可的重要原因，有助于政策驱动型创业生态系统的形成与发展，便于维持创业生态系统的稳定。在政策红利的吸引与允许试错的保障下，大量创业主体依赖公共资源开展探索性创业行为。政府对创业活动采取的宽容试错的态度，为公众提供了良好的创业文化环境，刺激潜在创业者参与创业活动。创业主体对创业活动的心理预期会影响其创业决策，创业行为总是伴有一定风险，而在面临风险时，受心理预期影响，大多创业主体会选择规避态度。在政策驱动型创业生态系统中，政府为引导和鼓励大众参与创业，通过政策手段降低创业风险，以宽容的态度对待试错行为，为创业失败行为提供了基本政策保障。

在允许试错的创业文化影响下，创业主体面临的创业失败心理压力得到有效降低，其参与创业的意愿更为强烈，这带动了政策驱动型创业生态系统的发展。在改革开放初期，社会对创业失败的容忍度较小，创业失败带来的后果极其严重，政府对创业失败行为缺乏相关政策保护。在这种情况下，大众会对创业产生消极的心态，从而影响创业活动的开展。随着改革开放的深入，人们的思想进一步得到解放，许多人能够接受创业失败的风险，同时为了激发民众参与创业的积极性，政府出台了一系列政策，对创业失败者提供政策援助，构建允许试错的创业文化氛围。在创业文化与创业政策的双重作用下，逐渐形成了宽容试错的创业环境，为创业活动的健康发展提供了重要保障。相关研究表明，我国创业氛围比较浓郁的地区通常拥有鼓励积极尝试与探索、允许失败的创业环境，创业主体对创业失败的容忍度较大，冒险精神更强，不会在经历创业失败后直接放弃创业活动（张治栋等，2009）。

在政策驱动型创业生态系统中，具有一定的政策学习、应用能力即具备开展创业活动的基本条件，对创业主体的物理技术创新创业能力要求不高，此时政府宽容失败、默许试错的态度就显得十分重要。在政府宽容试错的态度下，创业主体面临的创业风险相对较低，可以在多次尝试中寻找适合自身的发展路径。2014年，李克强总理提出要宽容失败，为创新尝试者提供最大支持保障。随着时代发展，我国进入创新驱动发展阶段，为推动结构调整和产业升级，需要扶持更多的创新型企业快速发展，带动更多年轻人就业。但是创业风险的存在阻碍了许多人参与创业的步伐，宽容失败的创业环境就显得尤为重要，能够为创业尝试提供最大的支持与保障，激发大众参与创业的积极性。

第五节 政策驱动型创业生态系统的优势与局限

作为"社会技术"创新驱动型创业生态系统的重要类型，同时被越来越多的社会大众所倚重并视为实现其个人创业夙愿的起点与基石，政策驱动型创业生态系统有其自身内在的理论发展优势。另外，依照事物一般性发展规律，任何社会经济现象均具有两面性，在体现出内在发展优势的同时也不可避免地存在部分发展局限。作为推动创业活动发展的社会经济现象，政策驱动型创业生态系统同样存在一定的潜在局限。

一 发展优势

政策驱动型创业生态系统的发展优势主要体现在创业进入门槛低、创业初始投资成本低、创业成效显现快速、有利于政府意志执行、有效抵消创业风险、提升创业主体政策学习能力等方面。

（一）创业进入门槛低

政策驱动型创业生态系统的发展演进离不开政策支持，对政府政策具有高度依赖性。相较于以物理技术创新为主要驱动力的创业生态系统，政策驱动型创业生态系统在政策红利支持下，具有较低的创业准入门槛，许多社会群体均可以获得参与创业的资格。尤其在创业的初始阶段，创业主体不需要必须具备较高的技术储备或创业经验，大众通过政府政策提供的支持资源就可以参与创业。

相较于其他创业生态系统，政策驱动型创业生态系统的进入要求较低，适用群体更为广泛，为缺乏创业经验与技术能力的社会大众提供了更多的创业机遇与空间，塑造了更公平的创业环境。在"大众创业，万众创新"的推动下，我国迎来了大众创业新局面，各项创业政策的出台极大调动了民众参与创业的积极性，政策驱动型创业模式已受到社会大众的广泛认可。其中，降低创业门槛方面的政策措施为政策驱动型创业生态系统吸引了更多的创业主体，增强了系统发展活力，为系统优化提供更多动力。为进一步激发社会大众参与创业的积极性，政府通过放宽市场准入和注册资本登记条件、简化登记手续等政策措施，最大限度降低创业门槛，为大众提供了更多参与创业的机遇。例如，2008年国务院办公厅转发《人力资源社会保障部等部门关于促进以创业带动就业工作指导意见的通知》，通知指出要加快清理和消除阻碍创业的各种行业性、地区性、经营性壁垒，法律法规未禁止的行业和领域向各类创业主体开放，在国家有限制条件和标准的行业和领域平等对待各类创业主体。在法律法规的规定许可范围内，对初创企业可按照行业特点合理设置资金、人员等准入条件，并允许注册资金分期到位，允许创业者将家庭住所、租借房、临时商业用房等作为创业经营场所。同时，各地区和各有关部门可根据实际情况，适当放宽高校毕业生、失业人员以及返乡农民工创业的市场准入条件。2013年10月，国务院常务会议明确将放宽注册资本登记条件，除法律法规另有规定外，取消有限责任公司最低注册资本3万元、一人有限责任公司最低注册资本10万元、股份有限公司最低注册资本500万元的限制。此外，还要加大对创业的资金扶持力度，加大创业信贷支持力度，落实扶持创业的税收优惠政策，支持中小企业融资和担保体系、融资担保平台建设。这一系列政策的发布降低了政策驱动型创业生态系统的进入门槛，使更多潜在创业主体成功进入系统开展创业活动，有效拓展系统规模，推动了系统持续发展。

在政策驱动型创业生态系统的发展过程中，政府通过对创业政策的优化完善，进一步降低了创业门槛。为吸引更多的社会群体参与创业，使其成为创业生态系统的一员，政府针对不同行业的人群制定了不同的创业政策，积极提供各种类型的创业项目，激发公众参与创业的积极性。例如，国家制定的大学生创业优惠政策，既减轻税费负担，又提供资金支持，同时各银行或金融机构根据创业者实际需求特点积极探索服务方式与金融产品创新，降低创业贷款门槛。随着互联网技术的发展，"互联网+"开启了创业的新天地，完备的产业体系与互联网结合使创业活动更加便利。同时，国家政府十分重视对创业平台的建设，促使众创空间数量和规模均快速扩大，为创业主体提供了更加完善的创业服务，创业门槛再次降低。政府通过提供创业基础设施、创业平台等基础创业资源，使不具备创业经验与特殊技术技能的普通大众也可以参与创业，为创业者提供了更为开放的创业空间与丰富的创业资源，进一步激发了大众参与创业的积极性。在政策驱动型创业生态系统中，政府通过政策工具有效降低了创业门槛,创建更加公平的创业环境,推动了创业热潮发展。

(二)创业初始投资成本低

政策驱动型创业生态系统的运行过程较依赖政策的设计与更替,政策贯穿创业过程始终。在政策更替过程中,如果新的政策能促使创业活动实现更多的价值,创业生态系统即可从外部环境获取更充足的资源与信息,以实现系统自身的发展演进。政策驱动型创业模式对政策具有高度的依赖性,政策为创业主体提供了创业初期所需的必要资源,即使创业主体自身缺乏大量创业资金也有机会参与创业。在政府政策的支持下,创业主体进入该创业生态系统的初始投资成本较低,大多数社会群体与企业均可以通过政策的支持以较快的速度开展创业活动。较低的初始投资成本也会促使更多的创业主体选择政策驱动型创业模式开展创业活动,从而为政策驱动型创业生态系统的发展提供新的动力。对于创业主体而言,适合自身发展的创业政策不仅能为其带来创业资本,也提供了发展机遇,帮助其实现自身价值。以政策为驱动力的创业大多是依靠政策资源进行试错行为,从而不断探索契合自身的发展路径,随着创业活动的深入发展,创业主体会逐渐增加投入成本,而不是在创业初期即投入大量的创业资源,因此该系统内创业活动的初始投资成本较低。创业主体通过多次低成本的探索试错,获得有价值的信息并快速积累创业经验,从而更好地适应市场发展,降低了创业风险,增加创业成功率,因此依靠政策资源以低成本开展创业的行为受到大众的广泛认可并日趋普遍。

在各类创业生态系统中,政策驱动型创业生态系统的初始投资成本是相对较低的。政府通过出台税收优惠、投融资支持与贷款担保等政策,极大降低了创业的初始投资成本。在创业前期,政府给予创业者政策优惠、补贴与融资贷款支持,为创业企业解决了创业初期融资难问题,降低初始投资成本。对于大多数拥有创业意愿却没有足够的创业资金的创业者来说,政策驱动型创业相较于其他创业模式具有更强大的吸引力。尤其是当代大学生和返乡创业农民工在创业初期多数面临资金不足的窘境,无法顺利开展创业活动。政府通过出台一系列具有针对性的创业扶持政策,为其提供了大量的创业机遇与资源,极大地调动了大学生与农民工参与创业的积极性,改善了创业就业问题。自改革开放后,国家越来越重视创业，制定各项政策扶持创业，降低创业的初始投资成本，掀起了多次创业热潮，从草根创业到知识分子参与创业，并逐步走向大众创业。在这段创业历程中，不仅创业环境得到极大的改善，创业参与者的范围也逐步扩大，最终形成大众创业新局面。政府通过各种措施引导大众参与创业，其中创业投资基金的发展为创业者提供了资金支撑，使创业的初始投入资本降低，从而扩大创业者范围，带动创业活动发展，加速社会经济增长。国家发展改革委员会官方数据显示，截至2018年年底，我国创业投资机构管理资本量约为2.4万亿元，居世界第二位。截至2019年4月底，国家新兴产业创业投资引导基金已参股356只创业投资基金，累计支持4445家新兴产业领域的早中期、初创期创新型企业。

（三）创业成效显现快速

政策驱动型创业生态系统的发展演进动力源于政策的设计与更替，而系统演进的方向与速度主要取决于动力积攒与转化速率。政策驱动型创业模式的创业周期具有较大的波动性，且随政策变化而呈现出明显的阶段性演化特征，政策变化越快，创业周期越短。在政策资源的支持下，创业主体能够快速开展创业活动，并在短期内达到一定的成效。当政策支持条件发生改变时，创业主体能否在较短时间内依靠政策资源的支持完成创业模式的转化，新的创业模式能否为创业者提供更好的发展路径，都能在较短的时间内体现出来。相较于其他类型的创业生态系统，政策驱动型创业生态系统内开展创业活动对技术研发或商业模式创新的依赖较小，通常是利用政策提供的资源开启创业活动，创业效果可快速呈现。如果创业行为能够获得社会认可并体现出一定的价值，就会获得相应的投资回报；反之，创业会遭受损失甚至退出市场。相较于政策驱动型创业模式，物理技术创新驱动型创业模式则在演化周期、创业成效取得速度等方面存在一定的劣势。物理技术创新驱动型创业模式通常对技术研发有较苛刻要求，其研发成本较高、研发时间较长等都限制了其创业发展，导致创业成果见效慢，难以在短期内占有市场并获得投资回报。相对而言，政策驱动型创业模式拥有较短的创业周期，能够在较短的时间内获得创业投资回报，极大地减小了创业风险，吸引了更多的创业主体进入系统。

近年来，我国出台了一系列创业扶持政策，并加快建设一批创业园、创业孵化基地等孵化载体。其中，众创空间作为较典型的创业平台，更是获得了国家政府的高度重视，自 2014 年创建以来，众创空间的数量规模增长十分迅速，2015 年年底我国众创空间数量便达到了 2000 余家，创造了 51 万个就业机会。较之传统的商业模式创新驱动型创业模式前期高投入、低回报的特点，政策驱动型创业借助税收优惠、财政补贴、贷款融资等政策，使创业前期具有低投入、高回报的特点，并以此吸引扩大了创业参与群体，提高了大众创业的积极性，在推动经济增长、提高市场活力、优化产业结构等方面发挥着重要作用。较低的创业门槛、丰富的创业资源以及快速的投资回报加速了政策驱动型创业活动的发展。在国家政策的支持下，众多政策红利为创业主体构建了良好的创业环境，激发了大众参与创业的意愿。为更好更快地推进创业活动开展，政府大力支持各种创业平台建设，打造优质的创业环境，为大众提供更多的创业机遇。作为典型的孵化平台，众创空间的发展受到大量的政策支持。2015 年以来，国务院相继出台了《关于发展众创空间推动大众创新创业的指导意见》《关于做好新形势下就业创业工作的意见》等政策，大力发展众创空间，鼓励大众参与创业。《中国众创空间白皮书 2018》指出，众创空间盈利模式不断改善，收入结构日趋优化，近几年，众创空间在政府的扶持下高速发展，规模逐渐扩大，为经济发展起到了极大的推动作用。2017 年，众创空间服务收入达 64.5 亿元，在总收入中占比 42%，成为收入的最主要来源，其余依次是房租、财政补贴、投资收入等。由此可见，政策驱动型创业可在短期内迅速实现创业成效，这一优势也吸引了越来越多的创业主体进入系统。

（四）有利于政府意志执行

政府意志蕴含在政策之中，政策的制定是政府意志的表达，两者具有相同的价值观，相辅相成。政策驱动型创业生态系统以政府政策为主要驱动力，是政府意志在创业生态系统领域的具体呈现。系统内创业活动的发展体现了政府意志，是政府意志的具体实现，这是由该创业生态系统的内在属性决定的。政策驱动型创业模式的要义不在于系统随政策更替进行的动力转换，而在于对政府意志的执行。对于行之有效的创业政策，创业主体在初期创业过程中主要是根据自身不同的需求选取适合自身的政策资源，政府则在其执行过程中根据其实施效果进行适当的调整，而并非对政策的核心内容进行颠覆。在此基础上，才能保证初期创业活动的稳定健康发展。政策驱动型创业生态系统对政策资源具有高度依赖性，促使创业主体保持对政策的高度关注，从而有助于政策能够快速执行落实。当创业支持政策的核心内容发生改变时，政策驱动型创业生态系统的发展面临较大的波动，从而增加创业过程中的各种不确定性，但同时也会形成新的创业机遇。

政策驱动型创业生态系统有利于政府意志执行的优势为创业活动的开展、创业环境的建设等提供了诸多便利。政策驱动型创业集中政策优势，为创业发展提供了根本保障。国家利用政策充分调动全社会资源，进行资源配置的宏观调控，以实现政府特定的社会系统治理目标。同时随着政策的不断完善，政府对创业行为的引导激励作用逐渐增强，促使创业生态系统更具活力。政府在政策驱动型创业中的重要引导地位决定了创业的合法性及其发展方向，同时根据社会经济发展的不同情况，政府及时调整政策，引导了创业活动的发展方向。从计划经济到市场经济，从少数精英创业到社会大众创业，时代变迁的背后离不开政府意志的推动。在我国多次创业热潮中，创业活动的爆发都伴随着社会经济发展的重要转折。改革开放初期，我国正面临着经济体制改革，农村是这次改革的突破口，在国家政策的引导下，重塑了农民与土地的关系，解放了个体劳动力。1982年《全国农村工作会议纪要》正式提出实行"包产到户、包干到户"政策，由此，大量农村剩余劳动力开始在乡镇或城市自我发展、自主创业。此后，个体经济在全国如雨后春笋般出现，我国也迎来了第一次创业热潮。数据显示，1978—1985年，农村个体工商户达891.6万户，占农村总户数的76.1%，个体人数达1382.3万人，占农村总人数的78.3%。在这一阶段，中国创业政策总体同改革开放的步伐相呼应，通过特定的政策扶持大众进行创业。创业主体在进行创业活动的同时也执行了政府意志，实现了促进社会经济发展的最终目标。随着改革开放的逐渐深入，私营经济和非公有制经济在政府的支持下不断发展壮大。在这一时期，政策服务对象更加丰富，创业群体从农民逐渐扩展到知识分子、企事业人员，甚至是政府官员。越来越多的人希望通过创业来实现人生价值，同时也给下岗工人提供了就业途径，缓解了就业压力。此外，政府通过对创业政策的细化，从资金信贷优惠、放宽行业准入、税费减免、成果转化等多方面对创业活动提供支持，营造良好的创业环境，吸纳优秀科技创新人员，鼓励城乡剩余劳动力创业，缓解了就业压力。受国有企业改革的影响和加入世界贸易组织的冲击，21世纪初中国的就业形势十分严峻，民众就业压力大。为缓解这一情况，国家积极颁布政策，帮助中小企业发展，以此创造更多的就业机会。2002年《中华人民共和国中小企业促进法》规定对中小企业实行积极扶持、加强引导，为中小企业营造良好的经营环境。2007年《中华人民共和国就业促进法》明确提出，要提高就业、创业能力，同时要积极鼓励劳动者自主择业、创业。同年10月，党的十七大报告进一步指出，要鼓励更多劳动者成为创业者，实现以创业带动就业。与此同时，国家对农民工和大学生创业提供了积极的政策支持，在工商登记、纳税服务等方面给予农民工政策扶持，降低创业门槛；扶持大学创业园区和孵化基地建设，并提供相关政策支持。自"大众创业，万众创新"被提出后，我国正式进入众创时代，创业政策出台愈加频繁，创业内容更加充实，逐步形成了从中央到各部委联合再到地方的助创政策体系。在这一时期，创业政策的出台更多是服务于经济结构转型，通过创业为新常态下经济增长寻找新的路径。

（五）有效抵消创业风险

政策驱动型创业生态系统的本质是引导刺激就业，最终目标是促进经济增长，政府在生态系统的发展演进中占据重要地位。在国家的支持下，政策驱动型创业生态系统具有较高的合法性，易被大众认可。政府政策贯穿整个创业过程，为创业活动的发展提供了重要保障，降低了创业风险。另外，以政策为主要驱动力的创业生态系统对政策具有极强的依赖性，其创业活动的发展与创业环境的建设都离不开政策的支持，税收优惠、财政补贴等创业政策的出台一定意义上缓解了创业资金投入压力，较低的创业门槛与初始投资成本有效降低了创业活动风险。政策驱动型创业生态系统内的创业活动在初期阶段可以依靠政府提供的创业平台、基础设施等资源进行创业，不需要大量的资本投入，且政府允许创业主体在不断的试错过程中探索适合自身的发展路径，大大降低了创业过程中面临的投资风险。相对而言，物理技术创新驱动型创业模式对技术创新具有较高的要求，而技术的研发、技术成果的转化等均需要大量资本的投入，且发展周期较长，见效较慢，在长时间的发展过程中面临较大的创业风险。商业模式创新驱动型创业虽然创业周期也相对较短，但其创业过程中缺乏政策保障，存在较大的不确定性，创业风险也相对较高。在创业生态系统中，受创业环境不断变化的影响，创业结果无法被准确预测，创业活动往往面临较大的风险。但是在国家政策的保障下，政策驱动型创业活动有规可循，且在创业失败时可以获得部分政策保障，降低了由创业不确定性带来的风险，给予创业主体一定的安全保障。同时，政策合法性确定了政策驱动型创业行为的合法地位，避免了部分创业主体由于制度认知缺乏带来的创业风险。在政策驱动下构建的创业生态环境为创业者提供了允许试错、宽容失败的文化环境，进一步降低了创业不确定性导致的风险。

政策驱动型创业生态系统在政策的保障下，拥有健全的创业服务组织、完善的服务内容与社会保障体系，不仅能够为创业主体提供风险评估、创业指导、方案设计等创业服务，还通过建立合理的社会保障制度以及创业退出机制，给予创业主体基本的创业保障（周劲波等，2011）。在这些保障措施中，政府主要通过给予创业补贴的形式来弥补创业主体在创业失败过程中的损失，从而降低了创业风险。2017年，江苏省政府办公厅发布《全民创业行动计划（2017—2020年）》，对首次成功创业的登记失业人员、就业困难人员、高校毕业生（含在校生）、复员转业退役军人、从事非农产业创业的返乡农民工，正常经营6个月以上，带动其他劳动者就业且正常申报纳税的，给予一次性创业补贴，并将创业失败者首次列入政策扶持范围。该行动计划还提出，对在工商部门首次注册登记起3年内的创业者，企业注销后登记失业并以个人身份缴纳社会保险费6个月以上的，可按照纳税总额的50%、最高不超过1万元的标准从就业资金中给予一次性补贴，用于个人缴纳的社会保险费。政策驱动型创业生态系统的一系列政策保障减少了大众创业失败的损失，降低创业风险，促进了大众积极参与创业活动。

（六）提升创业主体政策学习能力

政策的更替演化是政策驱动型创业生态系统构建优化的根本动能，系统内的各种创业行为在一定程度上均受政策影响，而创业主体对政策的认知情况直接影响着政策的执行效果与创业活动的发展情况。同时，在政策驱动型创业中，创业主体通过创业实践不断验证政策的实施效果，在多次的试错行为中渐渐增强了对政策的认知。政府政策与创业主体的相互作用为政策驱动型创业生态系统的优化提供了重要动力。在创业初期阶段，创业者对政策的认知有限，对政策资源的选择和利用能力不足。随着创业活动的开展，创业主体能够通过各类创业平台等获得更多的创业资源、信息与服务，在创业过程中逐渐积累经验，从而优化提升创业主体政策学习转化与参与能力。作为政策驱动型创业生态系统的创业主体，政策的认知学习能力是创业活动开展的基础。系统内创业主体对政策的认知程度决定了创业活动的成效，随着创业活动的深入发展，系统内的创业主体逐步加深了对政策的认知理解，并逐渐增强了政策学习转化能力。同商业模式创新驱动型创业活动与物理技术创新驱动型创业活动相比，政策驱动型创业更加重视创业者的政策学习转化能力。政策驱动型创业以政策为起点，在政府政策的支持下开展创业活动，其创业过程中的各个关键节点离不开政策支持，企业制订发展战略、确定发展模式时均需要对相关政策有充分的了解。为保证创业活动的顺利进行及后期发展，创业主体需要对创业政策不断了解、学习并加以利用，使政策的效用得以充分发挥。创业政策推动着创业活动的发展，同时创业活动的成效也影响着政府政策的制定方向，在二者的相互影响下，创业主体对政策的学习转化能力也在不断提升。

在政策驱动型创业生态系统中，创业模式及方向主要由当时的创业政策偏向决定。在社会经济发展快速、政策更替较为频繁的背景下，创业主体为保证创业活动的正常有效开展，需及时把握政策动向，对创业模式进行调整。创业主体对政策准确的认知转化能力能有效地避免政策波动对创业活动造成的影响，从而使创业活动的发展更加深入、持久。因此，为保证创业活动的长久发展，创业主体需要不断提升自身对政策的认知能力，从而获得更多的发展机遇与资源，增强企业竞争力。相较而言，商业模式创新驱动型与物理技术创新驱动型创业生态系统分别对商业模式更替与技术研发转化具有较强的依赖性，对政策的关注度较低，其创业主体对政策的认知学习能力有限，对政策资源的使用相对较少，难以在创业过程中提升政策的认知学习能力。

二 潜在局限

在具备上述各项发展优势的同时，政策驱动型创业生态系统同时存在一些潜在局限，主要包括创业转型需求迫切、市场感知能力不强、对政府政策制定执行能力要求严苛、对创业主体政策学习转化能力要求高、创业成长驱动力转型迫切、可能导致攫取政策红利的虚假创业等。

（一）创业转型需求迫切

创业生态系统的发展演进模式并非一成不变，而是随着系统要素的发展演进与其动力发展水平变化而持续推进的。在政策驱动型创业生态系统中，政策的频繁更替导致系统内创业活动的转型需求较为迫切，这是由系统自身的实践特征所决定的。政策的快速更替使政策驱动型创业生态系统具有较大的波动性，难以以一种创业模式保持较长时间的发展。对于创业主体而言，政策的频繁更替为创业发展带来了更大的风险与挑战。在此情境下，创业者能否有效地进行创业模式转型很大程度上决定着创业活动的实践成效。在政策驱动型创业生态系统中，创业活动的开展对政策具有高度依赖性，当创业政策发生更替时，创业主体所依靠的政策资源与环境均会发生变化，为保证创业活动的可持续发展，创业主体需要及时调整企业发展模式，以获取更大的发展空间。但是，目前政策驱动型创业生态系统尚处于初期发展阶段，各要素的发展尚不完善，其中创业主体的政策学习转化能力、创新创业能力有限，在面对频繁的政策更替时应对能力稍显不足，一定程度上限制了创业活动的持续推进，制约了政策驱动型创业生态系统的有序演进。

随着社会经济的发展，政府需要对政策做出相应调整，在政策不断变化的过程中，创业行为需要作出相应改变，由此带来了较大的创业周期波动。在经济发展转型迅速的当下，政策的频繁调整要求创业主体对其发展模式转型作出快速响应，以适应时代发展与国家要求。不断变化的外部环境对创业主体的稳定发展形成巨大挑战，同时也对创业生态系统的优化提出更高要求。适应新时代的创业政策必将取代原有政策，创业主体需要顺应社会经济发展趋势，不断对自身创业模式进行调整，才能在竞争激烈的市场中获得更大的发展空间。我国作为发展中国家，包括创业政策在内的诸多公共政策领域尚处于探索阶段，在政策实施过程中还存在各种问题，创业政策体系还有许多亟待完善的地方，这使新政策的出台具有明显的应急性。改革开放40多年来，随着社会经济的发展，我国创业政策经历了多次演变，总体呈现出从不健全到完备、从碎片化到整体、从阶段性到系统性的梯级进阶历程，创业政策与每个历史时期的社会经济发展相适应，主要是为了满足一定时期经济发展的需要，具有阶段性和非持续性特征，一旦超越特定时期，部分政策就可能失去应有效用甚至阻滞创业活动正常推进。在政策驱动型创业生态系统中，政策的快速更替导致对政策具有高度依赖性的创业活动随时面临创业模式转型的迫切局面，并要求创业主体能够及时有效地改进、优化、更替创业模式。但是受政策认知与政策应用能力的限制，创业主体可能在有限时间内难以对创业模式作出及时有效的调整，从而使创业生态系统面临较大的演进阻力。

（二）市场感知能力不强

政策驱动型创业生态系统有着创业门槛低、初始投资成本低、见效快等优势，其创业活动的开展对政策资源有着高度依赖性，这是由政策驱动型创业生态系统的内涵与特质决定的。对政策驱动型创业生态系统来说，创业实践活动的推进、创业环境的构建均离不开政策支持，政策的变更极易对创业生态系统发展产生影响。在该系统内，创业活动主要依靠政策红利进行，具有极强的路径依赖性，创业主体需要及时关注政府政策措施，根据政策的侧重方向与自身需求制订合理的发展战略。政策驱动型创业模式对政策的高度依赖性使其对创业主体的创业转型能力具有较高要求。若未能及时根据政府政策转变作出应对，便可能失去政策优势，给创业活动带来不同程度上的损失。在不同创业阶段创业活动所依赖的创业政策也不尽相同，如果不能及时根据自身发展状况和已有政策对企业战略做出调整，同样会影响创业活动的发展。同时，政策的制定是否合理、执行过程是否顺利等也在一定程度上影响着创业生态系统的发展。

通常而言，在新市场机会和技术机会发掘阶段，创新创业活动活跃度相对不高，为激励创新创业活动，主要依靠优化创新创业环境、激发创业意愿的相关政策工具，如创业服务政策、创新创业人才政策、创新创业条件平台政策、投融资政策、政府采购政策等。这类政策主要通过营造创业文化氛围、培育高水平人才、简化创业流程、降低创业成本和门槛、解决创业资金制约等措施引导创业活动发展。在创立新企业阶段，由于创业活动具有高风险、高投入、高不确定性等复杂特征，此时创业行为将大幅减少。在这一阶段，依靠创业项目、创业投资基金等财政和投融资政策的支持，简化流程降低门槛，辅以政府采购政策对新创企业市场开拓的积极作用，能够一定程度上促进创业行为的发生。初创企业在经历过密集型创新活动形成主导产品和服务后，进入产品、服务生产规模快速扩大，市场容量迅速增长的成长阶段。这一阶段，高新技术企业税收优惠政策、企业研发费用加计扣除政策等税收政策对引导高成长性创业企业加大研发投入发挥着重要作用,投融资政策与创新产品和服务的政府采购政策则在推动投资、拓展市场等方面产生一定影响。由此可见,政策驱动型创业在不同创业阶段所依赖的政策不同。这种高度的政策依赖性,使创业主体过度关注政策,而忽略掉市场需求的变化,从而造成市场敏感性不足,难以更好地适应市场。

(三) 对政府政策制定执行能力要求严苛

政策驱动型创业生态系统以政府政策为核心动能,以政策的设计更替为演化动力,通过引导社会大众参与创业,实现特定的社会系统治理目标。政策在创业活动开展与创业环境构建中都占据着重要地位,政策的制定与执行情况直接影响着政策生态系统的发展。政府根据时代发展趋势,制定合理的创业政策,引导大众参与创业,以达到推动社会经济发展的最终目标。政策的设计情况直接关系着创业生态系统的创业主体参与情况,而创业活动的发展情况则体现着政策的执行效果。受系统的内涵与特质的影响,政策驱动型创业生态系统对政府政策制定执行能力具有较高的要求。政策的制定不仅要符合时代发展需求,更要具备较强的可执行性,便于社会大众基于政策途径获取必要的创业资源。此外,政府还需要顾及诸多社会群体的不同需求,并根据其实施情况及时调整完善政策。政策驱动型创业模式作为新兴的创业模式,其发展尚不完善,相关创业政策尚处于不断的探索之中,政府的政策制定能力还有待提升。因此,该创业生态系统对政府制定政策的高要求在一定程度上局限了创业生态系统的发展。

政策是政策驱动型创业生态系统发展的基石,政府作为政策的制定者,其制定政策的能力关系着创业活动能否顺利进行,影响着创业生态系统的发展演进。政策是创业生态系统的核心驱动力,系统内一切创业活动的开展都离不开政策。因此,政策驱动型创业对政府制定政策的能力有着极大的需求。社会经济发展越快,政府政策更替越频繁,创业生态系统对政府政策制定能力的要求愈加严苛。目前,我国创业政策体系建设尚在完善中,仍存在较多问题,如对部分地区的政策优惠力度不够,在税收优惠方面对某些企业的优惠力度不够,服务体系不够健全等。政策驱动型创业生态系统的创业环境的构建存在较大优化空间,政府政策制定能力急需提升。完善的创业政策体系是促进创业主体成功创业的基本保证，而创业活动所经历的阶段与过程是政府在制定政策时需要考虑的必要因素。只有针对不同创业阶段制定与其相适应的政策才能实现促进创业活动发展、拉动经济增长的政策目标。根据生命周期理论，创业过程主要经历四个阶段：创业前阶段、创业阶段、早期成长阶段与晚期成长阶段。创业前阶段属于创业动机、创业技能学习阶段，此阶段创业活动发展主要依靠创业教育与创业资金支持等方面的创业政策，其他创业成长阶段也对创业政策有着不同方面的需求。此外，创业行为涉及多个部门，需要办理场地证明、资金证明、环保评估、消防和安全许可、生产许可、建筑规划、工商登记等多项手续，在这一期间存在部门多、办理手续时间长等问题，这些都加大了初期创业成本，削弱了民众参与创业的积极性。尽管政府颁布了一系列优惠扶持政策，但受创业主体政策认知学习能力以及政策宣传精准度与及时性的限制，没有充分发挥创业政策的作用。由于缺乏具体的创业主管机构，相关职能较为分散，涉及财税、工商、金融、科技、发展改革等多个部门，政策在覆盖精准度、协同优化、政策衔接等方面存在不足之处，创业主体在创业过程中面临较大的创业风险，同时也产生了一定程度上的资源浪费、效率低下、服务不周、政策不连续等问题，致使创业政策在创业关键时期难以及时给予创业主体必要的支持，从而阻碍了创业生态系统的健康可持续发展（袁卫等，2018）。因此，政策驱动型创业对政府政策制定能力要求较高，需要政府制定具有连续性的创业扶持政策，并根据不同的创业主体、创业阶段设计具有针对性的创业政策，同时还要加强政策的实施执行监管力度。针对创业政策实践过程中表现出的不足，政府应加强政策宣传，了解创业者需求，定期对创业政策实施情况进行评估和督查，建立健全完善的创业支持政策体系，促进创业政策落实，提高政策质量，从而更好地推动创业活动发展。

（四）对创业主体政策学习转化能力要求高

政策驱动型创业生态系统对政策资源具有高度的依赖性，创业政策贯穿整个创业过程，为保证创业活动的健康可持续发展，创业主体需要具有一定政策学习转化能力，在创业活动过程中不断学习新政策，充分利用政策资源。在政策驱动型创业生态系统中，政策更替是系统演进的根本动力，当政策发生转变时，整个系统都会产生相应的变化，尤其是系统内的创业模式更是需要随之更替。创业主体进行创业模式转换大多是因为作为系统驱动力的政策有了新旧更替，而为探寻更好的发展路径，创业主体需要对创业政策具有较为深入的认知，从而有效地获取自身发展所需的政策资源。政策驱动型创业生态系统对政策的高度依赖性要求创业主体需要具有较高的政策学习转化能力，但是受创业主体自身受教育水平的限制，部分创业主体缺乏必要的政策学习转化能力，从而阻碍了政策驱动型创业活动的可持续发展。创业主体在政策驱动型创业生态系统发展演进中扮演着重要角色，创业主体对创业政策的学习转化能力在一定程度上决定着创业活动的效果，影响着政策执行力度。在政策驱动型创业过程中，创业者首先需要对政策具有一定的认知与解读能力方能进行创业，在此基础上，创业主体通过对政策进行学习与转化，进一步开展创业活动。政策驱动型创业对创业者的学习转化能力要求较高，需要对政策正确合理地运用，才能实现政策驱动型创业优势的最大化，获得尽可能高的创业收益。但是受教育水平、成长环境、个人特质等多方面因素的影响，创业主体政策学习转化能力参差不齐且总体上能力不高，对政策的认知与解读时常会出现偏差，从而大幅度削弱了创业政策的实施效果，影响了创业活动的进行与创业生态系统的发展。

目前，我国大众创业发展态势良好，创业人数逐年提升，但是存在创业失败率高、创业存活率低等问题。根据调查显示，我国目前大众创业以大学生为主，是知识程度较高、学习能力较强的创业群体。但当前创业教育体系并不十分完善，存在部分高校创业教育和指导力度不大，教育课程体系不健全、实践性不足、培训效果不显著等问题。部分创业者反映，由于创业培训的效果不理想，创业中遇到的难题难以寻求到较为系统的解答，最终导致创业效果不理想。在创业过程中，大多数创业主体存在创业经验不足、行业系统认识不充分等问题，对创业潜在的各种风险缺乏正确的认识，市场敏感度不足，自身的知识、技能与素质等均有待提高。在创业企业快速成长阶段，创业主体对政策的学习转化能力尤为重要，如果不能正确把握创业政策提供的各项资源，就难以避免各种风险造成的创业损失，从而阻碍了创业企业发展。此外，随着社会经济的发展，创业政策也在与时俱进，政策内容和形式渐趋丰富，政策转换较快。因此，需要创业主体准确把握创业政策的变化趋势，及时对创业行为作出合理的调整，才能为创业活动带来持久动力。据调查，每100家国内创业企业中，只有20—30家创业周期达到1年，而能超过3

年的只占其中的30%；至于如今流行的大学生创业，其失败率更是高达99%。导致创业失败的因素多种多样，除经验不足、创新能力缺乏等因素外，对政策的学习转化能力不足、难以及时根据政策变化进行相应的创业行为调整也是其中一个重要因素。当前我国创业政策发展尚不完善，参与创业的群体对政策的认知学习能力有限，在此情境下，政策驱动型创业生态系统对创业主体政策学习转化能力的较高需求无法得到很好的满足，从而限制了创业生态系统的进一步发展。

（五）创业成长驱动力转型迫切

政策驱动型创业生态系统对政策资源具有高度的依赖性，政策要素会随着社会经济发展而产生阶段性变化，进而促使整个创业生态系统的成长周期呈阶段性变化。在政策驱动型创业过程中，不同阶段的创业活动对政策有不同的需求，而政策的设计、更替和实施需要一个过程，当既有政策无法满足创业企业发展需求时，企业迫切需要进行驱动力转型，以保证企业发展拥有充足的动力，获得更广阔的发展空间。政策驱动型创业生态系统对政策具有较强的依赖性，其发展动力主要来源于政策资源，且其创业环境构建也离不开政策支持。但政策的普适性决定了其针对性具有一定的适用范围，难以满足所有创业企业在各个阶段的各项需求，当现有政策资源无法满足企业发展需求时，创业活动缺乏动力支撑，企业极易陷入较为被动的局面。尤其是在市场竞争激烈的社会背景下，创业主体急需驱动力转型，从而为创业活动的发展提供新动力，保证企业的可持续发展。但是政策驱动型创业主体大多是依赖政策开展创业活动，其创新创业能力相对有限，在进行驱动力转型时存在较多难题，导致政策驱动型创业生态系统呈现出初期发展快速、后期发展缓慢的困局。

随着政策驱动型创业生态系统的不断扩大和发展，创业成长对驱动力转型要求较为迫切。为适应社会经济发展，政府政策需要进行优化更替，创业主体为保证创业活动的持续发展需要与时俱进，积极进行驱动力转型，以获得更大的发展空间。随着经济全球化的到来，国际竞争愈加激烈，而且我国正处于经济转型的关键时期，国家出台了一系列政策应对国际挑战与国内经济环境变化。为适应时代发展与国家需求，创业企业也急需加速成长驱动力转型，迎接创新创业时代带来的新挑战。我国目前创业活动的发展主要以生存型创业为主，创新型创业占比较低，处于创业转型升级的重要阶段。在大众创业的趋势下，政府通过一系列创业扶持政策，带动众多创业群体参与创业，形成了新的创业热潮，同时也导致依赖政策红利创立的企业对未来缺乏清晰的战略定位，大多数企业更是缺乏创新意识、品牌意识，导致科技型、创新型创业企业数量较少，企业存在的创新能力不足等问题，致使其可持续发展的可能性降低，不能获得进一步成长。同时，核心技术缺乏导致的产品质量、档次不高等问题，使多数创业企业缺乏强有力的竞争能力。当既有政策无法满足创业企业发展需求时，企业需要寻找新的发展路径，进行创业驱动力转换，否则很可能被市场淘汰。但是受创业主体自身创新创业能力的限制，部分依靠政策进行的创业活动无法顺利进行驱动力转型，对创业生态系统的发展产生了消极的影响。为持续优化政策驱动型创业生态系统，创业主体需要注重提升创业企业的科技含量，实现创新与创业的协同发展，达到"大众创业，万众创新"的"双创"驱动。

现阶段中国经济高速发展，为了适应社会发展与支持国家建设，政策也在不断演进，并与经济发展高度契合（谭玉等，2019）。创业企业的成长也迫切需要对驱动力进行转型。2008年国际金融危机导致我国经济发展速度一度放缓，国家开始意识到创业保障问题的重要性。同时，为了应对经济危机，国家提出了"建设创新型国家"发展蓝图，大力发展科学技术，推动产业结构转型升级，通过经济发展方式的转型应对金融危机带来的影响。2014年，李克强总理提出"双创"理念后，国家通过一系列的政策红利，积极鼓励支持科技创新与创业，重视创新创业在经济转型中的引导作用。随着"大众创业"国家战略的发布，中国创业活动数量逐年增多，2018年国务院发布《关于推动创新创业高质量发展打造"双创"升级版的意见》，标志着创业活动进入深化期。根据国家市场监督管理总局数据，我国2018年新增企业670万户，平均每天新增企业1.83万户。在此期间，中央和地方政府均推出了一系列创业政策，综合运用财税政策、金融政策、科技政策等多种政策工具，优化创业环境，引导全社会创业活动，起到了良好的综合成效（刘新民等，2019）。目前，"大众创业，万众创新"已成为促进经济结构转型的重要动力，以政策为主要驱动力的创业企业也处在驱动力转型的关键时期。为了稳定创业企业在经济转型时期的发展，政府还不断强化其服务职能，优化创业环境，营造良好的创业氛围。

（六）可能导致攫取政策红利的虚假创业

在政策驱动型创业生态系统中，创业政策的设计、优化与更替成为创业生态系统创建、优化及演变的根本动力与内在路径。创业政策所带来的预期收益能够很好地吸引大众，激发其创业积极性，从而实现政府的特定目标。创业政策为创业主体提供了高效的创业支撑体系，打造了宽容失败、默许试错的创业文化氛围，对创业主体开展创业活动形成较为有利的社会情境。政策驱动型创业生态系统对政策具有较强的依赖性，政策的变化更替为系统带来了极大的不确定性，政策与创业环境的不确定性共同影响着创业主体的创业行为。创业活动是政府创业政策具化为社会创业实践的有效载体，创业主体的各种决策对政策的执行效果有着较大程度的影响。在政策驱动型创业生态系统中，政策为创业主体提供了各类创业资源，其进入门槛与初始投资成本都相对较低，且能在较短周期内呈现出实践效益，由此受到了社会大众的广泛认可和积极参与。政策驱动型创业的主要优势在于政策带来的各种红利，大多数创业主体进入政策驱动型创业生态系统主要是受到政策红利的吸引。由此产生的创业行为，虽然吸引了大量的公众参与创业活动，也可能导致利用政策漏洞获取利益而未致力于创业活动实质要义的社会现象，即攫取政策红利的虚假创业。这种虚假创业行为导致大量社会公共资源浪费，使政策偏离初始目标，影响政策实施效果，最终阻滞创业政策体系优化和政策驱动型创业生态系统的有序演进。

政策驱动型创业模式在创业初期发展较为迅速，但是受政策依赖性、波动性、系统不确定性等影响，后续的发展过程面临诸多挑战。随着"大众创业，万众创新"热潮的到来，我国各地诞生了一大批各种类型和主题的众创空间，在经历短暂几年的飞速发展后，众创空间出现倒闭、停业、有表无里等现象（蒋靖国，2017），运营问题也逐渐显露。因受发展时间较短、入驻机构经济实力不强等因素限制，多数众创空间盈利模式单一且盈利能力较弱，其主要收入来自政府资助、工位租金、服务费用、股权投资等。入驻的创业企业和团体一般处于创业初期，资金链不完善，难以为众创空间提供稳定的租金收入。而且，众创空间收取的服务费用与其拥有的创业资源质量密切相关，只有少数众创空间拥有持续收费能力。同时，股权投资存在股权变现难度大、回款周期长，难以成为众创空间的稳定收入来源。因此，政府资助成为众创空间收入的重要来源。对政府依赖程度较大，盈利模式单一，当出现大量依赖政策红利的创业行为时，极易出现资金链断裂风险。政策驱动型创业生态系统具有较低的进入门槛，对创业主体的创新创业能力要求相对较低，因此在初期吸引大量创业主体进入系统。但是较低的进入门槛使系统内多数创业主体的政策认知转化能力和创新创业能力较弱，在创业初期可以凭借政策红利获得短期的快速发展，却缺乏长期发展能力，随着创业活动逐步深入，越来越多的创业主体面临持续创业动力不足甚至创业失败困局，在很大程度上造成社会资源浪费。同时，这种短期高效的创业活动也吸引了部分为获取政策红利而进入系统的虚假创业者，这些创业主体以低成本进入系统，以赚取政府支持资金为目的，在得到政府一系列补贴后迅速退出创业市场，从而进一步降低有限公共创业资源的利用效率，阻滞政策驱动型创业生态系统的优化质量与演进速率。

第六节　政策驱动型创业生态系统的转换路径

一　政策优化更替实现系统转换

政策驱动型创业生态系统的演化依赖于政策的优化更替，政策依赖性强是该系统区别于其他创业生态系统的本质特征。政策通常具有一定的适用情景和生命周期，当原有政策难以为创业生态系统发展提供强大的动力时，政府需要对政策进行修改、完善，甚至出台全新的替代性政策以推动创业生态系统的持续发展，但系统的主要驱动力依旧是政府政策。政策驱动型创业生态系统具有创业模式更替频繁、创业周期呈阶段性变化等理论特质，政策的更替会引起系统内创业活动的变化，从而带动创业生态系统转变。

随着社会经济的快速发展，创业呈现全球化、复杂化的发展趋势，创业政策环境也在不断变化，新的政策工具不断涌现，现阶段创业政策将面临无法满足时代发展需要的问题，其反映到政策作用机制上主要体现在三个方面。一是政府过多介入市场发展，对企业和消费者过度干预，阻碍了创业活动的灵活性发展；二是政策工具精细化、科学化程度不足，难以发挥政策工具之间的协同作用，使创业政策对创业活动的带动作用不明显；三是地方政府在创新创业活动发展过程中未能充分发挥区域特色，本地优势没有得到足够体现。总体而言，政策驱动型创业生态系统创新性、持续性、系统性不足，需要不断更新创业政策以实现系统转化。因此，为实现创业生态系统持续优化，政府需要重视创业政策在系统中的实施效果，并根据系统发展状况及时作出调整，完善创业环境，提高大众创业积极性。政策驱动型创业生态系统对政策具有较强的依赖性，创业主体凭借低门槛进入系统开展创业活动，但系统内多数创业主体的创新创业能力相对较弱，这将阻碍创业生态系统持久发展。政府通过完善创业政策体系，增强创业主体的创新创业能力，有效提升政策驱动型创业的创新性，提高创业灵活性，为系统提供持续的发展动力。同时，加强创业政策宣传力度，提高创业主体政策学习转化能力，强化创业生态系统可持续发展的动力基础。在该创业生态系统中，不同阶段、不同地域的创业活动对政策有着不同的需求，适合创业主体自身发展特点的政策更能激发其创业活力，保障创业活动健康可持续发展。重视创业政策的适度性，注重把握创业发展过程中的关键节点，根据创业活动的发展阶段、地域特征等判断其政策需求，从而选择最佳的政策支持方向，促进创业生态系统发展演进。我国创业政策构建时间较短，创业政策支持体系尚不完善，因此基于政策优化更替实现政策驱动型创业生态系统路径转换尚具有较大发展空间。

二 政策驱动转向物理技术创新驱动

政策驱动型创业生态系统以政策为核心驱动力，其初期发展较为迅速，但是受创业主体的政策认知能力、政策更替频繁等因素影响，后期发展缓慢。在系统内，创业政策并非直接作用于创业活动，而是通过增加创业资本、就业机会等方式发挥其调节作用，进而对创业活动产生影响。政府通过对创业的政策扶持，带动就业和社会进步，促进社会经济发展。但是随着社会经济深入发展，在特定历史情境下构建的创业政策可能渐失其赖以生存的社会大环境，甚至失去其存在的合理性与合法性，越来越难以在社会发展和经济增长中发挥应有作用。例如，在众创空间创业生态系统发展初期，资金短缺、经验缺乏等导致众创空间提供的创业服务难以满足创业企业发展需求，同时与政府期望存在偏差，政府通过一系列政策规制引导众创空间建设内容，对提升众创空间服务质量、推动众创空间自身发展均起到重要作用。但当众创空间创业生态系统进入成熟阶段时，针对初期发展的政策法规逐渐失去其执行实施的时间土壤，已经难以推动创业活动发展，甚至对创业活动产生阻碍作用，创业生态系统需要寻求新的演化动力以实现系统发展路径转换。

随着信息化时代到来，创新已经成为经济竞争的核心力量，科技型企业逐渐成为推动经济发展的强劲引擎，创新在社会经济发展中的地位愈加突出。当政策驱动型创业生态系统发展到一定的阶段，创业政策无法为创业生态系统提供更多的发展动力，即使进行政策的优化更替也难以满足创业生态系统持续发展的需要，此时需要物理技术创新为创业生态系统注入新的活力，使其成为推动创业生态系统发展的主导性力量，形成物理技术创新驱动型创业生态系统。由前文可知，物理技术驱动型创业生态系统是以物理技术创新为主要推动力，由物理技术的创新开发、转化扩散、学习吸收、成熟更替等环节的发展演化为系统提供动力，是基于创新的创业活动中最常见模式。该创业生态系统高度依赖物理技术的创新演化，物理技术的突破与超越成为创业的生命力，科技知识的更替演化主导创业生命周期的波动。随着社会经济等发展环境的变化，当原有政策已无法推动创业生态系统健康发展，修改、完善、更替后的政策仍然难以实现创业生态系统良性发展时，推动政策驱动型创业向物理技术创新驱动型创业转换是实现系统路径转换、强化系统演进动力的重要选择。

三 政策驱动转向物理—社会技术协同创新驱动

政策驱动型创业生态系统中的创业活动包含不同的创业阶段，各阶段有着不同的发展需求。例如，创业主体在创业初期较为重视市场的进入条件与基础创业环境建设；在进入市场后，创业活动的发展较为注重创业主体的市场竞争能力提升。因此，协调好创业活动各阶段不同的发展需求，能更好地推动创业生态系统的健康可持续发展，有助于系统的优化。与单一驱动力的政策驱动型创业生态系统不同，物理—社会技术协同创新驱动型创业生态系统不再是单独以政策为主导动力，物理技术与社会技术协同作用并成为系统发展的主要驱动力，两种技术之间交互促进、协同共生，共同推动创业生态系统持久有序运行。如前文所述，政策驱动型创业生态系统在创建初期，政府政策对创业行为影响较强，但是当政策驱动型创业活动遭遇现实瓶颈且通过政策自身更替完善难以克服困境时，物理技术创新可能为创业企业发展带来新的动力，系统的主要动力开始由政策驱动向物理技术创新驱动转化。

然而，犹如单一化社会技术难以维系创业生态系统长久发展，仅仅依赖物理技术创新往往也很难从根本上解决创业生态系统的动力不足问题。对于实现由政策驱动型向物理技术创新驱动型转变后的创业活动，在注入物理技术创新演进动力的同时，通常需要进行相应的促成物理技术创新成果商业化的社会技术创新，如政策创新、创业模式创新等，以形成创业生态系统持续优化的技术共演化动力，并实现向物理—社会技术协同创新驱动型创业生态系统转化。社会技术与物理技术协同发展、交替演进，共同推动创业生态系统发展是理想化的创业生态系统模式，在创业活动中具有重要的实践价值和广泛的应用空间。例如，对于当前呈蓬勃发展趋势的众创空间，当政策难以维系其创业生态系统正常发展时，可以鼓励科技人员和创业经验丰富的管理人员加入众创空间，同时支持高校、科研院所等技术研究机构与众创空间协同发展，对技术和资源进行共享，增强创业企业竞争力，提高创业企业的创新能力，进而促进众创空间创业生态系统健康可持续发展。同时，不断完善政府创业政策，为众创空间的后续发展提供秩序保障，形成优质的双创环境，以提高众创空间创业生态系统发展过程中的各方创新创业意愿。

第六章 政策驱动中国创业生态系统演进的基本历程

创业生态系统的构建与优化是塑造中国"大众创业，万众创新"发展格局需要解决的重大现实问题，政策在驱动我国创业生态系统发展演进过程中起到重要作用。一定意义上，我国改革开放以来的经济发展史就是一部政策驱动创业生态系统优化演变史。本章以我国1978—2018年国家层面发布的相关创业政策为样本，基于政策文献计量方法与文本内容分析方法，探讨我国创业生态系统演进的基本历程与规律特征。

第一节 政策驱动创业生态系统发展的实践概况

21世纪以来，创业活动日渐成为世界各国提高国际竞争力、推进经济社会发展的原动力（肖潇等，2015）。全球创业发展研究院（The Global Entrepreneurship and Development Institute，GEDI）发布的《2018年全球创业指数报告》显示，与上一年度相比，2018年全球创业指数（Global Entrepreneurship Index，GEI）平均提高3%，世界各地创新创业速度日益加速，社会大众自主创业意愿日益提升（张秀娥等，2016），全球范围的创业热潮正在兴起（Lai et al.，2017）。受世界创业热潮的影响，世界多国纷纷出台各级各类创业政策，多策并施鼓励支持创业实践。奥巴马政府出台了"创业美国"计划，旨在支持更多美国企业创新创业；德国政府实行校企联合办学的"双轨制"教育，提升学生的创业成功率，同时推行"中小企业创新核心"计划，为中小企业创新创业提供更优越的支撑条件；新加坡多个政府部门基于部门职能角度为小微企业创造各种创新创业条件，同时通过机构合并为企业创新创业提供更优质的政府服务，提高企业的国际竞争力；日本政府则通过修改诸如"商法"等相关法律法规，不断降低企业创业门槛，鼓励更多社会公众加入创业行列。自麻省理工学院、百森商学院等国外大学推出"创业生态系统"实践项目以来，创业活动逐渐被提升至"创业生态系统"高度，触发人们从生态系统角度去认识创业活动的内在本质。

我国政府在促进社会公众创业方面同样出台了多项政策措施。2007年，党的第十七次全国代表大会提出"实施扩大就业的发展战略，促进以创业带动就业"，从国家顶层设计层面将创业作为缓解社会就业难题的有效途径。之后，更是将创业提升到国家战略高度。2014年，国务院总理李克强提出要在全国掀起"大众创业""草根创业"的新浪潮；2015年，总理在政府工作报告中进一步提出要培育和催生经济社会发展新动力，推动全国双创事业发展。当前，我国市场主体和众创空间数量均得到显著增长。数据显示，2013年以来，我国每天新增企业数量由5000多户增至1.6万多户，全国建成双创示范基地120家，各类市场主体超过一亿户，五年增加七成以上。另外，根据国家科技部统计数据，截至2017年年底，我国众创空间数量超过5000家，科技企业孵化器数量超过4000家，加速器数量在400家以上，服务的创业企业和团队在50万家以上，培育1800多家上市挂牌企业，新增180多万个就业岗位。《2017年中国大学生创业报告》数据显示，有三成以上的在校大学生创业意愿强烈，近六成高校学生有一定创业意愿。"大众创业，万众创新"社会热潮催生了量大面广的创业主体，创造了可观的就业岗位，有效激发了社会大众创业热情，提升了各界民众的创业意愿。"创业"已成为当前保就业、促民生的大事件（李长安，2018）。

然而，在民众创业热情日趋高涨、创业投资快速提升、创业主体急剧增长的同时，国内创业活动伴随创业成功率整体不高、创业绩效与创业投入不匹配等突出问题。《2018年度全球创业指数报告》根据创业态度、创业能力、创业愿望三个一级指标及十四项二级指标对130多个国家和地区的创业环境进行评估，美国以83.6分的成绩位列各国之首，瑞士和加拿大以微弱劣势紧随其后，我国得分41.1，排在全球第43位。另外，根据麦可思研究院公布的《2018年中国大学生就业报告》，2017年，中国大学毕业生毕业半年后的自主创业比重是2.9%，与前两年比例相当，而西方发达国家该项指标高达20%，两者差距悬殊（张秀娥等，2017）。此外，中国投资机构相关数据表明，我国创业活动的成功率总体上较低。综上所述，我国社会公众创业热情日益高涨的现实情况背后蕴藏创业绩效与创业投入不匹配、创业环境不完善等难题。创业规模速度优势与创业质量效益之间的巨大反差激发我们对国内创业实践与创业生态系统进行反思，从创业生态系统的发展历史与演化过程中总结制约我国创业质量的主要因素，进而探索提升创业质量、增进创业绩效的可能路径，为我国创业生态系统的优化完善提供参考。

第二节　政策驱动创业生态系统演进的分析思路

一　"主体—环境"分析框架的构建

根据前文对创业生态系统文献的综合分析，本章参照有关"主体—环境"论的研究结论，将创业生态系统视为由创业主体与创业外部环境共同构成的有机整体。其中，创业主体既包括创业个体，又包括创业团体（企业）；外部环境要素则在参考美国学者Isenberg有关创业生态系统要素构成思想基础上进行一定程度的丰富完善。

（一）创业主体

在创业实践过程中，创业主体是创业生态系统最重要的构成要素之一。随着创业活动在社会经济发展中地位的日益凸显，创业主体逐渐引起学者的关注。国外学者对创业主体的研究起步相对较早，人们对创业者的心理、行为等内容进行了考察。国内学者对创业主体的研究起步相对较晚，但近几年在"大众创业，万众创新"发展战略推动下，以及伴随创业研究领域的不断拓展，创业主体日益受到国内学者的重视，逐渐成为创业研究领域的热点论题。整体而言，学者对创业主体的阐述可归结为创业个体理论与创业团体（企业）理论。

有关创业个体的研究。国外学者对创业主体的研究最早可追溯到19世纪60年代。1864年，爱尔兰裔法国经济学家Richard Cantillon首先将"创业者"作为专业用语引入研究文献，认为"创业者"在市场交易活动中扮演着承担风险的角色。与"创业者"联系较为紧密、受到较多关注的概念是"企业家"。法国学者 Say（1851）最早对"企业家"进行了界定，认为能够将有限经济资源从生产率较低、产量较小的领域转移至生产率较高、产量较大的领域的角色即为企业家。Brockhaus（1986）提炼出企业家的四种职能：指导、监督、控制和冒险。著名创新经济学家 Schumpeter 则从创新这样一个独特的视角阐述了企业家的内涵。20 世纪 60 年代以后，人们逐渐对创业人员的行为、心理、认知等开展广泛探讨，试图更加深入地认识创业活动的本质（木志荣，2007）。Carland（2002）提出，对创业人员行为和特质的分析是认识创业人员的必要内容；McMullen 和 Shepherd（2006）从微观个体角度对创业人员进行分析，主要聚焦于创业人员感知的确定性与不确定性。

国内学者对创业主体的分析体现出明显的群体指向特征，其中，高校大学生是人们关注最多的群体（张英杰，2016），之后是农民工群体（侯俊华等，2016；匡远凤，2018），还有部分针对海归人员和女性的创业研究（谢觉萍等，2016；王舒扬等，2018）。学者主要从创业者的心理、行为、教育背景等角度对创业主体相关主题开展研究。程聪（2015）发现，良好的创业心理是提高创业活动效果的重要条件；高桂娟等（2014）对创业能力的多维结构及其在创业过程中的作用进行了研究；潘文庆等（2014）探讨了外部影响要素、创业人员背景、创业人员心理行为特征对创业人员创业意识的作用。

有关创业团体（企业）的研究。20 世纪 80 年代初，Miller 基于当时的企业创业实践提炼出"公司创业"的概念，从而引发人们从公司层面认识创业活动，诸如创业企业管理、公司创业绩效等主题逐渐被学者所关注（刘忠艳，2016）。我国学者对创业团体进行了多方面探讨，比较聚焦的问题包括企业成长环境、优势、企业创业绩效、创业风险投资等。周键等（2017）从创业动态能力角度分析了创业企业持续成长问题；黄胜等（2015）对新兴经济体创业公司成长过程的作用因素进行了分析。从方法上看，人们对创业团体的研究主要借助案例分析方法和实证分析方法。谢雅萍等（2014）采用实证分析方法从小微企业创业者层面探讨创业活动和企业社会网络、创业过程学习、企业创业能力之间的相关关系。张红等（2016）借助具体创业公司案例，分析公司创业过程中公司学习、商业模式与创业机会识别的演化历程。

综上所述，国内外学者从多个角度对创业主体进行了分析，分析的情境主要包含创业主体的心理、认知、行为、能力、环境等。总体上看，已有相关文献侧重对创业主体进行特定时空下的静态分析，一定程度上忽略了从中宏观尺度对创业主体动态发展与演变过程的分析；分析对象大多是以小样本或单个样本为基础，有关创业主体群体演化的大范围样本分析较少；虽有少量关于创业政策的研究文献，但基于创业政策分析创业主体演化的研究较为有限。

基于已有相关研究，本章从创业政策角度分析创业主体的演进过程与演变特征。在研究素材选取上，以数量规模大、政策内容权威的国家层面创业政策为样本，克服以往创业政策研究单样本与小样本的局限；在研究思路上，基于历史演化逻辑对不同时期、不同阶段的创业主体演化脉络与演进特征进行挖掘，从历史大跨度上分析中国创业主体演化趋势，突破既有文献聚焦于创业主体静态横向分析的惯性研究思维；在研究方法上，政策文本外在特征量化分析与政策内容质性分析相结合，克服单纯政策量化分析或政策质性分析固有的局限，以期对国家政策图景中折射出的创业主体的演进过程与演进特征进行更加精准、更加全面的描述。

为保证研究的科学性，本章在分析模型建构、政策样本收集、政策信息处理等方面采用适宜的多元化研究与分析技巧。首先，在分析框架构建上，以美国创业研究学者 Isenberg 教授的基本思想为基础，结合国内外其他学者相关研究进行一定程度的丰富拓展，构建形成创业外部环境要素框架，使对创业生态系统多元关键环境要素的认识更加全面精确。其次，考虑到文献资料的可获得性、权威性与适用性，以国务院、国家各部委等颁布制定的国家层面创业政策为主要研究资料。此外，为在千头万绪、数量庞大的政策文本中探索较为清晰的研究线索，依据政策出台时大的社会经济背景，结合政策发文变化的特征及代表性政策的发布情况，对创业政策进行适度阶段划分，促使基于政策视角的创业生态系统演进分析更加贴近社会现实。

(二) Isenberg 创业生态系统结构要素框架

美国创业研究学者 Isenberg 曾在 "How to Start an Entrepreneurial Revolution" 中认为，提炼对创业活动演变发挥重要作用的具体因素是进行创业生态系统研究的核心问题。基于对创业活动的实践感知和理论分析，Isenberg 认为创业生态系统由数百个要素组成，并将其中的 12 个关键要素整合到政策、市场、金融、人力资本、文化和支撑系统六个领域中，这六个方面的内容交互影响、协同运行，推动创业生态系统持续优化。表 6-1 是根据 Isenberg 的创业生态系统要素构成理论整理得出的，反映了影响创业生态系统运行效果的关键要素。

表 6-1　　Isenberg 创业生态系统要素构成

领域	要素	要素	要素
政策	领导导向 ·明确的支持 ·社会合法性 ·为律师敞开大门 ·创业战略 ·应急管理	政府 ·机构 如投资机构 ·资金支持 如研发投入 ·监管激励 如税收优惠	
金融	金融资本 ·小额贷款 ·天使投资人、朋友和家人 ·零级风险投资 ·风险投资基金 ·私募股权 ·公共资本市场 ·债务		
文化	成功案例 ·可预见的成功 ·为创业者创造财富 ·国际声誉	社会准则 ·容忍风险、错误、失败 ·创新、创造、实验 ·企业家社会地位 ·财富创造 ·野心、驱动、渴望	
支撑系统	基础设施 ·通信 ·运输和物流 ·能源 ·区域、孵化中心、集群	专业支持 ·法律 ·会计 ·投资银行家 ·技术专家、顾问	非政府机构 ·非营利组织的创业培训机构 ·商业计划竞赛 ·企业家友好协会

续表

领域	要素	要素	要素
人力资本	劳动者 ·熟练和非熟练 ·连续创业者 ·后世家庭	教育机构 ·通用度（专业和学术） ·专业的创业培训	
市场	早期顾客 ·早期采用概念验证的人 ·产业化的专业知识 ·参考客户 ·第一评论 ·分销渠道	网络 ·企业网络 ·海外网络 ·跨国公司	

资料来源：Isenberg, D. J., "How to Start an Entrepreneurial Revolution", *Harvard Business Review*, No. 88, 2010, pp. 40 – 50.

由上表可知，Isenberg 理解的创业生态系统构成要素是一个涉及多个方面、内容十分广泛的体系。社会实践中创业生态系统发展演化过程主要是上述 6 大领域的 12 个关键要素交互作用的结果。虽然各具体要素对不同情境下的创业行为会产生差异化的影响，但在创业活动中是始终存在的，所以创业活动的持续有效开展有赖于良好的政策、市场、金融、人力资本、文化和支撑系统的支持。

（三）"主体—环境"创业生态系统分析框架的构建

本书认为 Isenberg 的要素理论框架具有较大合理性，同时，创业生态系统不应局限于外部环境要素，还应包括创业参与主体，由此构建基于"主体—环境"的中国创业生态系统发展演进理论分析框架，结构如图 6-1 所示。创业生态系统由创业参与主体要素和创业外部环境要素共同组成，创业主体是创业活动的主要参与者，其余环境要素作为影响创业主体进行创业行为的外部因素被划分到相应的环境领域中。需要说明的是，在 Isenberg 的创业生态系统结构中，影响创业行为的政策被列为一个单独的领域，但本章以创业政策作为主要数据来源和分析角度，政策内容已渗透到创业生态系统各要素，所以不再将政策领域单独列出，从而将创业生态系统外部环境要素归类为金融、文化、支撑系统、人力资本、市场五大领域。

图中内容：金融、文化、支撑系统、人力资本、市场，中心为"创业参与主体"

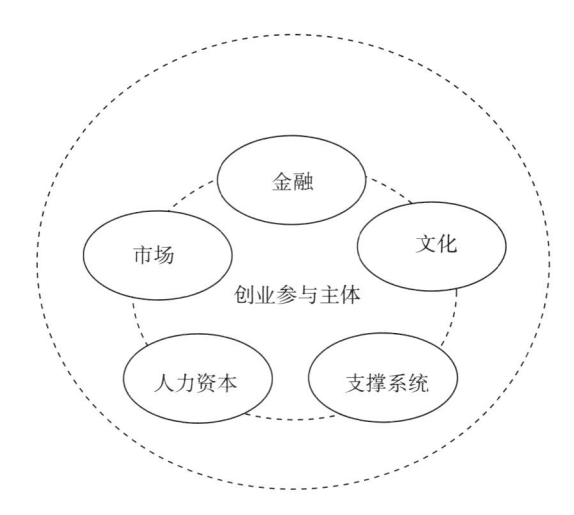

图 6-1　基于政策视角的"主体—环境"创业生态系统理论分析框架

参照国内外相关研究对创业生态系统的定义，构建"主体—环境"创业生态系统分析框架，借鉴 Isenberg 有关创业外部环境要素的概括，即创业生态系统涵盖政策、金融、文化、支撑系统、人力资本、市场六大领域的内容，凝练出中国创业生态系统发展演进的环境分析内容，各领域内相关要素及要素内涵见表 6-2。

表 6-2　中国创业生态系统要素结构

领域	要素名称	要素内涵
创业参与主体	创业企业或个人	包括创业参与团体（企业）和创业参与个体。具体指能发现某种信息、资源、机会或掌握某种技术，利用或借用相应的平台或载体，将其发现的信息、资源、机会或掌握的技术，以一定的方式转化、创造成更多的财富和价值，并实现某种追求或目标的企业或个人
金融	融资贷款	拓宽创业融资贷款渠道以确保创业活动的正常运转
金融	创业基金	以一定的方式吸收机构和个人的资金，投用于不具备上市资格的中小企业和新兴企业，帮助企业尽快成熟，取得上市资格，增加企业资本
金融	创业补贴	制定一定的创业标准，对达到标准且符合要求的创业者提供一定的创业资助，解决一部分资金问题，缓解创业难的状况
金融	税收优惠	通过对某一部分创业企业和创业对象减轻或免除税收以激励创业

续表

领域	要素名称	要素内涵
文化	典型案例	通过开展创业领头人评选活动，表彰先进，树立典型，激励更多群体走自主创业之路，营造社会创业氛围
	创业宣传	通过大力鼓励、支持等形式激发某些群体的创业热情
	社会准则	制定公平创业观念或制造社会准则，对创业活动给予宽容、公平的环境，允许失败与错误，尊重创业者，激发人们对创业的渴求和抱负
支撑系统	基础设施	通过对创业园区、创业实习基地、创新创业基地、创业服务中心等各类创新创业平台的构建，为创新创业提供良好的支撑环境
	社会创业培训	对具有创办中小企业意向的社会人员或失业者进行创业技能、企业创办能力、市场经营素质等方面的培训，并给予一定的政策指导，提高创业者的心理、管理、经营等素质
	法律援助	通过立法支持，如关于破产、合同、财产权以及劳动力等方面法律的完善和执行，健全法律和监管体制，保障创业活动的有序进行
	竞赛	通过支持举办商业计划竞赛，提升参与者的创新意识和创业能力
人力资本	人力资本积累	通过鼓励、支持留学归国人才、科研技术人才创业，积累创业人力资本
	创业人才培育	通过对在校大学生、留学生、高素质人才等进行创业内容的培训和指导，储备创业活动人才
市场	市场规范	对市场化的环境加以规范（包括激发市场活力）等
	企业网络	以支持海内外公司联合办公的形式，使多种资源在各企业中流通，形成企业网络

创业参与主体。主要是创业参与团体（企业）和创业参与个体，指利用特定的平台或载体，将信息、资源、机会或掌握的技术进行转化，以创造更多的财富与价值并实现某种追求或目标的企业或个人（王璐，2018）。创业参与主体具体包括新创企业、中小企业、大学毕业生、农民工、留学人员、科技人员、下岗/失业者、女性、农民、大众群体等。

创业环境要素。（1）金融。融资贷款指政府拓宽企业的融资贷款渠道以支持创业活动正常运转。另外，政府会制定一定标准，对符合要求的创业者提供一定的创业资金，并对部分创业企业减免税收以激励创业。（2）文化。创业活动的有效开展离不开必要的创业氛围（吴义刚等，2011），创业文化领域包含典型案例和社会准则两个基本要素。通过评选创业领头人、表彰创业先进、推广创业成功案例等形成社会示范效应，产生社会大众的自我心理暗示，激励公众自主创业；通过创业宣传、引导鼓励等激发公众的创业热情；通过制定社会准则营造宽容、公平的创业环境。（3）支撑系统。基础设施主要指创业园区、基地、平台等各类有形基础性条件设施；创业培训是对具有创业意向的社会大众进行的创业技能、知识、心理等培训；法律援助通过立法、司法等保障创业有序进行；另外，通过举办各类创业竞赛以提升公众的创业意识和能力。（4）人力资本。包括人力资本积累和创业人才培育，前者更注重吸引、鼓励人才，通过一系列措施支持留学归国人才、科技人才创业，积累创业人力资本；后者更注重通过对在校大学生、留学生、高素质人才等进行创业培训和指导，储备创业人才。（5）市场。基于 Isenberg 理论思想，该领域包含市场规范要素和企业网络要素，前者指对市场化的环境加以规范，后者指以支持海内外公司联合办公的形式使多种资源在各企业中流通，形成企业网络（高丽媛等，2019）。

二 创业政策的收集筛选

政策文本的来源途径与筛选过程关系研究结果的准确性、科学性与权威性。本章以北大法律信息网作为检索搜集创业政策的来源。北大法律信息网收录新中国成立至今的全部政策法规，并且对新近发布的重要政策法规信息进行及时更新，政策文本内容完整，归类清晰，信息真实可靠。

（一）政策文本检索

在北大法律信息网中以国家层面政策作为数据来源，政策制定发布机构包括中共中央、全国人大及其常务委员会、国务院、最高人民法院和最高人民检察院、中共中央及国务院所属各部委、中央其他机构（工青妇、各协会、其他），不包含地方政府。明确政策主体以后，以"创业"为检索词进行全文精确检索，检索日期截至 2018 年 6 月 30 日，检索结果为政策文本中含有"创业"的相关政策文件，一共检索到政策文件 9082 篇。为提高研究的精准性，通过人工阅读方式对检索到的政策文本逐篇进行筛查，将其中关于事宜审核结果、项目公示、政务公开、课程审批、政府工作总结或明显带有地方性、个体性特征的政策排除，共筛选出与创业有实质性关联的政策文本 4391 篇。政策形式包括通知、意见、公告、决定、批复、函、办法、规划、报告、纲要、规定、通报、通告、准则、计划、条例、法律、方案、其他等近 20 种。

(二) 政策文本信息处理

基于 Excel 表格，按照"编号—发文时间—政策名称—文本状态—发文单位"对检索搜集的创业政策文本相关信息进行甄别计量。其中，政策名称直接从北大法律信息网中保留源格式复制至文档中，为政策文件的编码工作奠定基础。

定义分析单元与类目。由于政策文本内容的广泛性与丰富性，在进行政策分析时需要根据具体研究问题确定一定的政策归类标准，为确保研究过程的科学性（李燕萍等，2009），有效挖掘政策演化过程折射出的中国创业生态系统要素演变特征，本章在借鉴 Isenberg 理论思想基础上，构建了中国创业生态系统外部环境要素发展演进分析结构，即创业金融要素、创业文化要素、创业支撑系统要素、创业人力资本要素和创业市场要素，并按照五个领域的界定依次对创业政策文本进行编码。在创业参与主体方面，区分了创业团体（企业）和创业个体，但具体创业个体的类型还需在创业政策中进行甄别。

政策文本信息编码（沙德春等，2020）。本章创业政策文本信息编码分为两类：一是对创业外部环境要素进行编码，二是对创业参与主体要素进行编码。(1) 创业外部环境要素编码。将搜集、筛选后的相关创业政策标题一一录入 EXCEL 表格中的 C 列，A 列表示政策文本在北大法律信息网中的编号，B 列代表政策文本发布的时间年份，D、E、F、G、H 五列依次代表创业生态系统外部环境要素结构中的金融、文化、支撑系统、人力资本和市场五大领域，并在每列中设置该领域范围内的下拉菜单，涵盖该领域的全部环境要素。基于对政策文本的内容分析，辨别出外部环境要素，按照政策阶段划分对各阶段创业政策中包含的外部环境要素进行计量，从而完成对创业政策中蕴含的创业外部环境要素的编码。(2) 创业参与主体要素编码。与该部分编码同样在 EXCEL 表格中完成。其中，表格前三列，即 A、B、C 列与创业外部环境要素编码中的内容相同，D 列代表创业政策中包含的各类创业参与主体。与基于创业政策全文本分析实现创业外部环境要素编码有所不同的是，创业参与主体信息主要源自相关政策的标题。由于一篇政策通常涉及多个创业主体，计量全部主体难以精准体现政策的关键主体指向，而政策标题通常对政策对象进行了高度聚焦，因此，对创业主体的甄别主要基于对政策标题的识别。

三 创业政策的分布特征

本部分主要对创业政策的有关外在特征进行量化分析，包括政策发文时间、政策发布主体、政策类型、政策生命周期、政策效力级别等，以获取创业政策的历史阶段划分、政策发布主体机构分布情况、政策文本的类型分布状况、政策文本在不同阶段的有效、修改、失效等生命周期状态、在不同阶段的效力级别等有关信息，探寻我国创业政策的发展脉络与演进特征。

（一）政策文本的颁布时间分布

根据前文所述检索途径与检索条件，对我国创业政策进行检索搜集，结果显示，在改革开放之前未有涉及创业的有关政策。改革开放以后，与创业有关的国家政策相继出台。我国创业相关政策的时间年度分布及相应比例如图6-2所示。图中数据显示，改革开放以来，我国国家层面创业政策发文数量整体上经历了三次较大幅度上升，每次上升后的接续几年会在该数量范围内呈现一定程度的波动。

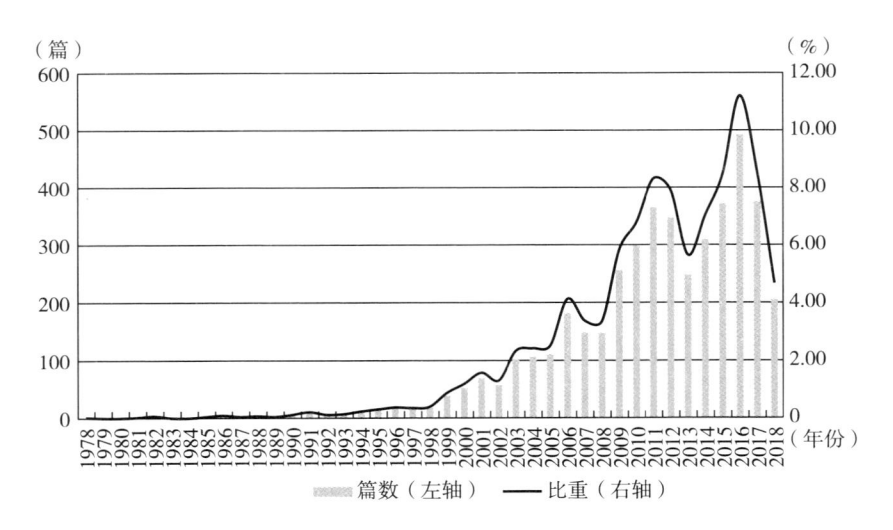

图 6-2 1978—2018 年中国创业政策年度分布及其比重

纵观我国社会经济发展历程，创业作为促进国家经济社会发展的重要路径，创业政策的演变与国家社会经济形势的变化存在密切关联。1978年，我国开始进行经济体制改革，改变之前单一的公有制经济结构，向计划经济体制中注入市场机制要素，从而开启了我国社会公众创业之路。之后40多年历史进程中，非公有制经济得到较快发展，社会主义市场经济体制逐步完善，创业环境不断优化，创业政策随之发生了一系列变化。按照国家发生的与创业有关的重要历史事件，根据创业政策数量三次明显增加的年份，结合国家发展战略变化，将创业政策分为四个阶段（沙德春等，2020）。

1. 1978—1991年：起始阶段

1978年的经济体制改革使高度集中的计划经济体制开始融入社会主义市场经济要素（钟曜平，2018）。整体来讲，1979—1984年改革的主战场在农村，家庭联产承包责任制实现了土地所有权和经营权分离，促进了农业生产的发展，乡镇企业开始迅速成长（胡献忠，2019）。1984—1991年城市经济体制改革全面展开（胡海燕，2019），实行政企分开，企业成为自主经营、自负盈亏的社会主义商品生产者和经营者。这一阶段，鼓励个体经济和私营经济发展的创业政策陆续出台，为经济和社会注入极大活力，也为创业行为提供了良好的政策氛围。但该阶段发布的政策较少，共32篇，占发文总量的比重不到1%，处于起始阶段。

2. 1992—2006年：初步发展阶段

1992年，邓小平"南方谈话"进一步确认社会主义也可以实行市场经济，解除了计划经济和市场经济被看作社会制度属性的思想束缚（余小波等，2019）。2001年九届全国人大四次会议提出要"鼓励发展多种所有制的创新型中小企业"，并相继出台支持高新技术企业发展的相关政策。该阶段经济体制改革的重心由计划经济转为市场经济，新创企业的规模、数量与技术含量大大提升（巩凤，2017）。同时，随着扩招大学生进入就业市场，大学生就业问题开始成为社会关注的话题（姚裕群，2019），十届全国人大一次会议提出要妥善处理好大学毕业生的就业与创业指导工作。之后，创业政策数量日益增多，共计797篇，占政策总量的比重为18%，但增速相对较慢，处于初步发展状态。

3. 2007—2013 年：快速增长阶段

1998—2008 年是中国国企改革力度较大的时期，国有企业面貌发生了根本性变化，出现了大量下岗职工（陶纪坤，2019）。为解决社会人员就业问题，鼓励劳动者积极创业，2007 年党的十七大首次提出"实施扩大就业的发展战略，促进以创业带动就业"；2008 年，国家出台《关于促进以创业带动就业工作的指导意见》。国家以改善国计民生为重点，支持自主创业、自谋职业，加强就业观念教育，使更多人民成为创业者。该阶段政策数量显著增长，共计 1809 篇，占政策总量的41%，处于快速增长阶段。

4. 2014—2018 年：重点突破阶段

2014 年李克强总理提出"大众创业，万众创新"的号召，2015 年"大众创业，万众创新"被写入政府工作报告，在全国范围内掀起了双创热潮。"双创"活动在为广大市场主体提供广阔发展空间的同时，也使我国民众在创新创业过程中更好地实现了精神追求，提升了自身价值。发展至此，2016 年颁布的创业政策超过 400 篇，2015—2017 年三年均在 350 篇以上，共 1753 篇，占政策总量的比重接近 40%，为重点突破阶段。

（二）政策文本发文主体机构分布

政策发文主体是指参与政策决定、执行、监督等过程的组织、团体和个人（姚佳胜等，2019），是政策文件的重要组成部分。对整理出的 4391 篇创业政策文本的政策发文主体进行计量分析，共梳理出相关政策发文机构 101 个。发文数量位列前 20 名的政策发布主体、发布政策数量规模、联合或单独发文情况等，见表 6-3 和图 6-3。

表 6-3　　　　中国创业政策发文主体机构分布　　　　单位：篇，%

发文机构	发文数量	占发文总数比重
教育部	527	8.9
国务院	505	8.5
科技部	361	6.1
人力资源和社会保障部	358	6.0
财政部	350	5.9
农业部	293	4.9
共青团中央	286	4.8

续表

发文机构	发文数量	占发文总数比重
国家发展和改革委员会	284	4.8
工业和信息化部	186	3.1
中国证券监督管理委员会	162	2.7
商务部	132	2.2
劳动和社会保障部	112	1.9
国家税务总局	93	1.6
中国科协	72	1.2
民政部	69	1.2
中国人民银行	69	1.2
国家工商行政管理总局	68	1.2
中共中央	64	1.1
中国残联	61	1.0
全国妇联	53	0.9

注：数据经四舍五入处理。下同。

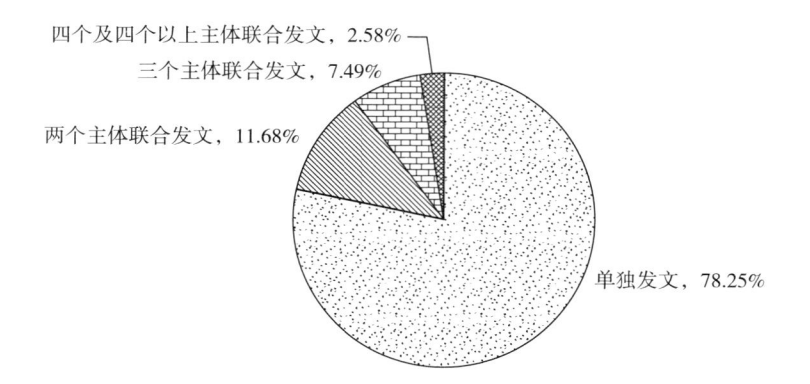

图 6-3 中国创业政策签发单位署名情况

表 6-3 显示，教育部和国务院是中国创业政策发文数量最多的两个机构，分别列第 1 位、第 2 位，发文量占政策总量的比重依次是 8.9%、8.5%。排在第 3 位至第 5 位的依次为科技部、人力资源和社会保障部与财政部，所占比重均在 6% 左右。由此可见，我国的创业活动

与国家教育事业、科技创新事业、人力资源和社会保障事业、财政事业紧密相连。排在第 6 位、第 7 位、第 8 位的依次为农业部、共青团中央和国家发展和改革委员会，发文所占比重均接近 5%。发文数量位列第 9、第 10 的机构是工业和信息化部和中国证券监督管理委员会，发文所占比重与前 8 名机构相比差距较为明显。综合来看，位列前 10 名的机构发文数量占比在五成以上，从而成为我国创业政策体系构建的主力军，同时也是我国创业生态系统建设优化的主导性力量。

从政策签发单位来看，既存在单一政府机构发文的情况，也存在多个政府机构联合发文的情况。我国创业政策签发单位署名情况如图 6-3 所示。在 4391 篇创业政策中，单一政府机构签发的比重接近八成，机构联合签发的约占两成。其中，联合签发的政策文件以两个机构联合签发为主。因此，就签发单位而言，我国创业政策体现出以单一机构发文占主导、多机构联合发文为补充的特征。

（三）政策文本类型分布

从政策文本所属类型看，我国创业政策体现出范围广泛、类型多样的分布特征。从计量情况看，包括通知、意见、办法、规定、准则、条例、通告、法律等近 20 种，基本涵盖了常见的政策文本类型，具体情况见图 6-4。各类型政策数量上，通知类政策文本数量最多，占政策总量的六成以上；意见类政策数量排在第 2 位，约占政策总量的 16%。排在第 3 位、第 4 位、第 5 位的依次是公告、决定、批复，政策数量及其比重较前两位差距悬殊。条例、通告、法律等其余类型政策在数量和比重上相对更为有限。由此可见，我国创业政策有一半以上是转发上级政府部门、转批下级政府机构关于创业问题的公文，有部分政策是针对一些重要创业问题出具的解释或处理办法，以及向社会宣布重要或者法定的创业事项等，其他类型的创业政策则较为少见。

（四）政策文本的生命周期

政策的生命周期是指从政策制定发布、修改调整到失效更迭的整个政策动态流程。某种角度上看，政策的生命周期是在政策试行、政策修改、政策失效、政策创新中循环往复，从而获得持续的实践效力和社会存在意义。创业政策生命周期分析实际上是剖析创业政策的演变历程及其内部演进机制（Nagel，1990），从而在一定程度上回望创业政策的发展脉络，洞见政策未来演变趋势。我国各阶段创业政策生命周期状态及其变化情况见表6-4、图6-5。

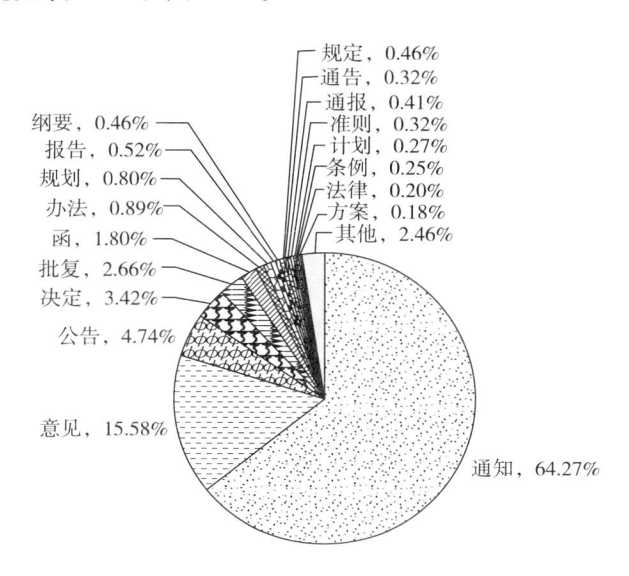

图6-4 政策文本类型分布

表6-4　　　　　　　中国创业政策生命周期状态

发展阶段	政策篇数	政策生命周期状态							
		现行有效		试行/暂行		已修改		失效	
		篇数	比重(%)	篇数	比重(%)	篇数	比重(%)	篇数	比重(%)
1978—1991年	32	27	84.4	2	6.3	0	0	3	9.4
1992—2006年	797	679	85.2	15	1.9	0	0	103	12.9
2007—2013年	1809	1600	88.4	30	1.7	6	0.3	173	9.6
2014—2018年	1753	1627	92.8	49	2.8	50	2.9	27	1.5
总计	4391	3933	89.6	96	2.2	56	1.3	306	7.0

数据显示，既有创业政策文本中，呈现行有效状态的政策所占的分量最大，在各个阶段均在八成以上，且随着时间推进该比重呈持续上升趋势，2014—2018年，所占比例已超过九成，高达92.8%。排在第二位的是失效状态的政策，占政策总量的7%，从时间阶段看，第二个阶段所占比重最高，接近该阶段政策数量的13%。试行/暂行和已修改状态的政策文件数量较少，占政策总量的比重较为有限，分别是

2.2%、1.3%。

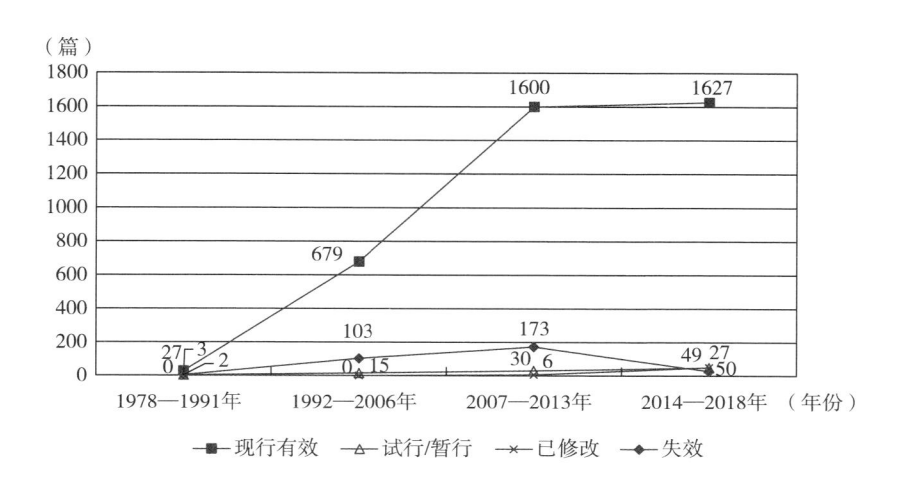

图 6-5 中国创业政策生命周期状态变化

由上所述可知,我国创业政策生命周期状态呈现以下特征。第一,现行有效的政策在数量上占据主导地位,且随时间推进其占比日益增多。第二,对于部分过时的政策,直接废除弃用的多,通过修改完善接续施行的少。

(五)政策文本的效力级别

政策文本的效力级别主要以政策发布机构的级别作为依据。本章根据彭纪生等(2008)的研究成果,根据政策发布机构级别,按照"6"分制为相应创业政策分别赋分。为提高研究结果的严谨性、科学性与准确性,在赋分时考虑以下几方面影响因素。(1)对于由多个政府机构联合制定发布的政策,以其中级别最高的机构为标准赋予政策效力分值。(2)前文对创业政策进行了阶段划分,主要分为四个阶段,根据数据计量结果,各个阶段政策发文数量差异明显。发文数量的多少,一定意义上表明了特定时期政府对创业现象的关注力度。因此,这里将政策发文数量作为衡量各阶段政策效力的指标之一。(3)政策文本效力值的计算公式为:$Ti = X_A \cdot 6 + X_B \cdot 5 + X_C \cdot 4 + X_D \cdot 3 + X_E \cdot 2 + X_F \cdot 1$,其中,$Ti$ 代表第 i 阶段的政策效力($i \in 1—4$),X_y 代表 y 级的政策数量($y \in A—F$)。政策文本效力赋值标准与量化结果详见表 6-5、表 6-6。

表 6-5　　　　　　　中国创业政策效力量化评分标准

政策等级	政策发文主体	政策力度赋分
A	全国人民代表大会及其常务委员会	6
B	中共中央	5
C	国务院	4
D	最高人民法院和最高人民检察院（司法解释）	3
E	中共中央及国务院各部委	2
F	中央其他机构（工青妇、各协会、其他）	1

表 6-6　　　　　　阶段性创业政策数量及政策效力分值

发展阶段	A	B	C	D	E	F	Pi	合计（Ti）
1978—1991 年	0	4	8	0	15	5	32	87
1992—2006 年	1	17	38	7	653	80	797	1650
2007—2013 年	1	15	87	15	1346	345	1809	3511
2014—2018 年	9	28	111	23	1286	296	1753	3575
总计	11	64	244	45	3300	726	4391	—

计量结果表明，中国创业政策的效力级别总体上呈阶段性增加的趋势。第四阶段因时间较短，检索到的政策篇数略少于第三阶段，但该阶段政策效力级别高于第三阶段。就发文机构级别而言，E 级政策文本数量遥遥领先，高达 3300 篇，F 级、C 级位列第 2、第 3，但数量上与 E 级差距明显。B 级、D 级、A 级依次排在第 4 位、第 5 位、第 6 位，数量较少，均在 100 篇以下，其中 A 级政策文本仅有 11 篇。可见，中共中央和国务院各部委是我国制定发布创业政策最多的机构群体。

第三节　系统创业主体发展规律演进分析

创业生态系统是由创业主体和其所处的外部环境要素共同构成的有机整体。创业主体是创业生态系统的能动性要素，是创业行为的实施主体，同时也是创业政策制定、贯彻实施的重要对象（许小艳等，2017）。本章基于国家创业政策蕴含的各类创业主体信息的计量分析，从数量规模、群体类型、社会属性等角度剖析改革开放以来中国创业主体的演进规律与特征。

一 系统创业主体的甄别

通常情况下,一篇完整的政策文本包含多个部分要件,如制定政策的主要依据、政策出台的背景、政策的目标意义、政策的实施对象、政策的适用范围、政策具体内容、基本保障措施等。因本节主要是对创业政策中蕴含的各类创业参与主体进行计量分析,为有效降低冗余信息对研究主旨的干扰,清晰描绘中国创业生态系统主体要素40多年的演进脉络,按照前文划分的历史发展阶段对相应创业政策进行创业主体识别。把检索筛选到的4391篇相关政策题目录入EXCEL表格,根据政策标题主旨计量每篇创业政策所指向的创业主体。计量过程中,遇到表述不同但内涵相同的创业主体,如"毕业大学生""高校毕业生"等进行统一归并。

二 创业主体阶段发展分布

根据前文所述编码规则,对检索筛选的4391篇创业政策所包含的相关创业主体进行识别,共辨别出各类创业主体15类,共计出现频次2092次。各个阶段各类创业主体具体分布情况见表6-7。

表6-7　　　1978—2018年创业主体阶段分布　　　单位:次

发展阶段	创业主体	出现频次	发展阶段	创业主体	出现频次
1978—1991年	企业	5	1992—2006年	企业	93
	公司	3		大学生	86
	农民	3		青年	52
	毕业生	1		农民	44
	大学生	1		毕业生	39
	硕博人员	1		公司	36
				科技人才	33
				下岗/失业者	23
				留学人员	21
				女性	14
				硕博人员	12
				公职人员	8
				农民工	6
				大众/群众	2
				残疾人	1

续表

发展阶段	创业主体	出现频次	发展阶段	创业主体	出现频次
2007—2013 年	企业	210	2014—2018 年	企业	161
	大学生	175		大学生	116
	农民	104		农民	90
	公司	85		公司	69
	科技人才	65		科技人才	65
	毕业生	58		毕业生	54
	青年	54		青年	41
	女性	53		残疾人	30
	残疾人	35		大众/群众	29
	留学人员	21		公职人员	22
	公职人员	20		农民工	11
	农民工	14		留学人员	5
	硕博人员	8		下岗/失业者	3
	大众/群众	5		女性	3
	下岗/失业者	1		硕博人员	1

从创业主体阶段分布看，1978—1991 年共出现 14 次，1992—2006 年、2007—2013 年、2014—2018 年出现频次依次为 470 次、908 次和 700 次。从创业主体类型看，1978—1991 年涉及 6 类主体，后三个阶段均为 15 类主体，在类型上没有发生大的改变。但各个阶段创业主体频次变化倾向及类型发展的特征不同，整体来看，创业主体出现频次依次递增，呈高速增长趋势（沙德春等，2020）。

为更加深入分析各阶段创业主体构成特征、揭示创业主体在不同阶段的演化特征，对各阶段创业主体的比例结构（见图 6-6）、特定阶段创业主体相对前一阶段相应主体的比例变化（见图 6-7）进行比较分析。

图 6-6 数据显示，1978—1991 年，政策文本中出现了 6 类创业主体，其中占比较高的是企业、公司和农民。1992—2006 年，主体种类开始大量增长，达到 15 类，占比较高的是企业、大学生、青年、农民、毕业生、公司和科技人才，均在 5% 以上，其中，企业、大学生、青年的占比更是高于 10%，是该阶段创业活动的主力军（沙德春等，2020）。

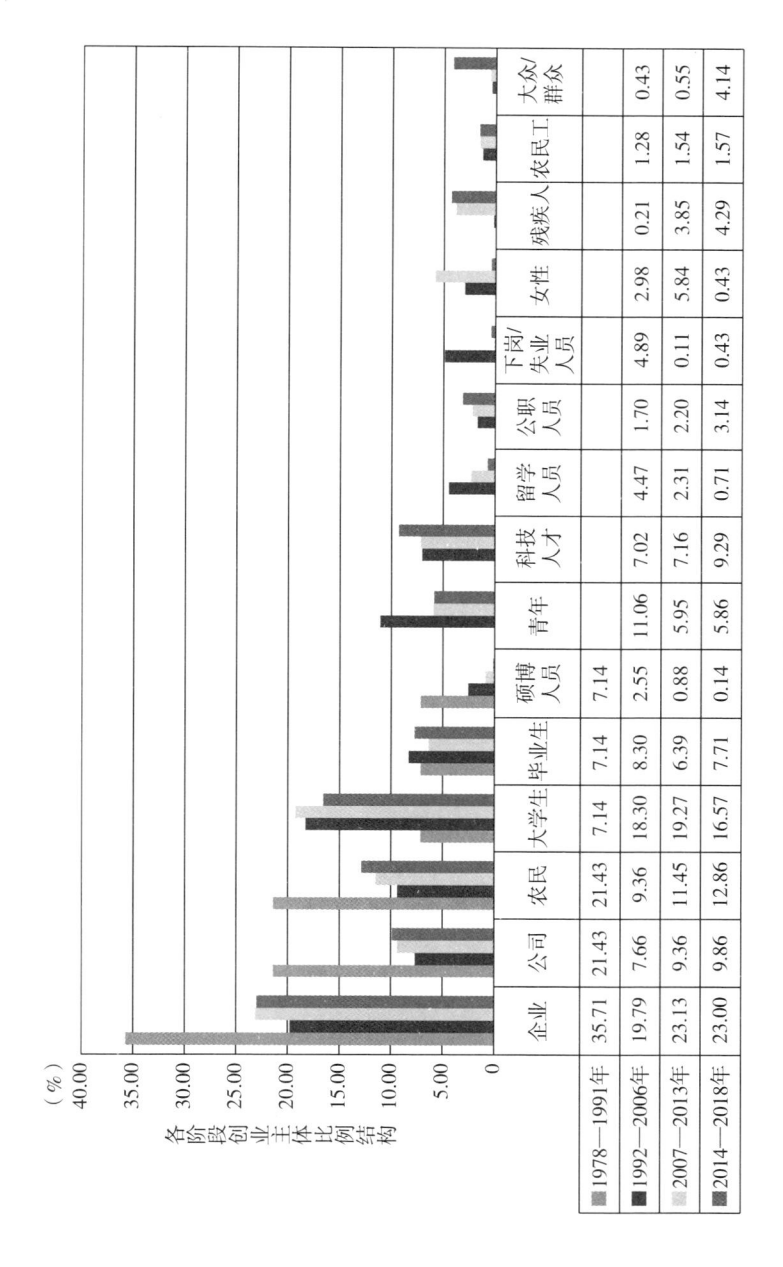

第六章 政策驱动中国创业生态系统演进的基本历程 | 191

阶段	企业	公司	农民	大学生	毕业生	硕博人员	青年	科技人才	留学人员	公职人员	下岗/失业人员	女性	残疾人	农民工	大众/群众
1978—1991年	35.71	21.43	21.43	7.14	7.14	7.14									
1992—2006年	19.79	7.66	9.36	18.30	8.30	2.55	11.06	7.02	4.47	1.70	4.89	2.98	0.21	1.28	0.43
2007—2013年	23.13	9.36	11.45	19.27	6.39	0.88	5.95	7.16	2.31	2.20	0.11	5.84	3.85	1.54	0.55
2014—2018年	23.00	9.86	12.86	16.57	7.71	0.14	5.86	9.29	0.71	3.14	0.43	0.43	4.29	1.57	4.14

图 6-6 各阶段创业主体比例结构

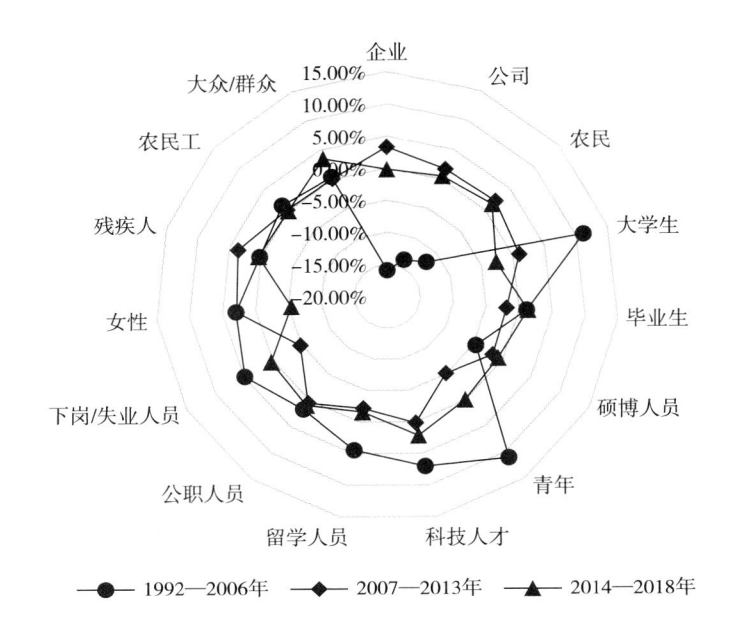

图 6-7 各阶段创业主体与上阶段相比变化情况

图 6-7 数据表明，与前一阶段相比，1992—2006 年大学生、青年、科技人才、下岗/失业人员、留学人员的比例上升较多。2007—2013 年，创业主体类型没有发生大的变化，但各类主体数量增长较快，排在前五位的依次为企业、大学生、农民、公司、科技人才。按照上升比例大于零排列是残疾人、企业、女性、农民、公司、大学生、公职人员、农民工、科技人才、大众/群众，下降的是硕博人员、毕业生、留学人员、下岗/失业人员、青年。2014—2018 年，排在前五位的是企业、大学生、农民、公司、科技人才，比例上升最高的是大众/群众，而后依次是科技人才、农民、毕业生、公职人员、公司、残疾人、下岗/失业人员、农民工。比例下降的是青年、企业、硕博人员、留学人员、大学生、女性。另外，大学生的比例有所下降，但数量仍保持在前五位，是我国创业活动的重要主体（沙德春等，2020）。

三 创业主体群体属性演进

依据时代变化，结合我国创业实践，分析不同时期创业主体的整体社会属性。经分析发现，处于同一阶段的创业主体，因存在某些内在联系而体现出一定的群体性特征。根据创业主体属性特征的不同，依次表现为率性主体、精英主体、弱势主体、大众主体（沙德春等，2020）。

（1）率性主体。我国改革开放初期进行的经济体制改革，突破了公有制经济的单一形式，非公有制经济开始渗入，但生产生活仍以计划经济为主，传统思想的限制使人们以在国营单位工作为荣，并不十分看好个体户的发展。这一时期，一部分迫于生活压力的企业职工、缺乏固定收入来源的农村和贫困地区劳动者渴望改变生存状态，在政府引导和乡镇企业发展鼓舞下，率先突破传统价值观束缚，发展在当时并不被看好的个体户。这部分人有胆量，有说干就干的率性，因此把这部分创业主体称为率性主体。

（2）精英主体。20世纪90年代初，市场经济迈出了重要的一步。通过创业给个人带来财富的成功案例数不胜数，创业群体开始增多。大学生与国际视野开阔的留学人员开始投身创业行列。市场经济的繁荣还吸引了一些不满足于现状的公职人员"下海"经商、科技人才离岗创业，出现了一批有能力、有智慧、肯做事的社会精英群体进行创业活动，是我国这一时期创业活动的有力代表。

（3）弱势主体。21世纪以来，中国市场化进程加快，国家致力于缓解就业总量大、下岗失业人员再就业、大学生及社会各类无业人员就业等难题，促进身体障碍人士平等参与社会生活，重视女性思想智慧，塑造尊重和保护妇女、残疾人的风气，维护他们的劳动权益，培育公平就业的良好舆论氛围和社会创业风尚，形成了以大学生、农民工、残疾人、女性等为主的群体。这部分人群在社会就业中通常处于相对弱势地位，因此将其称为弱势主体，是该阶段创业活动的典型主体。

（4）大众主体。2014年，李克强总理提出中国要在960万平方千米土地上掀起"大众创业""草根创业"的浪潮，激励"大众创业，万众创新"事业的发展。这一举措不仅使上述提到的学生、残疾人、妇女等就业弱势群体及留学人员、科技人才等精英群体得到更多的创业支持，同时让更多的人拥有了全面、公平的发展机会，激发了全社会创新创业的活力和潜力，日益向以全民创业为特征的新格局迈进。

第四节 系统外部环境要素发展演进分析

外部环境要素是创业生态系统的有机构成部分，同时也是创业生态系统持续有效运行的重要支撑条件。根据前文构建的"主体—环境"中国创业生态系统发展演进分析框架，系统外部环境要素主要包括金融、文化、支撑系统、人力资本和市场五大领域。国家创业政策是推动创业生态系统外部环境要素完善的重要社会条件，创业政策发展演化过程一定意义上即是创业环境要素不断丰富优化的过程。本节基于对1978年以来国家创业政策涉及的创业环境要素相关信息的识别计量，从金融、文化、支撑系统、人力资本与市场五个方面剖析中国创业生态系统外部环境要素优化过程与演进特征。

一 外部环境要素整体结构分布

按照前文确定的挖掘创业政策中蕴含的创业外部环境要素信息的规则，对金融、文化、支撑系统、人力资本和市场五个外部环境领域具体要素出现的频次、占比等情况分别进行识别统计，进而梳理创业外部环境要素的整体结构特征。各个要素出现的频次及其占所在领域的比重、占全部外部环境要素比重、各领域要素频次总和，以及该领域要素占全部外部环境要素的比重见表6-8。

表6-8　中国创业外部环境要素频次分布及其比重

创业生态系统外部环境领域	要素名称	要素频次（次）	占所在领域比重（%）	占全部要素比重（%）	领域总频次（次）	领域总比重（%）
金融领域	融资贷款	407	47.9	9.3	850	19.4
	创业基金	233	27.4	5.3		
	创业补贴	59	6.9	1.4		
	税收优惠	151	17.8	3.5		
文化领域	典型案例	146	15.2	3.3	964	22.0
	创业宣传	627	65.0	14.3		
	社会准则	191	19.8	4.4		

续表

创业生态系统外部环境领域	要素名称	要素频次（次）	占所在领域比重（%）	占全部要素比重（%）	领域总频次（次）	领域总比重（%）
支撑系统领域	基础设施	851	58.3	19.5	1459	33.3
	社会创业培训	487	33.4	11.1		
	法律援助	31	2.1	0.7		
	竞赛	90	6.2	2.1		
人力资本领域	人力资本积累	508	49.3	11.6	1031	23.6
	创业人才培育	523	50.7	12.0		
市场领域	市场规范	43	59.7	1.0	72	1.7
	企业网络	29	40.3	0.7		
总计	N/A	4376	N/A	100.0	4376	100.0

表6-8数据显示，从40多年国家创业政策中共识别出创业外部环境要素总频次为4376次，各领域出现频次存在较大差别。从五大要素领域总体分布来看，支撑系统领域在创业外部环境要素中具有明显的优势，该领域计量出的总频次接近1500次，占创业外部环境要素的比重超过三成。列第2位的是人力资本要素，频次超过1000次，占创业外部环境要素的比重接近1/4。排在第3位、第4位的依次是文化领域要素和金融领域要素，占外部环境要素的比重分别是22%、19.4%。排在最后位次的是市场领域要素，与前四位相比，差距十分显著，领域频次不到100次，占创业外部环境要素的比重不足2%。

就各领域内部要素结构比例而言，也体现出各自不同的特征。金融领域4个要素中，最突出的是融资贷款，出现频次为407次，领域内要素占比接近一半；列第2位的是创业基金，计量频次为233次，占该领域的比重在1/4以上；之后是税收优惠，出现频次为151次；排在最后的是创业补贴，出现频次为59次，在金融领域内部占比不到一成。文化领域中的3个环境要素，比例结构差异较大，其中创业宣传以绝对优势地位排在第1名，出现频次为627次，在文化领域内占比高达六成以上；社会准则要素位列第2，出现频次为191次，约占文化领域要素的1/5；典型案例要素出现频次最少，领域内占比不到两成。支撑系统领域内的4个环境要素，结构布局同样极不均衡，其中基础设施类要素以

851次的频次排在第 1 位，占支撑系统领域要素的比重接近六成；社会创业培训要素排在第 2 位，占支撑系统领域要素的 1/3；竞赛要素、法律援助要素排在后两位，出现频次均较低，两类要素总和不到支撑系统领域要素的一成。人力资本领域的 2 个要素，出现频次均在 500 次以上，且比例结构较为均匀，创业人才培育要素和人力资本积累要素几乎各占一半，表明政府对这两个方面的重视程度相当。而对于市场领域的 2 个要素，其出现频次均较低，其中市场规范出现 43 次，企业网络出现 29 次，两者在市场领域内的比例结构为 6∶4。

就各单个要素在创业生态系统外部环境全部要素中的结构比例看，要素出现频次及相应比重呈现不均衡分布状态。位列第 1 位的是支撑系统领域的基础设施要素，其以 851 的出现频次占系统外部环境全部要素的近两成。列第 2 位的单个要素是文化领域中的创业宣传，以 627 的出现频次占系统外部环境全部要素的近 15%。排在第 3—5 位的单个要素依次是创业人才培育、人力资本积累和社会创业培训，出现频次占系统外部环境全部要素的比重均在 10% 以上。前 5 位单个要素出现频次总和占外部环境全部要素的近七成。出现频次排在中间 5 位的环境要素依次是融资贷款、创业基金、社会准则、税收优惠和典型案例，频次总和占外部环境全部要素的 1/4。排在后 5 位的环境要素分别是竞赛、创业补贴、市场规范、法律援助和企业网络，单个要素频次比重均较低，频次总和仅占外部环境全部要素的 5%。各单个环境要素比例结构既反映出 40 多年来我国创业生态系统环境建设的面貌与特点，也向我们表明了未来环境优化的方向与重点。

二 外部环境领域要素发展演进

根据前文"主体—环境"创业生态系统理论分析框架，外部环境包括金融、文化、支撑系统、人力资本、市场五个方面，以下对这五个方面要素在各阶段的发展情况做具体分析，揭示系统外部环境要素发展演进特征（沙德春等，2020）。

（一）创业金融要素发展演进

创业金融领域包含融资贷款、创业基金、创业补贴和税收优惠四个要素。四个要素在金融环境中出现的频次和百分比、四要素的总频次及其占创业生态系统全部环境要素的比重见表 6-9。

表6-9 创业金融要素出现频次及比重　　　　单位：次，%

发展阶段	融资贷款		创业基金		创业补贴		税收优惠		总频次/比重
	频次	比重	频次	比重	频次	比重	频次	比重	
1978—1991 年	1	50.0	1	50.0	—	—	—	—	2/7.7
1992—2006 年	55	46.2	30	25.2	6	5.0	28	23.5	119/15.7
2007—2013 年	215	54.4	102	25.8	25	6.3	53	13.4	395/23.1
2014—2018 年	136	40.7	100	29.9	28	8.4	70	21.0	334/17.8

数据显示，1978—1991 年，创业金融相关的政策极为有限，分别仅有 1 篇涉及融资贷款和创业基金。1992—2006 年，共有 119 篇涉及对创业的金融支持，其中，融资贷款类最多，占金融要素的 46.2%，创业基金类、税收优惠类其次，分别占 25.2%、23.5%，创业补贴类最少，仅占 5%。2007—2013 年，共有 395 篇，数量上占全部外部环境的 23.1%，政府对创业金融的关注度上升，创业金融环境逐步优化，其中，仍以融资贷款内容最多，较上一阶段有所增加，创业基金占比约 1/4，与上期持平，税收优惠有明显下降，创业补贴仍然最少。2014—2018 年，共 334 篇，创业金融在全部外部环境的占比降至 17.8%，其中，创业融资贷款数量仍保持最多，但占比明显下降，创业基金上升 4.1 个百分点，发展次之，税收优惠上升 7.6 个百分点，位列第 3，创业补贴虽有所上升，仍排名末位。可见，政府对创业金融的关注在 1992—2006 年逐步增多，2007—2013 年重视程度明显提升，虽然 2014—2018 年在系统环境中的比重略有下降，但资金是创业活动的血液，创业金融仍是创业生态系统的重要组成部分。另外，融资贷款一直是该领域最关键的发展要素，相比较而言，政府从财政的角度帮助创业主体例如减轻税收或者提供创业补贴方面的政策略少。

（二）创业文化要素发展演进

创业文化主要包括典型案例、创业宣传和社会准则三个要素。三个要素在文化环境中分别出现的频次和比重、三个要素的总频次及其占全部环境要素的比重见表 6-10。

数据显示，1978—1991 年，与创业文化相关的政策共 18 篇，全部集中在创业宣传方面，该阶段文化要素占系统外部环境要素的比重十分

表 6-10　　　　　　　创业文化要素出现频次及比重　　　　　单位：次，%

发展阶段	典型案例		创业宣传		社会准则		总频次/比重
	频次	比重	频次	比重	频次	比重	
1978—1991 年	—	—	18	1.0	—	—	18/69.2
1992—2006 年	54	32.5	104	62.7	8	4.8	166/21.9
2007—2013 年	48	13.6	237	67.1	68	19.3	353/20.6
2014—2018 年	44	10.3	268	62.8	115	26.9	427/22.8

突出，高达 69.2%。1992—2006 年，共有 166 篇，占系统外部环境的 21.9%。与上一阶段相比，出现了典型案例、社会准则等新的文化要素；在此期间，创业宣传类最多，占文化要素的 62.7%。2007—2013 年，政策中涉及创业文化的占比几乎未变，其中仍以创业宣传占比最多，社会准则类大幅上升，典型案例类明显下降。2014—2018 年，文化要素依然约占全部外部环境的 1/5，其间，创业宣传和典型案例均有所下降，社会准则则继续上升。可见，我国对创业文化领域的关注较早，改革开放之初，通过创业宣传鼓励、支持创业活动，进而通过对创业典型个人、创业典型组织的推广，引导公众学习和借鉴。随着其他环境要素的发展，创业文化在外部环境中的比例有所下降，但在创业生态系统中的发展较为稳定。从培育路径看，政府对创业文化环境构建以创业宣传为主，兼顾适宜的典型案例推广和社会准则指导。

（三）创业支撑系统发展演进

创业支撑系统包括有形基础设施和无形支撑要素（社会创业培训、法律援助和竞赛）。中国创业支撑系统要素中基础设施、社会创业培训、法律援助及竞赛在各个阶段出现的频次及其占创业支撑系统要素的比重、四要素的总频次及其占全部环境要素的比重见表 6-11。

表 6-11　　　　　　创业支撑系统要素出现频次及比重　　　　　单位：次，%

发展阶段	基础设施		社会创业培训		法律援助		竞赛		总频次/比重
	频次	比重	频次	比重	频次	比重	频次	比重	
1978—1991 年	2	1.0	—	—	—	—	—	—	2/11.5
1992—2006 年	127	46.7	132	48.5	4	1.5	9	3.3	272/35.8
2007—2013 年	269	49.8	237	43.9	9	1.7	25	4.6	540/31.6
2014—2018 年	453	70.3	118	18.3	17	2.6	56	8.7	644/34.3

数据表明，1978—1991 年仅有 2 篇政策涉及创业支撑系统。1992—2006 年增加至 272 篇，占全部创业环境的比重提高至 35.8%，包含内容除基础设施外，新增了社会创业培训、法律援助和竞赛等内容，其中，社会创业培训一跃超过基础设施，成为支撑系统中比重最高的要素。2007—2013 年，支撑系统在全部外部环境中的占比虽略有下降，但仍超过三成。其中，基础设施占比较上一阶段略有上升，位居第一，社会创业培训有所下降，法律援助与竞赛较上一阶段变化不大。2014—2018 年，创业支撑系统占全部创业环境的比重较上一阶段略有增长，达到 34.3%。其中，基础设施比重增长显著，社会创业培训比重则明显减少，创业竞赛比重略有增长，法律援助的比重仍然较少。整体来看，政府在 1992—2006 年逐渐加强对创业支撑系统的重视，鼓励成立社会创业培训组织，对创业人员进行创业培训。2007—2013 年、2014—2018 年，在自主创新、创新型国家、"双创"等系列国家创新工程相继实施背景下，政府不断加大各类创新创业载体建设力度，创业园区、众创空间等有形基础设施获得空前发展，其速度和规模远超过支撑系统中的其他要素成分。

（四）创业人力资本发展演进

人力资本包含人力资本积累和创业人才培育两个方面内容。人力资本积累、创业人才培育在各阶段的频次及其占人力资本要素的比重、人力资本要素总频次及其占系统外部环境要素的比重见表 6-12。

表 6-12　　　　　创业人力资本要素出现频次及比重　　　　单位：次，%

发展阶段	人力资本积累		创业人才培育		总频次/比重
	频次	比重	频次	比重	
1978—1991 年	2	66.7	1	33.3	3/11.5
1992—2006 年	80	41.2	114	58.8	194/25.5
2007—2013 年	204	50.1	203	49.9	407/23.8
2014—2018 年	222	52.0	205	48.0	427/22.7

结果显示，1978—1991 年，仅有 3 篇政策涉及创业人力资本内容。1992—2006 年，上升到 194 篇，占创业外部环境总数的 25.5%。其中，人力资本积累占比低于创业人才培育占比。2007—2013 年、2014—

2018年，外部环境中人力资本占比分别为23.8%、22.7%，两个阶段中人力资本积累与创业人才培育的比重整体相差不大。由上可知，早期创业政策中已涉及人力资本要素，但数量极为有限。1992—2006年，政府越发意识到积累与培育创业人才的价值，政策中有关创业人力资本的内容逐渐增多，人力资本要素在系统外部环境要素中的比例也渐渐上升。此后的两个阶段，政府对创业人才积累和创业人才培育给予了持续关注。

（五）创业市场要素发展演进

创业市场要素包括市场规范和企业网络两个方面。市场规范、企业网络在各阶段的频次及其占市场要素的比重、市场要素总频次及其占系统外部环境要素的比重见表6-13。

表6-13　　　　　　创业市场要素出现频次及比重　　　　　单位：次，%

发展阶段	市场规范		企业网络		总频次/比重
	频次	比重	频次	比重	
1978—1991年	—	—	—	—	—
1992—2006年	5	55.6	4	44.4	9/1.2
2007—2013年	8	50.0	8	50.0	16/0.9
2014—2018年	30	63.8	17	36.2	47/2.5

从创业市场要素看，1992年之前我国实行计划经济体制，政策中没有出现有关市场的内容，1992年以后，政府逐渐关注市场，但整体关注度不高，1992—2006年仅有9篇创业政策涉及市场要素。2007—2013年，与市场要素有关的创业政策总数仍然不多，市场要素占外部环境要素的比重为0.9%。2014—2018年，市场要素占外部环境要素的比重升至2.5%，就其内部结构看，市场规范占六成以上。可见，在现阶段的创业活动中，市场规范较企业网络发展相对较快，但创业政策中涉及市场要素的内容整体相对较少。

三　外部环境要素总体发展演进

中国创业生态系统环境要素中金融、文化、支撑系统、人力资本和市场五个方面在各个阶段的总体发展演化情况如图6-8所示。

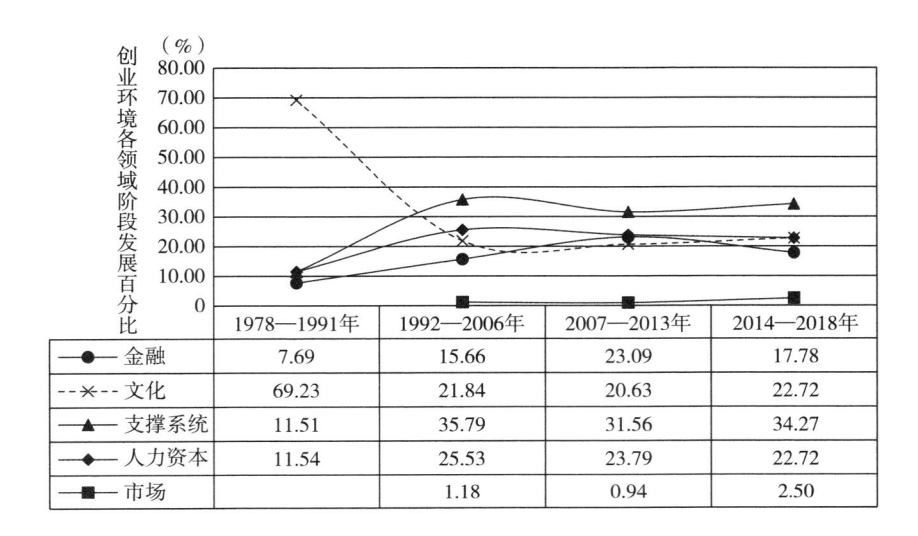

创业环境各领域阶段发展百分比 (%)	1978—1991年	1992—2006年	2007—2013年	2014—2018年
金融	7.69	15.66	23.09	17.78
文化	69.23	21.84	20.63	22.72
支撑系统	11.51	35.79	31.56	34.27
人力资本	11.54	25.53	23.79	22.72
市场		1.18	0.94	2.50

图 6-8 中国创业生态系统外部环境要素发展演化

从整体发展来看，政府对创业生态环境不同领域的建设侧重差距日益缩小，创业支撑系统所占比例一直较高，发展较好，而创业市场所占比重一直较低。自第二阶段开始，各环境领域的发展相对稳定。在创业活动发展初始阶段，文化要素所占比例最高，为 69.23%，支撑系统要素和人力资本要素均占 11% 左右，金融要素的比例较低，占 7.69%，市场要素在该阶段的创业政策中没有体现。1992—2006 年，金融要素、支撑系统要素、人力资本要素比重均有所上升，其中上升最快的是支撑系统，比重升至 35.79%。此外，该阶段出现了新的外部环境要素——市场要素，但占比较低，仅有 1.18%。伴随其他外部环境要素比例的上升，文化要素比重显著下降，降至 21.84%。2007—2013 年，金融要素的比例持续上升至 23.09%，其余创业外部环境要素的比例未发生明显变化，与上一阶段的发展相比差距缩小。到 2014—2018 年，文化要素、支撑要素、市场要素的比例均有所上升，金融要素和人力资本要素的比例稍有下降，但整体来看，现阶段环境各领域要素的发展较前期更加均衡。

第五节　政策驱动中国创业生态系统演进的整体特征

上文对40多年来国家创业政策的文本形式特征进行了分析，包括政策发布时间、政策制定或发布机构、政策所属类型、政策的当前状态、政策效力级别等。同时，基于政策文本计量和文本内容分析，对政策中蕴含的创业生态系统主体要素和环境要素进行了研究。基于上述研究，本节对40多年来国家创业政策及政策折射出的中国创业生态系统演进规律与特征作进一步总结。

一　创业政策发展演进特征

据前文研究可知，改革开放至今，我国创业政策在不同经济背景、不同历史阶段具有差异化的发展重点，同时在政策发文数量规模、政策文本调整处理方式和政策制定主体机构等方面呈现独特的演进特征。在政策发文数量上，增长速度总体由慢到快，呈现缓慢增长、快速增长到跨越增长的演变特征。在政策文本调整优化方式上，由直接废除文本向适当修改完善转变。政策发布机构上，由国家部委为主，逐渐向更高国家权力部门转变。

第一，创业政策数量增长速度经历了缓慢增长、快速增长到跨越增长的演变过程。我国创业政策作为引导、鼓励社会创业活动，具有国家权威性的规制性文件，自1978年以来，数量规模增长路径为：出现萌芽—缓慢成长—快速发展—跨越式增长。党的十一届三中全会以后，我国经济体制改革拉开序幕，非公有制经济要素逐渐在国民经济中得到体现，私营个体经济的合法经营权益得到国家保护。在此背景下，政府萌发出对社会创业现象的关注，人们的创业活动开始得到社会认可，为创业提供制度支撑的政府政策逐渐萌发。随着经济结构调整的加速推进、社会主义市场经济地位的逐步确立及国家对高新技术产业发展的重视，创业的社会经济环境与文化氛围得到优化，国家层面创业政策数量规模呈现出增长态势，但增长速度较为缓慢。21世纪以来，国家经济体制改革进一步深入，社会经济得到快速长足发展，新的经济现象不断涌现。然而，在国家各项事业呈加速发展的同时，失业、就业等社会难题也日趋显现，促使国家广开思路，探索扩大就业、缓解失业的有效措施路径。在此背景下，创业活动得到政府进一步重视，创业相关的国家层面政策在数量规模上实现快速增长。随着我国经济社会发展进入新常态，各个领域、各个行业获得更加广泛、更加公平的发展机会，社会大众对实现个人全面发展提出了更高要求。同时，新产业与新业态对创新创业活动提出了更多深具时代特征的发展需求，基于创新创业推动国家战略意志实行及个人价值实现得到高度认可的观念，国家把创业的时代使命提高到新的历史高度，与创业相关的国家政策呈现出跨越增长的态势。

第二，创业政策生命周期更改方式由直接废除为主向适当修改演进。总体上看，改革开放至今，国家创业政策生命周期呈失效状态的政策文本约占政策总量的7%，处于已修改状态的政策文本占比约1.3%。对于难以适应当时经济社会发展需要的创业政策，大多通过直接废除的处理方式结束政策生命周期，有为数较少的创业政策通过修改方式得以延续生命周期。但从历史演化视角看，该种状况在四个时间阶段正逐步得到改进。数据显示，初步发展阶段（1992—2006年）、快速增长阶段（2007—2013年）和重点突破阶段（2014—2018年）三个阶段，经历过修改的创业政策比重依次是0%、0.3%、2.9%，失效的创业政策比重依次是12.9%、9.6%、1.5%，即通过修改延续政策生命周期的比例逐渐增多，未修改直接结束政策生命周期的情况明显减少。这表明，国家对创业政策生命周期的调整方式正经历从直接废除向修改完善后继续施行转变，从而在某种意义上能够有效延长部分创业政策的实施周期，保证政策的连贯性，为创业活动提供稳定可靠的制度保障。

第三，政策发布主体由国家部委为主逐渐向更高国家权力部门转变。由上文可知，依据政策发布机构级别高低，将创业政策文本效力级别划分为A级、B级、C级、D级、E级、F级。虽然就数量而言，改革开放以来E级（中共中央及国务院各部委发布）政策文本最多，但基于进一步深入分析，在起始阶段（1978—1991年），A级（全国人大及其常委会）政策主体发布的政策数量为0，在初步发展阶段、快速增长阶段，A级主体发布的政策数量各1篇。到重点突破阶段，在政策文本总体数量略低于上一阶段的情况下，A级政策发文主体发布的政策数量反而提升至9篇，B级、C级、D级等主体发布的政策均高于上一阶段，而 E 级主体发文数量较前一阶段却有所下降。由此可知，中国创业政策发文主体呈现向更高级别政府机构演进的趋势，这也从另外角度表明国家对创业活动的战略地位与重视程度正逐步提升。

二 系统要素发展演进特征

根据前文理论分析框架，创业生态系统要素结构包括主体要素和外部环境要素两大方面。从这两个方面梳理改革开放 40 多年来中国创业生态系统关键要素演进过程，重点总结创业生态系统主体要素属性演进特征、创业生态系统外部环境首位要素变化特点、创业生态系统外部环境要素演进趋势。分析结果表明，我国创业生态系统主体要素经历了率性主体、精英主体、弱势主体向大众主体的演进，系统环境首位要素由创业宣传、社会创业培训向有形基础设施演进，系统外部环境要素多领域协同发展的格局初步显现（沙德春等，2020）。

第一，创业主体群体属性由率性主体、精英主体、弱势主体向大众主体演进。我国早期的创业活动较少，创业环境极不成熟，有勇气、率性敢为的群体才敢于尝试创业。在这些创业主体得到社会的初步认可后，走在社会前端的精英群体率先发现契机，随之进行创业，形成了以精英群体为主的创业主体。伴随社会失业与就业问题的凸显，就业困难群体也逐渐加入创业行列，通过自主创业实现就业，形成了以弱势群体为代表的创业群体。随着经济社会进一步发展，国家对创业提出了更高的要求，注重对民众创业能力的培养，"大众创业、万众创新"成为新常态。创业活动的对象不再仅仅是精英，也不单单是某一特定的群体，而是任何有创业意愿、期望通过创业实现精神追求和自身价值的群体，创业活动成为全民化的项目。

第二，创业生态系统环境要素经历了由"软"向"硬"的演进。前文政策分析结果表明，我国创业生态系统环境首位要素由创业宣传、创业培训向有形基础设施演进。1978—1991 年，有关创业宣传的政策最多，1992—2006 年，创业培训相关政策位列第一，2007—2013 年、2014—2018 年，均是有形基础设施排在首位。创业发展初期，需要国家的创业宣传，进入 90 年代，受部分创业成功案例的感召，一批学生、公职人员加入创业行列。21 世纪初，面临企业倒闭或改革的职工以及扩招压力下的大学生、女性、残疾人为解决就业问题也在寻找创业契机。这一期间，创业人员较多，但基本创业技能较为缺乏，政策将创业培训作为该阶段的重要内容。随着自主创新等国家战略的实施，政府不断加大对各类创业载体等有形基础设施的建设力度，为创业活动提供更优化的物理空间、设施条件，有形基础设施成为创业生态系统建设的首位环境要素。

第三，创业生态系统环境要素多领域协同发展格局初步显现。由上文外部环境要素演化分析可知，我国创业活动早期，外部环境要素范围比较单一，主要集中在创业宣传方面。20世纪90年代以后，创业活动逐渐增多，政府对系统环境要素建设力度逐步加强，环境要素结构有所优化。创业支撑系统要素明显提升，人力资本和创业文化比重相当，金融要素有所增长，市场要素开始出现。随着创业对推动行业发展、促进社会创新、增加社会就业等实践效果的凸显，有关创业各方面环境要素的发展愈加引起政府关注，政策对创业生态环境不同领域的建设侧重差距日益缩小，支撑系统、人力资本、文化等多领域协同发展的格局日渐初显。

第七章 政策驱动型创业生态系统的运行绩效
——以众创空间为例

政策驱动型创业生态系统是政府政策在创业实践领域的集中体现，是实现政府意志的有效载体，在我国社会经济发展中已经初步体现出重要的经济价值与政策意义。近年来，在"大众创业，万众创新"顶层制度驱动下，大量创业政策相继出台，加速了政策驱动型创业生态系统的建设进程，以众创空间为代表的政策驱动型创业生态系统在全国各地生根壮大。作为政策催生下形成的独特创业生态系统，众创空间已成为全国各地践行"双创"理念的重要战略手段，在实现政府创业政策目标中承载着独特使命，充分体现出政策驱动型创业生态系统的运行特征。本章以我国国家级众创空间为具体案例，对国家级众创空间的相关支持政策进行分析，深入研究政策驱动下国家级众创空间的实际运行情况，以从实践层面检验印证政策驱动型创业生态系统的发展特征，进一步加深对政策驱动型创业生态系统的理解与认识。

第一节 众创空间的内涵与概况

一 概念内涵

"众创空间"源于国外的"创客空间"，相关研究开始于人们对创客行为的关注（陈锦其等，2019）。"创客"特指具有创新理念、进行自主创业的人，而创客空间就是为创客提供交流、造物的平台（Lindtner，2014；Doughtery，2013）。创客通过创客空间实现知识共享，借助公共设备创造、实现自我价值（Wiliams et al. , 2015）。近年来，创客空间这一概念被引入中国，并逐渐形成具有中国特色的新型创业服务平台，即众创空间，是中国特有的概念（杨琳等，2019）。众创空间虽然由创客空间演化而来，但是与其又有所不同，众创空间的服务范围更加广泛，是新时代背景下推动创业的新模式。众创空间是以市场为导向，以服务为着力点，以资本为支撑的综合性创业服务平台（邵永新等，2017），是"技术概念+经济概念"的结合体，它不仅是一个创业平台，还是一个通过创业服务获取盈利的组织（贾天明等，2017）。同时，众创空间也是新型的创业孵化器，面向社会各类创业者聚集优质资源，为其提供创业服务，是开放式创业平台。

从概念内涵来看，众创空间不仅具有创业生态系统的一般性特征，还拥有其独特的内在特质。侯晓等（2016）认为众创空间具有复杂性的特征，王晶等（2016）认为众创空间具有共享特征，是对创新要素、创业资源、科研资源的共享。向武等（2018）从创业生态系统的角度对众创空间构成要素进行探讨，总结出众创空间的六大构成要素：政策、市场、人才、技术、资金以及服务。杨艳娟等（2017）从发展需求、运作模式等方面对众创空间创业生态系统提出优化意见。此外，政府也给出了众创空间的明确要求，我国众创空间应具备五项基本条件：低成本、便利化、全要素、开放式、协同互助。低成本即由政府部门承担相应费用，为社会大众免费提供基础的创业服务，降低创业者的创业初始成本；便利化指众创空间能够为创业者提供场地、设备等基础设施，组织创业交流活动，创造交流平台等，提供多种便捷化的服务，同时还提供创业咨询、补贴申请等服务，为创业者打造健康的创业环境；全要素是指众创空间在提供创业平台与服务的同时，还需满足创业者在资金、成长、技术、营销等方面的需求，形成良好的可持续发展的创业生态系统；开放式是指众创空间整合的各类线上线下平台资源全面开放于创业者，实现资源共享；协同互助则指众创空间通过举办各类创新创业活动，为创业者提供交流经验与资源的平台，实现系统内创业主体相互帮助，协同发展。这些基本条件既是对我国众创空间的发展要求，也体现出众创空间的独特性质。

通过各领域学者有关众创空间概念特征等方面的研究可以发现，众创空间的本质是依靠政策的支持引导激励就业，吸引大众广泛参与创业，最终实现经济增长的目标，众创空间与政策驱动型创业生态系统的时代使命与概念内涵具有内在一致性，是典型的政策驱动型创业生态系统。此外，近年来，我国众创空间多是在国家政策的支持下建设的，是合法的、高度依赖政策的创业体系，同时受政策以及创业主体能力的影响，创业周期波动性较大，创业行为也具有较强的不确定性，与政策驱动型创业生态系统的理论特质相契合。政策驱动型创业生态系统的目的是鼓励创业，促进经济发展，手段是通过各项政策营造允许试错、宽容失败的创业文化氛围，打造良好的创业环境，降低创业风险，积极促进社会大众参与创业。综上所述，众创空间是典型的政策驱动型创业生态系统，其发展运行充分体现了政策驱动型创业生态系统的特征，通过对众创空间创业政策及运行效率的深入研究，能够探究政策驱动型创业生态系统的运行机制，认识其发展规律，深化对政策驱动型创业生态系统的理解与把握。

二 发展概况

我国第一家众创空间创办于2010年，是由"创客文化教父"李大维创建的"新车间"。当时我国经济模式正处于由传统型转向质量效率型的重要时期，中央及地方政府也逐渐加强对众创空间发展的关注。2013年12月，习近平总书记首次提出"新常态"，并指出应理性对待经济发展由高速增长转向中高速增长的新常态。在经济新常态背景下，众创空间逐渐成为激发社会大众创业激情、提供创业机遇的重要路径。随着2015年国务院"大众创业，万众创新"的提出，以及国家政府一系列政策的出台，众创空间建设得到广泛重视，规模数量实现飞速发展，截至2015年年底，我国已拥有上千家众创空间，尤其是在浙江、北京、上海等地，众创空间数量增速明显，创业活跃度显著上升，创业氛围日益浓厚。在政府的鼓励与支持下，众创空间逐渐进入社会大众的视野，在浓厚的创业氛围中，越来越多的社会公众参与创新创业活动，我国迎来了新一轮创业热潮。随着创业活动的广泛开展，我国逐渐开发出了新产业并形成了新的产业结构，有利于我国的经济模式实现健康快速转型。科技部火炬高技术产业开发中心与首都科技发展战略研究院联合发布的《中国创业孵化发展报告2017/2018》数据显示，2016年年底，我国众创空间数量猛增至4298家，2017年新增众创空间1000余家，较2016年增幅超过33%。至此，我国众创空间数量跃居全球第一。

众创空间在国家政府各项政策的支持下，通过提供开放性的创业平台和创业服务、共享创业资源、举办创业活动等方式，吸引了社会大众参与创业，同时也吸引了众多机构参与合作。《中国众创空间白皮书2018》显示，2017年我国众创空间帮助近2万个企业、团队获得创业投资，其中社会资本投资比重近八成，成为众创空间发展的重要力量。大批人才的加入加速了众创空间科技创新成果产出，2017年众创空间内企业及团队拥有有效知识产权数达15.23万件，较2016年增加了近一倍。目前，我国众创空间的主要收入来源于众创空间所提供的各种服务收入，2017年众创空间服务收入达64.5亿元，在总收入中占比42%。经过近几年的发展，众创空间发展数量已经初具规模，截至2018年年底，我国众创空间数量已达6959家，享受财政支持金额达33亿元。我国众创空间数量如图7-1所示，由图中可以看出，目前，我国众创空间数量主要分布于东部地区，中西部地区相对较少，东北地区众创空间数量分布最少，众创空间数量的区域分布差异较为显著，大多分布在经济较为发达的地区。其中，广东、江苏、浙江、山东、河北等地区众创空间数量规模较大。

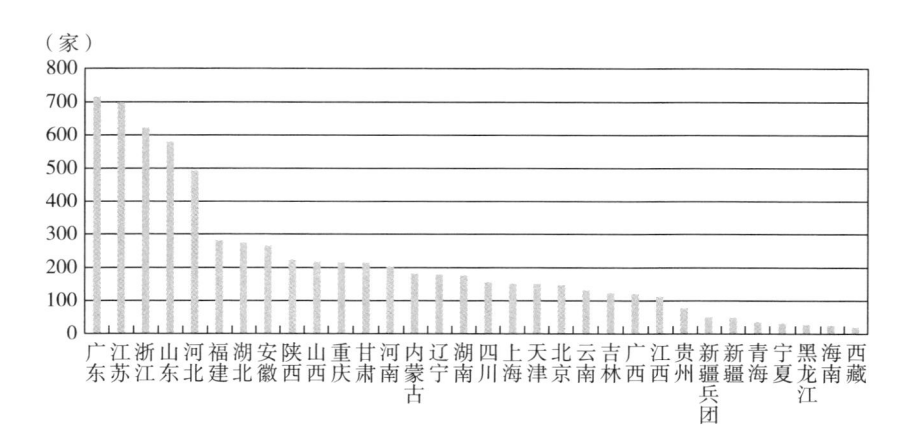

图 7-1 2018 年我国众创空间数量分布

资料来源：科技部火炬中心 2018 年众创空间主要经济指标。

目前，众创空间已逐渐成为各地区践行创新发展的重要战略手段，在推动我国经济转型和升级方面做出独特贡献。根据科技部数据，众创空间的全国总收入达到 182.9 亿元，其中东部地区的总收入为 104.5 亿元，中部地区的总收入为 43.6 亿元，西部地区的总收入为 29.3 亿元，东北地区仅为 5.5 亿元。数据表明，我国众创空间运营情况存在较大的区域差异，东部地区众创空间运营情况相对较好。2018 年我国众创空间具体收入情况如图 7-2 所示，由图中可以看出，2018 年我国众创空间总收入较高的地区为北京、江苏、浙江、湖北、广东、安徽、山东等，宁夏、青海、黑龙江、西藏等的众创空间总收入相对较低。

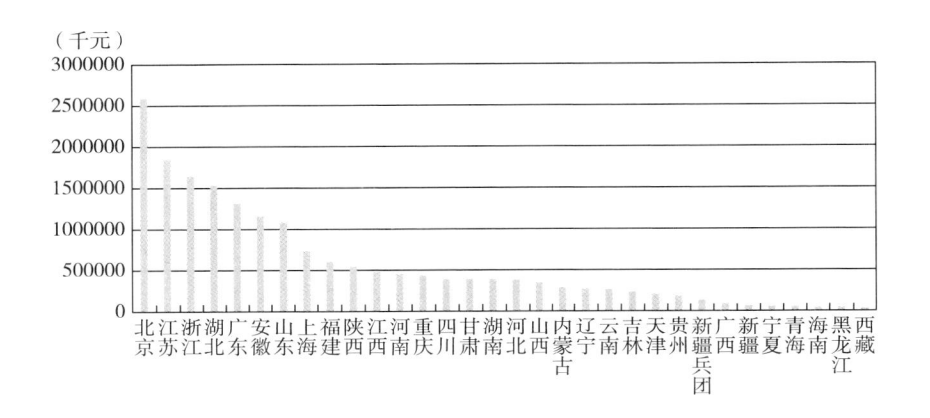

图 7-2　2018 年我国众创空间总收入分布

资料来源：科技部火炬中心 2018 年众创空间主要经济指标。

第二节　众创空间的政策支撑体系

随着经济发展模式转变及国内外环境变化，创新创业逐步成为推动我国社会经济发展的重要动力，成为加速产业转型升级与提升国际竞争力的重要路径。2014 年，李克强总理提出"大众创业，万众创新"发展战略，将"双创"工作进一步提升到国家战略高度。在此背景下，作为低成本、开放式、便利化、全要素的新型创业服务平台（胡海波等，2019），众创空间得到全国各地的高度重视，各级政府积极探索完善各项政策，众创空间数量规模呈现高速发展趋势。相关数据显示，截至 2017 年年底，我国纳入火炬中心统计的众创空间总数已达 5739 家，位居全球首位。政府政策作为政策驱动型创业生态系统的主要驱动力，分析其设计发布情况对研究政策驱动创业活动发展具有重要意义。据北大法律数据库统计，2015—2020 年，我国出台关于众创空间的法律法规政策文件将近 500 篇，其中中央法规共有 9 篇，包括行政法规和部门规章；地方性法规高达 477 篇，包括地方规范性文件和地方工作文件，其中 5 篇已失效。本部分对 481 篇众创空间政策文件的量化特征及文本内容进行研究。众创空间作为典型的政策驱动型创业生态系统，对政府政策具有较强的依赖性，政策的设计发展情况对众创空间的建设发展有着重要影响。本部分对众创空间相关政策的地域分布、政策类别、政策目标进行具体分析，研究政策分布的地域特征、政策内容的设计情况及政策目标制定特点，了解政府对众创空间建设发展的支持力度与方向。

一 政策地域分布

创业是对资源进行优化整合的行为，能够创造出更大的经济与社会价值。随着"大众创业，万众创新"的提出，众创空间在政府的大力支持与引导下，其数量规模快速扩大，开拓了创业新局面。众创空间作为新型的创业服务平台，其发展受到国家的大力支持，在中央政策的指导下，其他各级政府相继出台了一系列众创空间发展支持政策，为经济平稳较快发展发挥了重要作用。从政策规格数量上看，在近年出台的政策中，中央法规相对较少，大多是地方性法规。例如，2015 年 2 月，湖北省出台《湖北省科学技术厅关于参与科技部办公厅发展众创空间推进大众创新创业举行电视电话会议》；2015 年 5 月，苏州市出台《苏州市人民政府印发苏州市关于实施创客天堂行动发展众创空间的若干政策意见的通知》；2015 年 5 月 28 日，天津市发布《天津市科委印发关于面向众创空间延伸服务的实施办法（试行）的通知》等一系列地方性文件。国家性政策文件具有综合性和宏观性，地方政策文件更具专门性和针对性。目前，我国关于众创空间的政策主要集中在创新创业服务、创新体制机制、创造活力激发、财税优化、创业金融投资、创业平台构建等方面。地方性政策文件一般从部门职能出发，对"众创空间"活动予以专门支持。这些政策支持措施基本覆盖"众创空间"活动的各个环节和领域，体现了政府对众创空间全链条、多方位的重视。众创空间的建设发展情况主要由各地区经济发展状况与政策制定情况决定，存在一定的地域性差异。为分析其具体差异，本部分对我国四大经济发展区的众创空间产业政策进行统计，具体数据如表 7-1 所示。

表7-1　　　我国四大经济发展区众创空间政策分布统计　　　单位：篇

年份	政策数量			
	东部地区	中部地区	西部地区	东北地区
2015	53	21	34	12
2016	44	26	25	11
2017	45	34	16	3
2018	40	6	2	8
2019	29	17	4	1
合计	211	104	81	35

整体来看，2015—2019年发布的众创空间政策主要集中在东部地区，东北地区最少；2015—2017年众创空间政策的发布数量较多，随后两年政策出台数量增速放缓。从地域分布来看，东部地区众创空间的政策数量始终位于各地区首位，表明当地政府对众创空间发展较为重视，支持力度较大。作为我国经济较为发达的地区，东部地区在我国经济增长方面做出了突出贡献。与东部地区相比，中部地区和西部地区关于众创空间发展的政策发布数量相对较少，东北地区众创空间政策发布数量排在全国末位，且与东部地区存在显著差距。从政策发布的时间演化看，2015—2017年发布的政策文件数量总体较多，2018年、2019年相对有所下降。一系列国家及地方政策的出台，体现了政府对众创空间发展的支持与重视。政策的合法性和引导作用一定程度上降低了社会大众对创业活动的观望态度，调动了民众参与创业的积极性，有助于大众创业新局面的形成。此外，在梳理政策时发现，对众创空间发展支持力度最大的省市地区主要是经济发展相对缓慢却具有巨大潜力的人口大省，比如河南、山东等，其众创空间相关政策的发布数量均在30篇以上。这些地区都拥有极大的人口优势，其潜在发展能力十分强大，拥有一大批因为各种原因有志创业而不敢创业或者无法创业的人。江苏省作为经济发展迅速的大省，对众创空间的政策支持力度、重视程度也较大，其政策发布数量同样在30篇以上。

二　政策类别分布

据北大法律数据库统计结果，共有481篇有关众创空间的现行有效政策，分属科技、机关工作、劳动工会、营商环境优化、统计、计划、知识产权、财政、改革开放、税收、法制工作、企业、建筑业、开发区、教育、工商管理等28个类别。具体类别政策数量分布情况见图7-3。

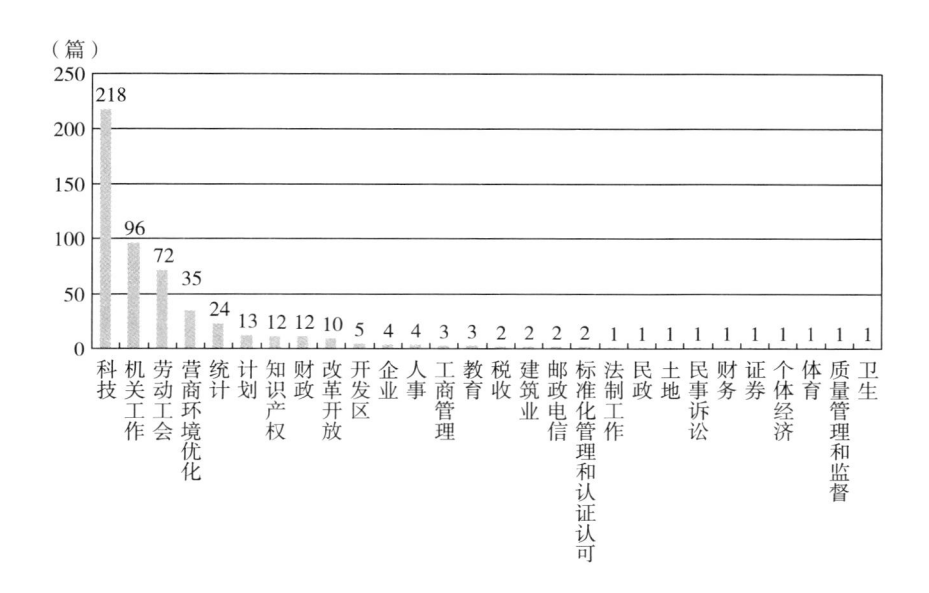

图 7-3 众创空间政策类别分布

由图 7-3 中可以看出，首先，科技类别的政策占比最高，数量为 218 篇，此类政策主要包括科技综合规定与体改、科技进步与经费、科技企业、科学研究与科技项目、科技成果鉴定奖励、技术市场管理、技术进出口与国际合作等方面的政策，体现出国家对众创空间科技创新活动的重视。如在 2016 年发布的《国务院办公厅关于加快众创空间发展服务实体经济转型升级的指导意见》中，提出要发挥科技创新的引领和驱动作用。为加快科技成果向现实生产力转化、吸引更多科技人员投身科技型创新创业，我国采取了奖励补助政策、税收优惠政策、引导金融资本支持、促进军民技术双向转化等一系列措施，以科技引领创业，向创业者开放创新资源。同时，通过营造良好的创新创业文化氛围，培养高水平专业性人才，简化创业流程，降低创业成本和门槛等，以期解决创业资金制约等阻碍创业活动发展的问题。还需扩大创业活动的源头供给，大力推动科技型创新创业。坚决贯彻我国坚持新发展理念的方略和创新驱动发展战略，高度重视技术创新人才创业，为技术创新人才的创业活力提供各方面便利。

其次，占比相对较高的类别为机关工作和劳动工会，这两类政策的数量虽然小于科技类，但是在整体中同样占有较大比重。机关工作类包括机关工作综合规定、会议差旅、奖惩等政策，主要涉及众创空间的认定工作、备案工作、绩效评价、人员培训等方面的通知公告。劳动工会类主要是招工与就业方面的政策，政府通过发布推进众创空间发展的实施意见、政策措施等，带动就业创业。众创空间主要是在政府推动下快速发展的，通过降低创业门槛、放宽市场行业准入标准等来激发创业活力和创业潜力。政府和社会对创新创业的重视支持是推动创业活动发展的重要因素。对于潜在创业者来说，合法的创业平台、较低的创业门槛、丰富的创业资源、宽容的创业政策等具有较大的吸引力，较低的创业风险增强了他们的创业意愿。其中，小微企业，科技人员、高校毕业生、农民工、失业人员、留学人员和退役军人等是创新创业较为活跃的群体，且在人口比重中占比逐渐增大。创业能够带动就业，可以解决大众就业生存问题的同时促进经济发展和产业转型，所以创业近年来备受国家政府重视。此外，涉及统计、财政、知识产权、税收等方面的政策相对较少。目前，我国众创空间的政策主要针对其未来发展方向的定位与创业活动的推进，财政、税收、教育等相关政策还有待进一步完善。

三 政策目标领域

众创空间的快速发展离不开政策的支持，符合其发展规律的政策更能激发众创空间创业活力，提高其运行效率。只有充分了解政策目标，充分发挥各项政策工具的优势，才能更好地释放政策在创业过程中的驱动效果。深入了解政策如何促进众创空间创业生态系统发展，才能更好地发挥政策这一核心驱动力的重要作用，促进众创空间的健康发展。要了解政策在众创空间发展中的驱动机制，首先需要明确政策的主要目标。目前，针对众创空间的创业政策目标主要倾向于基础设施建设、创新能力发展、平台长期发展以及提升创业积极性等方面（陈章旺等，2018），各级地方政府在中央的引领下，积极发布各项政策，推进众创空间建设。其中，关于基础设施建设的政策为创业者打造了良好的创业硬件环境，加速了众创空间的建设；以提高大众创新创业能力为目标的政策，为创业活动开展与众创空间发展提供了动力支持；以平台发展为目标的政策是众创空间可持续发展的重要保障，为众创空间构建优化提供载体支撑；以提升创业积极性为目标的创业政策主要是通过各项支持措施调动了大众创业的热情，推动创业活动开展，从而达到促进经济发展、缓解就业难题的目标。本部分主要从基础条件、能力目标、任务目标、动力目标四个方面对众创空间相关政策的设定目标进行分析。

基础条件建设是众创空间发展的基石，在基础条件建设相关政策的推动下，通过建设基础设施、提供公共服务、集聚人力资源等为众创空间发展打造良好的创业环境。在优质创业服务与政策红利的吸引下，越来越多的创业者加入众创空间，其数量规模得到快速扩展，社会大众参与创业的积极性日益高涨。创新创业能力是众创空间可健康持续发展的重要保障，为提升创业者创新创业能力，国家政府从人才引进、科技成果转化、自主创新等多方面采取激励措施，以期为众创空间吸引更多拥有较高创新创业素质的人才，同时大力支持自主创新研发，提高科技成果转化效率，推动众创空间平稳快速发展。以提升社会大众参与创业积极性、为大众创业注入动力的创业政策，是众创空间低门槛、低风险创业的重要保障。在该类政策驱动下，社会大众拥有更多资源参与创业，各项金融支持、政策补贴、知识产权保护等举措给予创业者更多的安全保障，大大降低了创业风险。以任务勾画为目标的创业政策是众创空间长期发展的重要驱动力，科学合理的目标规划与技术支持能为众创空间的长远发展提供方向与支撑。

根据国家和地区发布的众创空间相关各项政策法规，统计相应目标下不同政策工具的出现频数，得出我国众创空间政策目标分布情况，具体如表7-2所示。从表7-2中可以看出，我国众创空间政策采用的政策工具主要集中在公共服务、人力资源、科技成果转化、人才引进、知识产权保护等方面。国家对创新创业能力的培养最为重视，这与其在创新创业绩效中的重要地位一脉相承。在创业活动中，创业者的创新创业能力十分重要，是决定创业能否成功的重要因素。基础设施、自主创新、科技计划、财政补贴、技术支持、金融支持等方面的政策工具出现频次较少。总体来看，有关众创空间基础条件构建方面的政策措施较多，同时政策重心正逐渐从基础条件建设向创新创业能力培养方面转移。此外，我国众创空间创业政策关于长期发展以及动力激励等方面的政策还有待完善，风险防范意识需要进一步加强。

表 7-2　　　　　我国众创空间政策目标分布　　　　单位：次

政策目标	政策工具	频数	总频数
基础条件	基础设施	76	649
	公共服务	356	
	人力资源	217	
能力	科技成果转化	460	1333
	人才引进	790	
	自主创新	83	
动力	知识产权保护	540	623
	财政补贴	58	
	金融支持	25	
任务	科技计划	93	109
	技术支持	16	

政策作为众创空间发展的主要驱动力，其具体实施效果很大程度上决定了众创空间的运营成果。为具体把握政策驱动下众创空间的实际运行情况，加深对政策驱动型创业生态系统的实践认识，以我国国家级众创空间为研究案例，对众创空间的实际运行效率进行分析。

第三节　众创空间的实践运行绩效

在国家政策支持下，我国众创空间数量规模得到飞速发展，成为当前政策驱动型创业生态系统最具活力的成分。同时，众创空间在运行过程中也逐渐呈现出过度依赖政府补贴、创业服务能力不足等各种问题（陈武等，2018），众创空间的发展运行情况成为学者讨论的热点问题之一。学者关于众创空间发展运行的探讨集中在发展模式、运行机制、影响因素、运行绩效、演进路径等方面。郑文卓等（2019）将众创空间总结为专业服务型、培训辅导型、媒体驱动型和平台依托型四种运营模式。苏瑞波等（2017）从所有制成分、创办主体、盈利模式等方面对广东省孵化器与众创空间发展现状进行分析。张育广（2017）从管理制度、进入退出机制、运营支持等方面对高校众创空间的运行机制进行了探讨。吕品等（2018）对众创空间的创新机制进行分析，认为创新机制的核心要素为基础禀赋、网络能力、制度环境等。李燕萍等（2018）对国家级众创空间及科技企业孵化器的空间特征与影响因素进行了研究，发现众创空间发展还未呈现出全局空间相关性，人才供给对众创空间发展影响较大。尹国俊等（2017）基于资源聚合、产权调整等四大机制，对众创空间运行绩效的影响因素进行探讨，发现共享度是影响众创空间运行绩效的主要因素。张玉利等（2017）从创业生态系统的角度，构建众创空间两阶段演进模型，展现了众创空间的形成及演进路径进行。霍生平等（2019）对众创空间中创客创新行为进行了研究，从知识共享角度分析创客团队断裂带对众创空间创新行为的影响。刘志迎等（2017）分析了创业团队、创客创新自我效能感与个体创新行为之间的关系。通过对文献的梳理可知，关于众创空间运行效率的研究大多是定性分析，关于全国范围内的众创空间运行效率的定量研究较少。以此为背景，本节以我国国家级众创空间为对象，对各省份的国家级众创空间运行效率进行研究，从政策视角对影响众创空间运行效率的主要因素进行分析，探讨政策在众创空间创业生态系统运行过程中发挥的作用，剖析众创空间发展的优势局限及调整方案，进而提出优化众创空间建设的发展建议，以期深化对政策驱动型创业生态系统的实践认识，为政策驱动型创业生态系统优化发展提供思路借鉴与政策参考。

一 绩效评价模型

数据包络分析（DEA）方法最早由Charnes等于1978年提出，主要用于分析多输入、多输出的有效性综合评价问题，具有无须估计投入与产出之间的生产函数关系、不受数据量纲影响等优势。众创空间运营数据较为复杂，数据单位不统一，运用DEA方法处理数据，避免了因投入产出数据量纲不统一产生的各种问题。DEA方法最常用的模型有两种，一是CCR模型，用于规模报酬不变的综合效率测度；二是BCC模型，与CCR模型不同的是，BCC模型是基于规模报酬可变的综合效率测度。BCC模型在反映决策单元的规模效率与纯技术效率的同时，还能够反映决策单元的投入产出松弛变量取值。众创空间作为以政府政策为主要驱动力的创业生态系统，其运行受国家政策影响较大，此外技术进步、社会经济环境变化等因素都会对众创空间的运营效率产生影响，使众创空间的运营无法保证规模报酬不变（颜振军等，2019）。因此,本节选取基本假设为规模报酬可变的 BCC 模型,对众创空间运营效率进行分析,深入剖析众创空间的运营效率,并对非 DEA 有效的众创空间的投入产出松弛变量进行分析,提出针对性的改善方案。通过对 DEA 方法中不同模型特点的分析,本节选取 BCC 模型对众创空间运营效率进行分析,具体模型如下:

$$\min[\theta - \varepsilon(e_1^T s_i^- + e_2^T s_r^+)]$$

$$\text{s.t.} \sum_{j=1}^{30} \lambda_j x_{ij} + s_i^- = \theta x_i, \ i = 1, 2, 3, 4$$

$$\sum_{j=1}^{30} \lambda_j y_{rj} + s_r^+ = \theta y_r, \ r = 1, 2, 3, 4$$

$$\sum_{j=1}^{30} \lambda_j = 1$$

$$\lambda_j \geq 0, \ j = 1, 2, 3, \cdots, 30$$

$$s_i^- \geq 0, \ s_r^+ \geq 0$$

选取我国 30 个省份的国家级众创空间为样本,每个样本作为一个决策单元(DMU),共有 30 个决策单元,记为 DMU_j($j=1, 2, \cdots, 30$);每个 DMU 均有 4 种投入,记为 x_i($i=1, 2, 3, 4$);4 种产出,记为 y_r($r=1, 2, 3, 4$)。其中,θ 为决策单元的有效值,λ_j 为决策变量,s_r^+ 和 s_i^- 分别代表输出和输入的松弛变量,ε 为非阿基米德无穷小量。DEA 的 BCC 模型将综合效率值分解为纯技术效率值与规模效率值,综合效率值等于纯技术效率值乘以规模效率值,其含义为纯技术效率与规模效率同时有效时,其综合效率才有效。其中,技术效率是指在众创空间资源投入不变的情况下,对其运营产出能否达到最大化进行评价;或者在产出不变的条件下,对其资源投入能否达到最小化进行分析。规模效率是指当同比例增加投入时,产出增加的比例是否能够达到更高。当规模效率为 1 时,众创空间的经营规模具有规模效益,即生产要素同比例增加时,产出增加比例大于投入增加比例。

二 绩效评价指标

科学合理地选择投入产出指标对运行效率的有效性分析十分重要。众创空间作为创新 2.0 时代兴起的新型创业公共服务平台,在政府政策的引导下,通过聚集各种创业资源,吸引社会大众参与创业,具有低成本、全要素、开放度高等优势,是促进社会经济发展的重要载体。由于众创空间近几年才开始兴起,目前关于众创空间运行效率的研究较少。为构建科学合理的指标体系,本节基于已有关于众创空间运行效率的研究,综合考虑众创空间特点,构建众创空间运行效率评价指标体系,如表7-3所示。

表7-3 我国众创空间运行效率分析指标体系

一级指标	二级指标	三级指标
众创空间运营投入	人力投入	众创空间服务人员数量（人）
	培训和服务投入	提供工位数（个）
		开展创新创业活动与教育培训次数（场次）
	财力投入	创业企业及团队获得资金支持总额（千元）
众创空间运营产出	孵化能力	新注册企业数量（家）
	经济效益	众创空间运营收入（千元）
	社会效益	创业团队和企业吸纳就业情况（人）
	创新效益	常驻企业和团队拥有的有效知识产权数量（个）

从投入角度来看,结合众创空间实际情况,选取最终能用实物和价值量体现的指标,即从人力、培训和服务以及财力这三个方面选取投入指标。具体的三级指标包括众创空间服务人员数量、提供工位数、开展创新创业活动与教育培训次数、创业企业及团队获得资金支持总额。其中,众创空间服务人员主要是为创业参与者提供便利化的创业服务,是以基础条件建设为目标的政策在众创空间中的具体表现,而公共服务方面的政策为服务人员发展提供了重要支持动力。提供工位数是众创空间提供给创业者的工作位置数量,是基础设施建设的一部分,其建设动力来源于政府为众创空间提供的基础设施建设相关的政策措施。开展创新创业活动与教育培训次数是指由众创空间提供的交流创业经验与资源的共享平台,创新创业教育培训在我国创业政策中占据越来越重要的位置,同时是提升众创空间质量内涵建设的有效途径。创业企业及团队获得资金支持总额主要来自政府的资金支持和社会投资总额,即由财政补贴、金融支持等政策措施为创业参与者带来的资金支持。这三方面的指标能充分体现众创空间创业政策所带来的公共服务、人力资源、基础设施、财政资金等方面的支持效果,是以基础条件与发展动力为目标的政

策在众创空间中的重要体现，同时也是需求型创业政策在众创空间运营过程中的具体表现。

从产出角度来看，众创空间运行效率产出指标包括直接产出与间接产出两个方面，其中直接产出包括孵化能力和经济效益，间接产出包括社会效益和创新效益。而孵化能力用新注册企业数来表征，经济效益用众创空间运营收入表征，社会效益用创业团队及企业吸纳就业情况表征，创新效益用常驻企业及团队拥有的有效知识产权数量表征。新注册企业数量是众创空间孵化能力的体现，在一定程度上体现了基础条件建设政策的实施效果。众创空间初期创业活动的开展离不开政策支持，各项以基础条件建设为目标的众创空间政策为创业主体打造了良好的创业环境，提供了基础的创业设施，由此吸引了众多创业者参与创业，新注册企业数量不断增加。众创空间运营收入是指众创空间运行过程中产生的服务收入、房租及业务收入、投资收入及政府补贴的总和，目前我国众创空间的总收入主要来源于服务收入，由此可见其运营收入以基础条件建设政策为动力，体现了政策规制为众创空间发展带来的经济效益。间接产出是指在众创空间提供的各项投入下，企业及团队所创造的潜在效益。其中，创业团队及企业吸纳就业情况在一定程度上体现了政策推动下众创空间人才引进的具体情况；常驻企业及团队拥有的有效知识产权数量主要体现了众创空间提升创业主体创新创业能力的效果。众创空间运行效率产出指标是供给型创业政策在众创空间运营过程中的具体表现形式。

三　绩效评价结果

（一）总体分析

本节运用数据包络分析方法，以科技部火炬中心公布的《中国火炬统计年鉴2018》数据为基础，对我国各省份的国家级众创空间运行效率进行研究。由于统计年鉴中缺乏西藏的相关数据，同时香港、澳门、台湾未在数据统计之列，因此本节对上述四个地区以外的30个省份的国家级众创空间运行效率进行研究。以此30个省份作为决策单元，通过 DEAP 2.1 软件，将投入产出指标相关数据代入规模报酬可变的 BCC 模型，得到各省份众创空间运行效率值，结果如表7-4所示。

表 7-4　　我国各省份的国家级众创空间运行效率值

省份	Crste	Vrste	Scale	R-S	省份	Crste	Vrste	Scale	R-S
北京	1	1	1	—	河南	1	1	1	—
天津	0.908	1	0.908	drs	湖北	1	1	1	—
河北	0.385	0.385	1	—	湖南	0.702	0.703	1	—
山西	1	1	1	—	广东	0.572	0.798	0.716	drs
内蒙古	1	1	1	—	广西	0.73	0.797	0.916	irs
辽宁	1	1	1	—	海南	1	1	1	—
吉林	0.633	0.642	0.986	irs	重庆	0.985	1	0.985	drs
黑龙江	1	1	1	—	四川	0.541	0.544	0.994	irs
上海	0.893	0.94	0.95	drs	贵州	0.823	0.826	0.995	irs
江苏	0.835	1	0.835	drs	云南	0.902	0.912	0.989	irs
浙江	0.708	0.803	0.882	drs	陕西	0.594	0.634	0.936	drs
安徽	0.796	0.801	0.994	irs	甘肃	0.863	0.899	0.96	drs
福建	0.862	0.872	0.989	irs	青海	1	1	1	—
江西	1	1	1	—	宁夏	0.701	0.777	0.902	irs
山东	0.591	1	0.591	drs	新疆	1	1	1	—

注：Crste 为综合效率，Vrste 为纯技术效率，Scale 为规模效率，drs 为规模收益递减，irs 为规模收益递增，"—"为规模收益不变。

根据结果可以看出，有 11 个省份的综合效率值为 1，表明其运行效率为 DEA 有效，即投入产出比例和规模已达到相对最优，众创空间相关供给型政策与需求型政策产生的效果达到了相对均衡状态。但是部分省份的综合效率值仍旧较低，如广东（0.572）、四川（0.541）、山东（0.591）等远低于全国平均水平。由前文的分析可知，对众创空间支持力度大、政策体系规模庞大的省份多是人口大省，这些省份在政策更新和实施力度方面的表现相对较好，具体体现在这些地区的大学校园或企业园区等地的众创空间相关建设充足，并且对在校大学生、农民工、失业人员、留学人员、退役军人等创业较为活跃的群体进行了多样化的创业培训。这些省份发布的众创空间相关政策数量较多，在多部门、多方位创业政策作用下，可能产生了供给型政策与需求型政策失衡的状况，从而导致众创空间运行效率较低。为进一步分析我国各省份的国家级众创空间运行效率情况，本节根据综合效率值对我国各省份的众创空间运行情况进行分类，以综合效率值（Crste）为据。Crste = 1 的为 DEA 有效，$0.8 \leqslant$ Crste < 1 的为较好，$0.6 \leqslant$ Crste < 0.8 的为一般，$0.4 \leqslant$ Crste < 0.6 的为较差，Crste < 0.4 的为差。对 DEA 软件运行结果进行整理，可得我国国家级众创空间运行效率分类情况，如表 7-5 所示。从表 7-5 中可知，在 30 个省份中，DEA 有效的省份有 11 个，占 36.7%；DEA 无效的省份有 19 个，占总体的 63.3%。我国近 2/3 省份的国家级众创空间运行效率属于 DEA 无效，这些省份的国家级众创空间在运营过程中的资源投入产出尚未达到最优配比，由不同政策措施所产生的政策驱动力未能得到充分发挥。在 DEA 无效的省份中，26.6% 的省份的众创空间运行效率较好，其综合效率值大于 0.8，与全国平均水平较为接近。此外，有 6 个省份的综合运行效率值处于一般状态，占总体的 20%；有 5 个省份的众创空间运行效率较差，其综合效率值低于 0.6。

表 7-5　　　　我国国家级众创空间运行效率分布情况

综合效率	Crste = 1	$0.8 \leqslant$ Crste < 1	$0.6 \leqslant$ Crste < 0.8	$0.4 \leqslant$ Crste < 0.6	Crste < 0.4
评价	DEA 有效	较好	一般	较差	差
数量（个）	11	8	6	5	0
比重（%）	36.7	26.6	20.0	16.7	0

为了全面了解我国国家级众创空间的整体情况，本节对各省份的运行效率值进行统计，结果如表 7-6 所示。从全国平均效率值来看，30 个省份的国家级众创空间运行效率的综合效率均值为 0.834，即有近 20% 的资源投入未能在其运行中发挥作用，整体的资源使用率较低，政策动力的作用效果还有较大提升空间。纯技术效率的均值为 0.878，在不考虑规模报酬的条件下，有 12.2% 的投入未能获得相应的产出；接近于 1 的规模效率均值表明，众创空间的规模发展情况较好。由此可见，导致我国国家级众创空间运行效率不高的主要原因是纯技术效率较低。从标准差来看，三个效率值的标准差都较小，规模效率的标准差更是小于 0.1，其体现的是各决策单元的效率值与均值的离散程度，因此，规模效率的标准差最小，表明我国国家级众创空间整体规模发展差

异较小。经过短暂几年的发展,我国众创空间数量已初具规模,运行逐渐步入正轨,但综合效率与纯技术效率的标准差略大,说明我国众创空间还需要进一步加强资源配置管理。

表 7-6 我国国家级众创空间运行效率值统计特征

统计特征	最小值	最大值	均值	标准差
综合效率	0.385	1	0.834	0.178
纯技术效率	0.385	1	0.878	0.163
规模效率	0.591	1	0.951	0.093

从规模收益角度进一步分析我国国家级众创空间的规模效率,结果如表 7-7 所示。在 30 个决策单元中,有 13 个省份的众创空间规模效率达到最优,规模效率为 1,其规模收益不变,表明这些省份的众创空间投入产出比例与经营规模相匹配,供给型政策动力与需求型政策动力作用效果相对均衡。有 30% 的省份的规模收益处于递减阶段,处于此阶段的众创空间收益增长率小于规模增长率,供给型政策动力作用效果强于需求型政策动力作用效果。此时这些省份不适合再以众创空间规模扩张为政策侧重点,而应对资源投入产出比例进行调整,有效降低规模扩张带来的相对收益损失。另有 8 个省份处于规模递增阶段,表明这些省份的众创空间还具有较大规模发展空间,可进一步加强提升对众创空间的政策支持。

表 7-7 我国各省份的国家级众创空间规模收益分析

规模收益类别	规模收益不变	规模收益递减	规模收益递增
省份数量(个)	13	9	8
所占比重(%)	43.3	30	26.7

(二)地区分布特征

我国各地区社会经济发展情况存在一定差异,各地区众创空间的发展水平不尽相同。因此,众创空间需要根据自身特点,发展具有各自特色的、更适合本地区发展的创业服务平台。社会经济发展离不开创业,因此对我国四大经济分区的效率值进行分析,研究国家级众创空间运行效率的地区分布特征，同时结合众创空间政策的地域分布特征，分析政策在众创空间运行中的作用效果。各地区效率值为其各省级行政区效率值的均值，具体数据如图 7-4 所示。从综合效率来看，我国中部与东北地区综合效率值在全国平均水平之上，众创空间整体运行情况较好，中部地区综合效率值最高。而东部与西部地区的综合效率值低于全国平均水平，其中东部地区的综合效率值最低，为 0.775，众创空间运行效率有待提高。在政策分布方面，东部地区政府发布的众创空间政策数量较多，但是其运行效率却相对较低，在一定程度上表明政府政策的实施效果有待增强，或存在政策与众创空间发展匹配程度不足等问题。东北地区的政策发布数量最少，但是政策执行效果相对较好，对现有资源的使用效率较高。从纯技术效率来看，中部地区效率值最高，为 0.917，表明中部地区众创空间资源使用效率较高。除西部地区外，其他地区均高于全国平均水平。从规模效率来看，中部地区的规模效率最高，为 0.999，且其纯技术效率也高于其他地区，可见中部地区在资源有效使用的同时也实现了规模效应。东北地区和西部地区的规模效率均在全国平均水平之上，东部地区规模效率较低。由此可见，为提高我国国家级众创空间运行效率综合水平，应当同时提高纯技术效率与规模效率，在对众创空间的资源配置进行调整的同时，制定适合自身的发展战略，充分发挥规模优势。

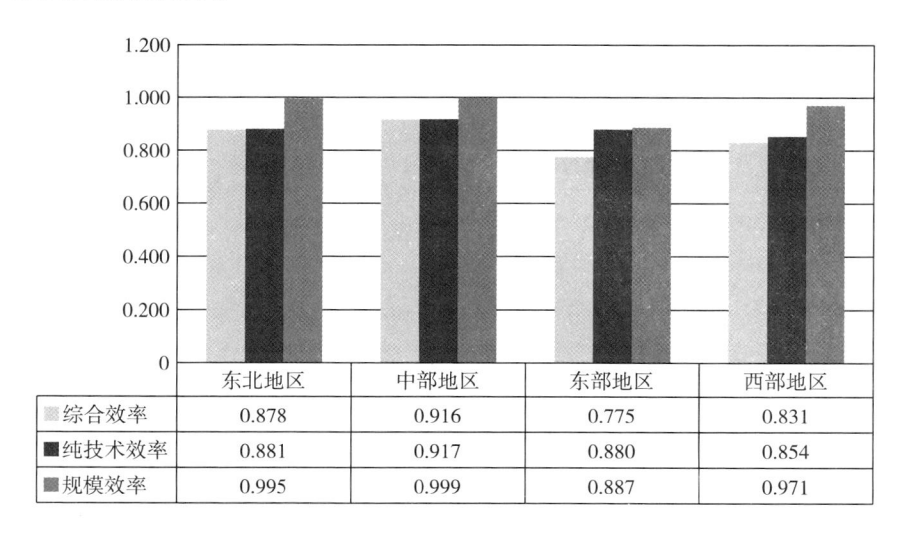

	东北地区	中部地区	东部地区	西部地区
综合效率	0.878	0.916	0.775	0.831
纯技术效率	0.881	0.917	0.880	0.854
规模效率	0.995	0.999	0.887	0.971

图 7-4 效率值地域分布示意

（三）综合效率无效省份分析

众创空间运行效率无效的主要原因一般为投入比例不合理，即存在投入冗余或产出不足。对 BCC 模型中的投入产出松弛变量进行分析，调整 DEA 无效省份的各类投入产出，受服务人员数量、提供工位数、新注册企业数量等指标的数量单位影响，将计算出的松弛变量四舍五入调整为整数，得到投入产出调整表。

根据 DEA 运行结果中的投入松弛变量值，给出众创空间投入调整方案如表 7-8 所示。在人力投入方面，在 19 个众创空间运行效率 DEA 无效的省份中，有 7 个省份的众创空间服务人员投入冗余，表明其人力资源投入力度过大，服务型人才较为集聚，其中广东的众创空间服务人员投入力度最大。但过多的人员投入降低了众创空间的整体运行效率，此时需要对众创空间的服务人员进行缩减或提高服务人员素质，充分发挥服务人员的高水平作用，以此提高众创空间的运行效率。在众创空间服务人员投入中，需要调整的省份大多分布于西部地区，表明西部地区的众创空间人力投入未充分发挥其作用，服务效率较低，需要提高服务人员素质。在培训和服务投入方面，有 6 个省份的众创空间提供的工位数存在冗余，另有 11 个省份开展创新创业活动与教育培训次数存在此类问题，其中陕西、四川、福建三省在这两个方面均存在投入冗余。开展创新创业活动与教育培训是提高创业者的创业能力和政策学习能力，增强企业、团队创业活力的重要路径。在产出不变的情况下，提升活动培训质量，更好地利用有限资源提供最优质的服务，能有效提高运行效率，减少资源浪费。

表 7-8　DEA 无效省份国家级众创空间投入指标调整情况

省份	众创空间服务人员数量（人）	提供工位数（个）	开展创新创业活动与教育培训次数（场次）	创业企业及团队获得资金支持总额（千元）
吉林	-203	0	-239	0
安徽	0	0	-120	-501025
湖南	0	0	-329	0
河北	0	-444	0	0
上海	0	0	-2559	-4707965
浙江	0	0	-2090	-261504

续表

省份	众创空间服务人员数量（人）	提供工位数（个）	开展创新创业活动与教育培训次数（场次）	创业企业及团队获得资金支持总额（千元）
福建	0	-4049	-889	0
广东	-4662	0	-4058	0
广西	-1	-959	0	0
四川	0	-2406	-799	-299088
贵州	-152	0	-284	0
云南	-498	0	0	0
陕西	0	-418	-420	0
甘肃	-268	0	-194	0
宁夏	-72	-73	0	0
重庆	0	0	0	0
天津	0	0	0	0
江苏	0	0	0	0
山东	0	0	0	0

在"万众创新，大众创业"战略下，创业政策在不断改进，力求为创业者提供更好的创业平台。但在创业者数量迅猛提升的同时也出现了创业主体良莠不齐的现象。许多创业者缺乏充分创业准备与合理的创业规划，更有部分创业者以追逐政策红利为动机参与众创空间，造成了创业资源浪费。在财力投入方面，有4个省份的企业及团队获得的资金支持额度存在冗余，其原因在于创业者过于依赖政府政策对众创空间的金融支持和财政补贴。众多创业者受到政策红利的吸引参与众创空间，虽然政策的初衷是好的，但不乏利用政策漏洞谋取利益的虚假创业者。这些"创业者"打着创业的旗号，占用政策资源，却未致力于创业行为本身。这种虚假的创业行为不仅浪费了政府提供的创业资源，更影响了整体的创业环境。因此，政府需要加大管理力度，提高资金使用率，避免造成资金浪费，从而提高众创空间的运行效率。在四个投入指标中，开展创新创业活动与教育培训这一指标需要调整的地区较多，占DEA无效地区的57.9%，其次是众创空间服务人员数量和提供工位数两个指标，由此可见，在投入指标中，服务和培训投入过多是影响众创

空间运行效率的主要因素。

根据 DEA 运行结果中的产出松弛变量值，给出众创空间产出指标调整方案如表 7-9 所示。在孵化能力方面，在 19 家 DEA 无效省份中，6 个省份的国家级众创空间的新注册企业数量存在不足，需要增强众创空间孵化能力。在经济效益方面，部分众创空间运营收入存在不足，运营收入是衡量众创空间运营效益的重要指标，包括服务、房租以及投资收入。目前，众创空间运营收入主要依靠政府政策支持，主要是根据创业政策提供各种创业服务，以获取服务收益，如提供创业教育培训、开展创新创业活动、链接国际创新资源等；另一部分收入来自政府政策的财政补贴、资金支持、税收减免等，这些政策不仅让更多犹豫不定的创业者坚定地迈出了创业的步伐，还让创业者在创业初期就能够得到较好的经济效益。丰厚的政策红利不仅构建了良好的创业环境，也带来了一些"浑水摸鱼"的虚假创业者。他们抓住政策漏洞，为了初期的收益参与众创空间，在享受政策带来的各种便利的同时却未充分履行相应的使命，对众创空间良性有序发展造成一定困扰。因此，为提高众创空间运行效率，需要提升众创空间服务人员的素质、提高各项资源的使用效率，吸引更多企业、团队入驻，增加各项收入，同时完善相关政策措施，加强政策措施实施监管力度。创业团队和企业吸纳就业情况这一指标中有 8 个省份存在产出不足，是四项产出指标中需要调整省份最多的指标，其对众创空间运行效率影响最大。此外，在创新效益方面，有 6 个省份的常驻企业和团队拥有的知识产权数量存在产出不足，说明这些省份的众创空间创新能力较弱，这一指标对众创空间运行效率也有较大影响。由此可见，为提高众创空间运行效率，这些省份需要增强企业及团队的创新能力。虽然在国家政府的推动下，科技类政策较多，但是执行效果见效较慢，在众创空间的运行过程中还未创造出较大的经济效益。政策驱动型创业生态系统在创业活动的初期阶段对政策依赖性较强，但是随着创业活动的发展，创业模式迫切需要进行驱动力转型，这是创业生态系统发展优化的必要条件，也是国家政府意志的要求，政策驱动型创业模式在后期发展阶段需要重视创新能力的提升。在产出指标调整中，需要对吸纳就业情况调整的省份主要集中在东部地区，其众创空间在提高社会效益方面还有很大的发展空间。其他各项指标需要调整的省份分布较为分散。此外，在四个产出指标中，需要对创业团队和企业吸纳就业情况进行调整的省份较多，在 19 个 DEA 无效省份中近半数的省份均存在吸纳就业不足。创业团队和企业吸纳就业情况是人才引进方面政策动力效果的体现，吸纳就业低表明我国大多数地区的众创空间人才引进力度不够，在加大人才引进政策支持力度的同时，还需要培养大量创新创业能力较强的人才。

表 7-9　DEA 无效省份国家级众创空间产出指标调整情况

省份	新注册企业数量（家）	众创空间运营收入（千元）	创业团队和企业吸纳就业情况（人）	常驻企业和团队拥有的有效知识产权数量（个）
吉林	132	0	0	127
安徽	0	6867	14695	0
湖南	9	0	0	436
上海	0	0	9938	3715
浙江	0	0	14871	375
福建	0	0	5606	0
广东	0	0	2785	0
广西	121	11354	358	0
四川	0	0	0	453
贵州	14	0	0	0
云南	145	0	0	0
陕西	0	0	2588	0
甘肃	0	0	0	214
宁夏	11	1891	521	0
重庆	0	0	0	0
天津	0	0	0	0
江苏	0	0	0	0
山东	0	0	0	0
河北	0	0	0	0

本节基于数据包络分析方法，构建我国国家级众创空间运行效率分析指标体系，以 30 个省级行政区的国家级众创空间为研究对象，分析其运行效率，分别从综合效率、纯技术效率与规模效率三个方面对其进行深入研究，最后对非 DEA 有效省份的众创空间投入冗余和产出不足

情况进行调整。根据上文分析可得出以下结论。

第一,国家级众创空间整体运行效率不高,六成以上省份的众创空间处于 DEA 无效状态。由前文分析结果可知,当前我国各省份的国家级众创空间整体运行效率不高,有 63.3% 的省份处于 DEA 无效状态,导致该结果的主要原因是纯技术效率较低,且各类政策在众创空间运行过程中作用效果未能达到均衡状态。我国国家级众创空间的规模效率均值为 0.951,接近于 1,而纯技术效率均值为 0.878,与综合效率均值(0.834)最为接近,因此,综合效率不高的主要原因是纯技术效率较低,即资源分配不合理。受创业主体对政策认知转化能力、政策实施方式、监管力度、创业平台对政策的运用能力等多方面的影响,政策对各地区众创空间实践运行效果的驱动作用尚有较大提升空间。

第二,各省份的国家级众创空间发展不均衡,运行效率存在较明显的区域差异。从大区来看,分析结果显示我国中部地区众创空间运行效率相对最优,其纯技术效率与规模效率均高于全国平均水平。从综合效率来看,中部地区综合效率为 0.916,效率值最高,且其规模效率值为 0.999,十分接近于 1,可见中部地区国家级众创空间规模已达到最佳状态。虽然中部地区众创空间政策数量相对较少,但是其政策驱动作用效果较为显著,各项政策对创业活动的推动力度较为均衡。而东部地区的综合效率、纯技术效率、规模效率值分别为 0.775、0.880、0.887,整体低于其他地区,其众创空间政策的驱动作用未能得到充分发挥,还有很大的发展空间。需要指出的是,对于上海、江苏、浙江、广东等发达省份,众创空间运行效率不够理想,主要是由于其大多数处于规模收益递减阶段,众创空间数量已经达到一定规模。随着数目的增加,众创空间内部可能存在资源分配不合理、资源使用率较低等问题,从而影响其运行效率。因此,为提高众创空间运行效率,这些省份需要加强资源协调,建立与其发展规模相匹配的运行机制。

第三,对于 DEA 无效的省份,创新创业活动与教育培训情况、创业团队和企业吸纳就业情况是影响众创空间运行效率的主要因素。在四个投入指标中,有 11 个省份需要对开展创新创业活动与教育培训指标进行调整,需要调整的省份数量远高于其他指标。在四个产出指标中,创业团队和企业吸纳就业情况,即社会效益需要调整的省份数量是四项指标中最高的。因此,创业培训与社会效益是影响众创空间运行效率的主要因素。创业活动与培训在为创业主体提供创业服务的同时，也为创业平台输入高质量的创业人才，是作为服务与人力资源政策在众创空间创业生态系统中作用效果的体现，其代表了国家对创业能力的重视。因此，提升国家级众创空间运行效率，还需要从加强创新创业能力方面着手。此外，创业团队和企业吸纳就业情况也从侧面体现了政府对创业人才的重视。我国社会效益与创业培训两方面表现不足对创业生态系统运行效率造成了负面影响，由此可见，我国众创空间发展还需重视人才及其创新创业能力培养。

第八章 研究结论与发展建议

本书从技术创新演化逻辑出发研究技术"创新"驱动创业生态系统演进的模式、机理与路径。基于分层化社会技术、物理技术与社会技术共演化思想提炼出 PSRC 创业生态系统理论模型，建立创业生态系统主要发展阶段与物理—社会技术共演化关键环节之间耦合交融、协同共进的演化机制，进而探讨创业生态系统的优化路径。重点对商业模式、政策法规等社会技术创新驱动型创业生态系统的产生根源、理论内涵、发展特征、适用情境、优势局限等进行理论探讨，并结合平台型创业、共享型创业、众创空间等创业实践案例，对社会技术创新驱动型创业生态系统的构建运行进行实证研究。以期总结提炼创业实践呈现出的新模式、新特征，揭示技术创新驱动创业生态系统演进的机理路径，丰富创业生态系统研究的基本理论体系。

第一节 研究结论

综合前文有关创业生态系统理论研究与实践案例分析，本书得出以下五点主要研究结论。

第一，物理技术与社会技术的创新演化是创业生态系统演进的根本动力，创业生态系统在技术创新驱动过程中呈现多元化发展形态。物理技术与社会技术是促进经济增长的两轮，是驱动经济社会持续、长久发展的内在本质力量。创新驱动不仅仅指物理技术创新驱动，也包含社会技术创新驱动，社会技术创新是自主创新的应有内涵，社会技术的突破甚至是转型时期解决特定问题的关键节点。因此，作为实现经济增长与社会发展重要路径的创业行为同样受物理技术创新与社会技术发展两轮驱动，物理—社会技术的创新演化构成创业生态系统发展演进的内在动力。结合当前国内外学者对创业生态系统理论内涵、构成要素、发展模式及运行机制等方面的相关研究,在丰富深化美国演化与创新经济学家尼尔森有关"社会技术"理论思想基础上,本书从物理技术创新、社会技术发展两个维度构建创业生态系统象限理论模型,提炼创业生态系统的 PSRC 理论模式,根据驱动创业生态系统主导性技术动力的差异,将创业生态系统分为四种理论形态:物理技术创新驱动型创业生态系统;社会技术创新驱动型创业生态系统;物理—社会技术复制型创业生态系统;物理—社会技术协同创新驱动型创业生态系统。每类创业生态系统具有各自独特的理论内涵、演化机制、发展特征及适用的经济社会情境,同时存在一定的实际优势及发展局限。

创业活动既具有连续性又体现出一定的阶段性成长特征。从创业生命周期角度来看,创业企业可分为创建期、成长期、成熟期与蜕变期四个主要发展阶段。同时,物理技术与社会技术的创新演化也呈现出兼具连续性与阶段性的发展特征。从技术创新的发展路径看,技术演化包括创新成果形成、转化扩散与学习吸收、技术成熟与遭遇瓶颈、问题诊断与难题攻关等关键环节。就创新与创业的内在联系而言,创业企业的主要发展阶段与技术创新的关键演化环节之间存在一定程度的对应关系,技术创新关键演化环节内嵌于创业企业主要成长阶段之中,成为驱动创业生态系统发展的内在动力。创业生态系统能否随着技术创新持续健康发展,关键在于是否构建起推动创业与创新耦合交融、协同共进的运行机制。

基于技术共演化的角度,创业生态系统呈现多种理论模式。然而,各类模式之间并非截然对立或不可跨越,不同模式之间具有一定程度上的"通约性"与转化可能,通过模式的不断转化使创业活动成为一个连续、持久的过程,为创业生态系统的形成、发展提供源源不断的动力。根据技术共演化理论,物理—社会技术协同创新驱动型创业是最符合创业生态系统构建要求、最具生态特征和最理想的创业模式,其他创业模式理论上均应向该模式转化。然而,实际上并非如此。从创业活动的发展方向上看,创业生态系统转化总体上可分为正向转化与负向转化两个方向。正向转化是指创业活动由低技术含量向高技术含量、由模仿性创业向创新型创业、由简单创新向复杂创新、由低价值创造向高价值创造的转化,通过这种转化,为创业行为提供增进力量和推动因素,促进创业生态系统的形成与优化。反之，则属于负向转化。正向转化是创业模式转化的理想路径，也是创业企业成长过程中力求实现的愿景。考虑到创业活动的实践意义以及模式转化的复杂性，本书重点分析创业生态系统的正向转化。从物理技术、社会技术各自内在发展逻辑及物理—社会技术共演化轨迹来看，创业生态系统的正向转化包括四种路径：物理技术创新驱动型转向物理—社会技术协同创新驱动型；社会技术创新驱动型转向物理—社会技术协同创新驱动型；物理技术创新驱动型转向社会技术创新驱动型，再转向物理—社会技术协同创新驱动型；社会技术创新驱动型转向物理技术创新驱动型，再转向物理—社会技术协同创新驱动型。

第二，社会技术创新发展是驱动创业生态系统发展演进的重要社会因素，以政策法规、企业商业模式为代表的社会技术创新驱动型创业生态系统构成大众创业格局下创业生态系统的重要内容。基于尼尔森及国内外其他学者对社会技术概念范畴的研究，根据社会技术创新主体差异，本书将"社会技术"概念分为政策法规、产业商业模式与社会气质三个层次。政策法规的创新主体主要是以政府为代表的公共权力部门，是指公共权力部门制定发布的具有公共约束力的行动规则，包括激励性规则与限制性规则；产业商业模式的创新主体主要是企业与产业组织，是"社会技术"相关论述中关注较多的方面，是指产业分工与协调模式，产业、企业行动者之间的交互作用及其互动方式；社会气质的营造主要依赖社会大众，其内涵是指具有特定属性的、稳定持久的社会风格。政策法规、产业商业模式、社会气质三个层次的社会技术，对行动者"行为"的"硬性"约束力依次弱化，而对行动者"思想"与"精神"的渗透趋于增强。政策法规与产业商业模式主要是一种"行动规则"，是对相关行动者"行为"的约束性与激励性限定，影响行动者的"行为模式"，通过行动者的"行为"对外界产生作用。社会气质对行动者的"思想"与"精神"产生作用，形成或影响特定的"思想规则"与"精神气质"。政策法规与产业组织模式更趋"显性"，相对更易于"复制"与"转移"，易于传播学习；社会气质更趋"隐性"，不易"复制"与模仿。

社会技术创新驱动型创业生态系统是以政策法规、产业商业模式等社会技术创新为主要推动力量、随社会技术发展演化而呈现阶段性成长特征的创业生态系统。社会技术创新驱动并不意味着该类创业生态系统不需要特定物理技术的支持，更不是说可以脱离物理技术而独立运行。实际上，任何经济增长活动既离不开物理技术的推动，也离不开相应社会技术的影响，是物理—社会技术两轮推动的结果，创业活动同样如此。但是在特定发展时期，物理技术或者社会技术的单方面推动作用会更加突出，甚至超越对方，进而成为促进创业活动的主导性因素。社会技术创新驱动型创业生态系统即是指社会技术创新发展在系统发展中的推动作用比物理技术更加突出、驱动效果更加显著的系统形态。一般在出现重大政策法规调整、产业商业模式创新等社会技术发展时，为该类创业生态系统提供巨大发展空间。另外，当某类物理技术创新趋于成熟或遭遇瓶颈时，也为该类创业生态系统发展提供契机。此外，根据分层化"社会技术"概念，社会技术包括政策法规、商业模式、社会气质三个层面，因此，社会技术创新驱动型创业生态系统可进一步深化为商业模式创新驱动型（企业驱动）、政策法规创新驱动型（政府驱动）和社会气质创新驱动型（大众驱动）三种类型。在平台型、共享型等商业模式创新驱动型创业活动日益兴起的时代情境下，世界多国将创业提升至国家战略层面并以政府政策方式全力支持大众创业，以政策法规、商业模式等为代表的社会技术创新驱动型创业生态系统在创业实践中的角色与地位日趋凸显。

第三，商业模式创新驱动型创业生态系统具有丰富的理论内涵与发展特征，在创业活动实践中呈现多样化发展形态，对社会大系统产生重大的经济价值。商业模式创新驱动型创业生态系统是以商业模式创新为主导性驱动力量、随商业模式发展演化而呈现阶段性成长特征的创业生态系统，是社会技术创新驱动型创业生态系统的重要组成部分。作为社会技术创新驱动型创业生态系统的有机构成，商业模式创新驱动型创业生态系统具有其特有的社会经济产生根源、概念内涵、理论特征及优势局限。就产生根源来看，商业模式创新驱动型创业生态系统的创建有赖于以下社会经济条件的形成：创业成为推动社会经济发展的重要途径；商业模式创新成为创业的重要内在驱动力；创业主体商业模式创新识别能力的提升。商业模式创新驱动型创业生态系统集中体现了创业主体的创业认知、创业价值观及创业资源拼凑整合方式，具有价值导向性、环境适应性、市场敏感性、演化自组织性、模式可移植性、形态多元性等理论特征。商业模式创新驱动型创业生态系统以商业模式创新作为系统演进的主要动力,因此商业模式及商业模式创新所蕴含的内在特征对该类创业生态系统有着重要影响,其优势与局限在创业生态系统演进过程中会得到一定程度的体现。根据商业模式及商业模式创新的理论内涵,结合创业生态系统本质特征,商业模式创新驱动型创业生态系统具有创业入门成本低、契合市场需求、周期短见效快、易于推广扩散等发展优势,同时存在易被模仿复制、模式更替快速、发展后劲不足、物理技术创新空心化等潜在局限。商业模式创新是社会技术创新的重要内容,商业模式创新驱动型创业生态系统是社会技术创新驱动型创业生态系统的有机组成部分,其发展演进过程同样存在转化升级的内在要求与实践路径。从转化路径上看,主要包括商业模式内在升级更替型转化、商业模式创新驱动向物理技术创新驱动转化、商业模式创新驱动向物理—社会技术协同创新驱动转化等具体路径。

进入 21 世纪以来,互联网技术在全球的广泛应用引发了平台型创业模式快速扩散,共享经济的兴起带动共享商业模式创业行为迅速崛起,以平台型、共享型为代表的创业活动的广泛快速拓展有力助推了商业模式创新驱动型创业生态系统的构建演化。共享经济的兴起带动了共享商业模式创新及共享型创业活动的发展,共享单车作为共享型创业模式的典型,较充分地体现了商业模式创新驱动型创业生态系统在创业实践中的运行情况与发展特征。共享单车创业生态系统从初建至目前仅六年时间即经历了"兴起—高峰—危机"的发展历程,在此过程中,共享单车企业从价值主张、核心资源能力、盈利模式与成本结构、关键业务系统等多个方面探索商业模式创新,为共享单车创业生态系统优化演进注入持续动能。共享单车创业生态系统的发展动力主要源自商业模式创新,其运行特征与商业模式创新驱动型创业生态系统的发展特征具有内在一致性,主要体现在价值导向性、环境适应性、市场敏感性、模式可移植性等方面。共享单车创业生态系统在较短时间内实现迅速发展很大程度上得益于商业模式创新驱动型创业模式具有符合市场需求、创业进入门槛低、规模扩张快速等内在发展优势。同时,在经历短暂辉煌后即遭遇重大发展难题的现实也充分体现了共享单车创业生态系统商业模式存在创新不足、发展动力不足、管理能力欠缺等潜在局限。平台型创业是另一种具有代表性的商业模式创新驱动型创业模式。平台商业模式创新覆盖社会经济生活的各个领域，既包括网上购物、移动支付、网络社交等新兴领域，也涉及银行、电信、交通等传统产业。电子商务类平台、交通类平台、支付类平台等已经对人们日常生活和社会经济发展产生深刻影响。以淘宝网、滴滴出行、支付宝等为代表的平台型企业在价值主张、产品服务、盈利模式、价值链、运营模式等方面积极探索新的商业模式，体现出平台商业模式创新驱动型创业生态系统的价值导向性、演化自组织性、系统形态多元化等理论特征。该类创业生态系统具有创业主体进入门槛低、满足用户个性化需求、系统内多主体共赢等优势，同时也存在易被模仿复制、物理技术创新空心化等潜在不足。

第四，政策驱动型创业生态系统是当前具有重要实践价值与理论意义的新兴创业生态系统形态。在世界各国日渐倚重政府政策激励国民创业的背景下，政策逐渐成为创业活动发起与深入的重要社会性驱动力量，以政策为主要驱动力的创业行为日趋广泛，政策驱动型创业生态系统构成社会技术创新驱动型创业生态系统的有机组成部分。作为新兴的创业生态系统，政策驱动型创业生态系统不是无源之水、无本之木，而是社会大系统的有机组成部分，与社会系统进行源源不断的物质、能量、信息交换。它的构建、运行与优化受到社会、经济、政治、文化等各种社会性因素的影响，即政策驱动型创业生态系统的有序演化需要具备一定的社会情境。这些社会情境主要包括：政策支持成为鼓励创业的重要路径、创业成为经济发展的重要模式、公众具备政策认知学习能力、创业文化在社会广泛兴起、默许宽容基于公共资源的创业试错行为。政策驱动型创业生态系统是以政府政策为核心初始驱动力、随政策设计变化而发展演进的创业生态系统，是创业主体在政策驱动下开展创业活动过程中与其生存和发展的创业生态环境所构成的彼此依存、交互作用、协同共进的动态平衡系统，是政府意志在创业生态系统领域的具体呈现，是政府创业政策具化为社会创业实践的有效载体。其宗旨是以政策资源为基本动能，激发社会创业热情，重塑公众创业认知，塑造大众创业格局，以实现政府特定的社会系统治理目标。作为创业生态系统的重要子系统，政策驱动型创业生态系统具有政策资源高度依赖、创业周期波动性大、创业成长周期呈阶段性演化、创业模式更替频繁、创业过程不确定性显著、创业行为社会认同高等本质特征，蕴含创业进入门槛低、创业初始投资成本低、创业成效显现快速、有利于政府意志执行、有效抵消创业风险等理论优势，同时存在创业转型需求迫切、市场感知能力不强、对政府政策制定执行能力要求严苛、对创业主体政策学习转化能力要求高、创业成长驱动力转型迫切、可能导致攫取政策红利的虚假创业等潜在局限。

以众创空间为代表的政策驱动型创业生态系统在数量规模上呈快速发展趋势，但是在运行效率方面尚有较大提升空间，需精准施策，进一步深化政策创新对创业生态系统优化演进的驱动效果。基于火炬统计中心数据分析表明，我国国家级众创空间整体运行效率不高，政策作用效果有限，主要原因是纯技术效率较低；中部地区众创空间运行效率相对最优，其纯技术效率与规模效率均高于全国平均水平；对于DEA无效省份，开展创新创业活动与教育培训、创业团队和企业吸纳就业情况是影响众创空间运行效率的主要因素。众创空间对各项资源的分配与使用效率有很大的提升空间，产生这种现象的原因主要是开展创业活动与教育培训、创业团队和企业吸纳就业情况等产出不足，这是因为与此有关的政策措施较少。目前，我国众创空间政策大多集中在完善基础条件方面，并逐渐向提高创业者创新创业能力方向转换，政策驱动力作用模式需同步调整。因此，提升众创空间创业效率除了调整生态系统内部的资源分配，还需要政府制定更为科学合理的创新创业政策，加大创新创业能力与人才培养力度。众创空间是政府面向大众的优良创业平台，政府为其提供了合理的政策支持，同时较低的创业门槛和创业风险、较快的创业效果及创业转型等都给创业者提供了更加便利的创业条件。该类创业生态系统首先由政府机关发起，受政府保护和制约，所以便于政府执行意志，推动大众创业快速稳定发展。但在众创空间数量规模快速扩张的同时，我国众创空间发展也逐渐显现出一些问题，如规模数量较大但整体运营效果不佳、未能充分发挥众创空间创业生态系统在促进经济发展中的作用、创业主体创新能力有待提升、政策驱动力作用模式有待完善等。这在一定程度上印证了政策驱动型创业生态系统高度依赖政策路径、政策制定能力要求高、创业转型需求迫切等发展特征。

第五，政策驱动中国创业生态系统经历了独特的演化路径与演进历程。本书采用政策文献计量与政策文本内容分析方法，基于"主体—环境"分析框架研究改革开放以来创业政策驱动中国创业生态系统发展演进的历程，重点对创业主体类别属性的阶段演进特征进行提炼，对创业金融、创业文化、创业支撑系统、创业人力资本、创业市场等创业生态系统环境要素的发展演进过程进行分析，揭示了中国创业生态系统40多年演进的基本特征与独特路径。

中国创业生态系统创业主体群体属性经历了率性主体、精英主体、弱势主体向大众主体的演进过程，同时也是由特殊到一般、由精英到大众的转变。我国早期的创业活动较少，创业环境极不成熟，有勇气、率性敢为的群体才敢于尝试创业。在这些创业主体得到社会的初步认可后，走在社会前端的精英群体率先发现契机，随之进行创业，形成了以精英群体为主的创业主体。伴随社会失业与就业问题日渐突出，就业困难群体也逐渐加入创业行列，通过自主创业实现就业，形成了以弱势群体为代表的创业群体。随着经济社会进一步发展，国家对创业提出了更高的要求，注重对民众创业能力的培养，"大众创业，万众创新"成为新常态。创业活动的对象不再仅限于精英群体，也不单单是某一特定的群体，而是任何有创业意愿，期望通过创业实现精神追求和自身价值的群体，创业活动成为全民化项目。

中国创业生态系统环境要素经历了由"软"向"硬"的演进。在对创业生态系统环境要素40多年的发展演进进行分析后发现，创业政策反映出我国创业生态系统环境首要要素由创业宣传、创业培训向有形基础设施演进。创业宣传属于创业的软环境，而有形基础设施则属于创业所需要的硬件设施，因此，创业政策的发展体现了环境要素的由"软"至"硬"。1978—1991年，有关创业宣传要素的政策数量最多；1992—2006年，创业培训要素的政策数量位列第一；2007—2013年、2014—2018年两个阶段，均是有形基础设施排在首位。整个环境要素的演进过程与我国创业活动的实际发展相符，即创业活动发展初期需要国家的创业宣传；进入20世纪90年代，受部分创业成功案例的感召，一批学生、公职人员加入创业行列；21世纪初，面临企业倒闭和改革的职工、扩招压力下的大学生、女性、残疾人等群体为解决就业问题也在寻找创业契机。这一期间，社会创业人员较多，创业活动初步发展，但群众基本创业技能较为缺乏，社会创业培训成为该阶段政策的重要内容。随着自主创新战略的实施和创新型国家建设的深入，国家不断加大对各类创业载体等有形基础设施的建设力度，为创新创业活动提供更优化的物理空间、基础设施与服务支持，有形基础设施成为创业生态系统的首位环境要素。

中国创业生态系统环境要素多领域协同发展的格局初步显现。由上文创业生态系统外部环境要素演化过程分析可知，我国创业活动早期，创业外部环境要素的范围比较单一，且主要集中在创业宣传方面。20世纪90年代以后，创业活动逐渐增多，政府对创业生态系统环境要素的建设力度逐步加强，系统环境要素内部结构有所优化。创业支撑要素明显提升，创业人力资本和创业文化比重相当，创业金融要素有所增长，市场要素开始出现。随着创业热度的持续上升，创业活动对推动行业发展、促进社会创新、增加社会就业、增进社会活力等实践效果的进一步凸显，有关创业活动各方面环境要素的发展愈加引起政府关注，创业政策对创业生态环境不同领域的建设侧重差距日益缩小，支撑要素、人力资本、文化要素等创业环境要素多领域协同发展的格局日渐初显。

第二节　发展建议

基于前文分析与研究结论，建议从优化创业生态系统发展模式选择、培育创业生态系统与技术创新互动联结机制、推动创业生态系统发展模式动态转换、构建创业生态系统监测预警机制、强化创业生态系统社会技术创新动力等方面采取措施，推进创业生态系统有序演进。

第一，因地因时采取相应模式推进创业生态系统发展。根据前文分析，创业生态系统在实践运行中呈现多元化发展模式。从系统主导性驱动力量，即物理技术创新、社会技术发展、物理技术与社会技术共演化视角看，创业生态系统包括物理技术创新驱动型、社会技术创新驱动型、物理—社会技术复制型及物理—社会技术协同创新驱动型四种模式。考虑到社会技术具有分层化理论特征，社会技术创新驱动型、物理—社会技术复制型及物理—社会技术协同创新驱动型三种模式又可以细分为更多的具体模式，其中社会技术创新驱动型可分为单一社会技术创新驱动型（三类：政策法规创新驱动、商业模式创新驱动、社会气质创新驱动）和多元社会技术创新驱动型（八类：强法规—弱模式—弱气质、强法规—弱模式—强气质、强法规—强模式—强气质、强法规—强模式—弱气质、弱法规—弱模式—弱气质、弱法规—弱模式—强气质、弱法规—强模式—强气质、弱法规—强模式—弱气质）；物理—社会技术协同创新驱动型创业生态系统可分为物理技术—单一社会技术协同创新驱动型、物理技术—多元社会技术协同创新驱动型，两种模式下创业生态系统可进一步细分为更具体的系统发展类型。可见，作为推进创业活动有效开展的重要支撑，创业生态系统在不同技术经济情境下具有多元化的发展模式，并表现出差异化和独特性的运行特征。因此，需要结合创业活动所处的具体技术、经济、社会、文化等条件，因时因地选择相应模式推动创业生态系统深入持久发展。

第二，培育构建创业生态系统与技术创新的联结互动机制。物理技术创新、社会技术发展、物理技术与社会技术共演化是创业生态系统持续发展的根本驱动力量。根据物理技术与社会技术共演化理论思想，一方面，物理技术与社会技术相互影响、交互作用、协同演进，另一方面，两种技术有各自相对的独立性，经历特定的技术发展过程，并具有一些内在关键发展环节。例如，物理技术发展遵循创新成果形成、科技成果转化扩散与学习吸收、技术成熟与遭遇瓶颈、问题诊断与难题攻关等演化环节；作为社会技术的具体呈现形式——政策措施、法律条文、制度规范、产业商业模式等相对抽象但有其适用的时空阈值和社会情境，遵循与物理技术类似的演化轨迹，需要经历技术创新发明、技术传播扩散与学习吸收、技术发展成熟与滞缓、技术难题突破与完善等关键发展环节。此外，两类技术交织演化过程同样经历类似的关键演化环节。物理技术创新、社会技术发展、物理技术与社会技术共演化所经历的关键环节对应创业生态系统优化升级的主要阶段，构成相应模式下创业生态系统演进的关键动力。基于上述思想，需要依照物理技术与社会技术创新演化内在规律及两类技术共演化关键环节，构建起技术创新过程与创业生态系统优化过程对应的互动联结机制，保障联结机制顺畅、有效运行，为创业生态系统提供持续优化动力。

第三，适时推动创业生态系统发展模式动态转换。尽管创业生态系统可以分为多种理论模式，但各类模式之间并非截然对立或不可跨越，不同模式之间具有一定程度上的"通约性"与转化可能。通过模式的不断转化促使创业活动成为一个连续、持久的过程，为创业生态系统的形成、发展提供源源不断的动力。根据技术共演化理论，物理—社会技术协同创新驱动型创业是最符合创业生态系统构建要求、最具生态特征和最理想的创业模式，其他创业模式理论上应该向该模式转化。然而，实际情况并非如理论预设那样简单。从创业活动的发展方向上，创业生态系统转化总体上可分为正向转化与负向转化两个方面。正向转化是指创业活动由低技术含量向高技术含量、由模仿向创新、由简单创新向复杂创新、由低价值创造向高价值创造的转化，通过这种转化，为创业行为提供增进力量和推动因素，促进创业生态系统的形成与优化。反之，则属于负向转化。正向转化是创业模式转化的理想路径，也是创业企业成长过程中力求实现的愿景。从物理技术、社会技术各自内在发展逻辑及物理—社会技术共演化轨迹来看，创业生态系统的正向转化包括四种路径：物理技术创新驱动型转向物理—社会技术协同创新驱动型；社会技术创新驱动型转向物理—社会技术协同创新驱动型；物理技术创新驱动型转向社会技术创新驱动型，再转向物理—社会技术协同创新驱动型；社会技术创新驱动型转向物理技术创新驱动型，再转向物理—社会技术协同创新驱动型。因此，需要以动态发展的思维，根据创业生态系统所处阶段、实际情形和发展环境的变化，适时采取相应措施，推动创业生态系统发展模式转换，实现系统动力转换与更替演化。

第四，构建创业生态系统监测预警机制。不同类型的创业生态系统在运行发展过程中因主导性技术动力的不同，在演化阶段、具体环节等方面体现出一定的差异性。同时，由于物理技术、社会技术内在演化规律在一定程度上的共通性，各类创业生态系统发展演进过程体现出某些共同特征。如前文所述，对于技术创新驱动型创业生态系统，系统所依赖的主导性技术因素终究难以避免发展趋于成熟与遭遇难题的特定阶段，加之系统外部环境的快速发展变化，要求创业生态系统构建起相对健全完善的风险识别、监测与预警机制，时时保持对系统外部支撑环境及内在发展动力的警醒。对于物理技术创新驱动型创业生态系统，在系统内创业企业的成熟阶段，企业的规模和市场趋于稳定，产品和服务所依赖的关键物理技术也趋于成熟，甚至遭遇创新瓶颈，因而该阶段技术预见、技术风险识别等观测诊断机制尤为关键。对于社会技术创新驱动型创业生态系统，在系统内创业企业的成熟阶段，需要对赖以发展的政策法规、产业商业模式等社会技术进行全面"审视"与"检测"，强化危机意识与风险防范措施，及时发现、把握系统发展面临的社会技术问题。而对于物理—社会技术协同创新驱动型创业生态系统，在系统内创业企业的成熟阶段，既要重视物理技术的预警预见和风险识别，又要对相应的社会技术进行全面"检测"，尤其要构建起物理技术瓶颈与社会技术障碍恶性叠加的防范机制，减轻或避免物理—社会技术恶性演化对创业生态系统的负面影响。

第五，优化创业生态系统社会技术创新动力。基于分层化社会技术创新内涵，社会技术包含政策法规、商业模式等不同层面的具体表现形式。由此，以社会技术创新作为主要演化动力的创业生态系统可分为政策法规创新驱动型、商业模式创新驱动型等不同类型，政策法规的修改完善、商业模式的优化更替构成相应模式创业生态系统有序演进的重要前提。因而，在创业实践活动过程中，需及时把握政策法规、商业模式驱动创业实践活动的实际效果，主动对政策法规、商业模式等社会技术进行完善优化，适时对其内容进行创新更替，为创业生态系统演进注入持续充足的动力。基于政策驱动型创业对政府政策制定、执行与宣传等方面要求较高等特点，需要完善政策宣传执行机制，组建政策协调机构，以落实政府各项创业政策，强化政策宣传力度，增进各级各类政策资源整合共享。同时，加强对创业主体政策学习转化能力、创业意识的培养，优化政策驱动型创业的审核监测，规避浪费创业资源、偏离政策目标的虚假创业等行为。及时把握创业政策对创业活动的促进效果并反馈政策执行情况，结合当地社会经济发展现状、地域优势、行业发展等实际情况，制定符合地区发展特色的专业化创业政策，提升创业政策质量，增强政策驱动对大众创业的作用力度。针对商业模式创新驱动型创业活动市场感应灵敏、价值创造导向、模式易被模仿等特征，创业主体应及时掌握市场环境变化及顾客价值诉求变化，保持商业模式创新的热情与能力，对于逐渐失去市场适应性、价值创造能力明显下降、已被广泛采用的商业模式进行改进、优化甚至更替，为创业活动持续注入技术创新动力，保持创业生态系统良性有序演进。

参考文献

阿里巴巴集团双 11 技术团队：《尽在双 11：阿里巴巴技术演进与超越》，电子工业出版社 2017 年版。

白峰：《基于生命周期理论视角的创业生态系统研究》，《现代管理科学》2015 年第 12 期。

边伟军、刘文光：《科技创业企业种群生态位测度方法研究》，《科学学与科学技术管理》2014 年第 12 期。

蔡莉、彭秀青、Satish Nambisan、王玲：《创业生态系统研究回顾与展望》，《吉林大学社会科学学报》2016 年第 1 期。

蔡莉、王旭、李雪灵：《科技型企业创生要素的系统分析》，《科研管理》2005 年第 2 期。

蔡义茹、蔡莉、杨亚倩等：《创业生态系统的特性及评价指标体系——以 2006—2015 年中关村发展为例》，《中国科技论坛》2018 年第 6 期。

查晶晶、赵可、陈井、张春强：《创新创业生态系统运行机理研究》，《科技创业月刊》2017 年第 19 期。

常荔、向慧颖：《创业政策对科技型中小企业创业活动影响的实证研究》，《经济与管理研究》2014 年第 11 期。

陈昌曙：《技术哲学引论》，科学出版社 1999 年版。

陈锦其、徐蔼婷、李金昌：《众创空间集聚的连续距离测度及影响因素分析》，《商业经济与管理》2019 年第 3 期。

陈劲、王皓白：《社会创业与社会创业者的概念界定与研究视角探讨》，《外国经济与管理》2007 年第 8 期。

陈敏灵、王孝孝、毛蕊欣：《创业生态系统的模型构建及运行机制研究》，《生态经济》2019 年第 9 期。

陈夙、项丽瑶、俞荣建：《众创空间创业生态系统：特征、结构、机制与策略——以杭州梦想小镇为例》,《商业经济与管理》2015 年第 11 期。

陈威如、余卓轩:《平台战略:正在席卷全球的商业模式革命》,中信出版社 2013 年版。

陈武、李燕萍:《嵌入性视角下的平台组织竞争力培育——基于众创空间的多案例研究》,《经济管理》2018 年第 3 期。

陈章旺、柯玉珍、孙湘湘:《我国众创空间产业政策评价与改进策略》,《科技管理研究》2018 年第 6 期。

程聪:《创业者心理资本与创业绩效:混合模型的检验》,《科研管理》2015 年第 10 期。

程锐:《市场化进程、企业家精神与地区经济发展差距》,《经济学家》2016 年第 8 期。

戴春、倪良新:《基于创业生态系统的众创空间构成与发展路径研究》,《长春理工大学学报》(社会科学版) 2015 年第 12 期。

党蓁:《政府扶持型创业体系及政策研究》,博士学位论文,华中科技大学,2011 年。

丁栋虹:《创业管理》,清华大学出版社 2011 年版。

丁浩、王炳成、范柳:《国外商业模式创新途径研究述评》,《经济问题探索》2013 年第 9 期。

董飞:《对我国中小企业创业机制问题的探讨》,《内蒙古科技与经济》2006 年第 9 期。

杜坤:《新生代农民工返乡创业对区域经济发展的作用》,《农业经济》2019 年第 5 期。

杜月、应晓妮:《政府创投引导基金:爆发式增长后的理性回归》,《宏观经济管理》2018 年第 5 期。

范巍、蔡学军、赵宁、李倩:《留学人员回国创业政策比较研究》,《技术经济与管理研究》2014 年第 8 期。

方世建、刘松:《国际创业研究 25 年:主题演进与学者群体》,《科学学与科学技术管理》2008 年第 9 期。

傅晋华:《农民工创业政策:回顾、评价与展望》,《中国科技论坛》2015 年第 9 期。

高闯、关鑫:《企业商业模式创新的实现方式与演进机理——一种基于价值链创新的理论解释》,《中国工业经济》2006 年第 11 期。

高桂娟、苏洋:《学校教育与大学生创业能力的关系研究》,《复旦教育论坛》2014 年第 1 期。

高丽媛、张屹山:《经济组织化对市场经济与法治社会深度融合的作用效应》,《社会科学研究》2019 年第 2 期。

高顺成:《区域创业环境与经济发展关系的实证研究》,《地域研究与开发》2013 年第 2 期。

巩凤:《创新审计实践应用分析》,《科学与管理》2017 年第 3 期。

郭德侠、楚江亭:《我国大学生创业政策评析》,《教育发展研究》2013 年第 7 期。

郭锴:《企业价值链与商业模式创新的路径关系——基于电视传媒企业的分析》,《经济管理》2010 年第 27 期。

郭蕊、吴贵生:《突破性商业模式创新要素研究》,《技术经济》2015 年第 7 期。

韩蒙:《共享理念的现代意涵、价值考量与社会主义趋向》,《北方论丛》2017 年第 4 期。

何云景、刘瑛、李哲:《创业政策与创业支持:基于系统优化的视角》,《科学决策》2010 年第 4 期。

侯俊华、丁志成:《农民工创业政策绩效的实证研究——基于江西调查数据》,《调研世界》2016 年第 10 期。

侯晓、金鑫、吴靖:《CAS 视角下的众创空间特征及运作机制研究》,《情报杂志》2016 年第 10 期。

胡海波、卢海涛、毛纯兵:《开放式创新视角下众创空间创意获取及转化:心客案例》,《科技进步与对策》2019 年第 2 期。

胡海燕:《从"统包统分"到自主择业——改革开放 40 年高校就业机制变革分析》,《晋中学院学报》2019 年第 1 期。

胡献忠:《新中国 70 年党的青年工作变迁逻辑》,《中国青年社会科学》2019 年第 2 期。

黄萃、任弢、张剑:《政策文献量化研究:公共政策研究的新方向》,《公共管理学报》2015 年第 2 期。

黄凯南:《共同演化理论研究评述》,《中国地质大学学报》(社会科学版)2008 年第 4 期。

黄胜、叶广宇、周劲波、靳田田、李玉米：《二元制度环境、制度能力对新兴经济体创业企业加速国际化的影响》，《南开管理评论》2015年第3期。

霍生平、赵葳：《众创空间创客团队断裂带对创新行为的影响：基于知识共享的中介跨层研究》，《科学学与科学技术管理》2019年第4期。

计海庆、成素梅：《分享经济的STS探源》，《自然辩证法研究》2016年第7期。

贾明梁：《共享单车的运营现状及建议对策》，《中国商论》2018年第23期。

贾天明、雷良海：《众创空间的内涵、类型及盈利模式研究》，《当代经济管理》2017年第6期。

［美］杰弗里·F.雷波特、伯纳德·J.贾沃斯：《电子商务》，武忠译，中国人民大学出版社2004年版。

蒋靖国：《"互联网+"运营：众创空间发展新趋势》，《科技创业月刊》2017年第23期。

荆林波：《国内外关于电子商务商业模式的综述》，《世界通讯》2001年第5期。

孔令池：《新时代中国经济增长动力机制转换与发展战略》，《首都经济贸易大学学报》2018年第2期。

匡远凤：《人力资本、乡村要素流动与农民工回乡创业意愿——基于熊彼特创新视角的研究》，《经济管理》2018年第1期。

李伯聪：《略论作为社会技术的投票方法》，《哲学研究》2005年第3期。

李长安：《我国四次创业浪潮的演进：从"难民效应"到"企业家效应"》，《北京工商大学学报》（社会科学版）2018年第2期。

李东、王翔、张晓玲、周晨：《基于规则的商业模式研究——功能、结构与构建方法》，《中国工业经济》2014年第9期。

李华、张玉利：《创业研究绿色化趋势探析与可持续创业整合框架构建》，《外国经济与管理》2012年第9期。

李军林、张妮：《2017年中国经济学与管理学研究热点分析》，《经济学动态》2018年第4期。

李宁宁、王雪、王丹等：《共享经济下的商业模式创新研究——以共享空间为例》，《智库时代》2019 年第 16 期。

李文元、梅强：《基于区域创新系统的高技术企业创业机制研究》，《科技进步与对策》2007 年第 3 期。

李霞、戴胜利、肖泽磊：《基于"政策—规范—认知"模型的大学生创新创业制度研究》，《教育发展研究》2016 年第 3 期。

李新春：《高科技创业的地区差异》，《中国社会科学》2004 年第 3 期。

李新春、梁强、宋丽红：《外部关系—内部能力平衡与新创企业成长——基于创业者行为视角的实证研究》，《中国工业经济》2010 年第 12 期。

李雪灵、黄翔、申佳、王冲：《制度创业文献回顾与展望：基于"六何"分析框架》，《外国经济与管理》2015 年第 4 期。

李燕萍、李洋：《科技企业孵化器与众创空间的空间特征及影响因素比较》，《中国科技论坛》2018 年第 8 期。

李燕萍、吴绍棠、郜斐、张海雯：《改革开放以来我国科研经费管理政策的变迁、评介与走向——基于政策文本的内容分析》，《科学学研究》2009 年第 10 期。

李振勇：《商业模式：企业竞争的最高形态》，新华出版社 2006 年版。

栗学思：《如何规划企业的盈利模式》，《通信企业管理》2006 年第 6 期。

梁波：《日本的社会技术研究》，《科学学研究》2007 年第 6 期。

林丽鹂：《改革开放 40 年我国市场主体数量增长 222 倍》，《人民日报》2018 年 12 月 26 日第 2 版。

林嵩：《创业生态系统：概念发展与运行机制》，《中央财经大学学报》2011 年第 4 期。

林嵩：《创业种群的衍生机制——基于三个典型案例的研究》，《科学学研究》2011 年第 4 期。

林园春：《创新创业生态服务链：理论内涵与政策启示》，《区域经济评论》2015 年第 3 期。

刘刚：《创业企业商业模式的多层次结构创新——基于战略创业的

欧宝聚合物案例分析》，《中国工业经济》2018 年第 11 期。

刘根荣：《共享经济：传统经济模式的颠覆者》，《社会科学文摘》2017 年第 6 期。

刘辉：《基于商业模式创新视角的创业活动过程研究》，《商业时代》2014 年第 31 期。

刘健钧：《企业制度三层次模型与创业模式》，《南开管理评论》2003 年第 6 期。

刘健钧：《原始创业活动的驱动与创业投资制度的起源》，《科技创业》2005 年第 4 期。

刘林青、夏清华、周潞：《创业型大学的创业生态系统初探——以麻省理工学院为例》，《高等教育研究》2009 年第 3 期。

刘新民、孙向彦、吴士健：《政府规制下众创空间创业生态系统发展的演化博弈分析》，《商业经济与管理》2019 年第 4 期。

刘新民、张亚男、范柳等：《创业政策对创业企业迁徙决策的影响分析》，《软科学》2018 年第 9 期。

刘亚军、陈进：《创业者网络能力、商业模式创新与创业绩效关系的实证研究》，《科技管理研究》2016 年第 18 期。

刘志迎、孙星雨、徐毅：《众创空间创客创新自我效能感与创新行为关系研究——创新支持为二阶段调节变量》，《科学学与科学技术管理》2017 年第 8 期。

刘忠艳：《中国青年创客创业政策评价与趋势研判》，《科技进步与对策》2016 年第 12 期。

柳青、蔡莉：《新企业资源开发过程研究回顾与框架构建》，《外国经济与管理》2010 年第 2 期。

吕品、陈云川、雷轶等：《基于扎根理论的众创空间创新机制研究》，《科技管理研究》2018 年第 15 期。

［美］那格尔：《政策研究百科全书》，林明等译，科学技术文献出版社 1990 年版。

马鸿佳、宋春华、毕强：《基于创业生态系统的多层级知识转移模型研究》，《图书情报工作》2016 年第 14 期。

木志荣：《国外创业研究综述及分析》，《中国经济问题》2007 年第 6 期。

欧晓华、余亚莉：《国外商业模式创新研究综述》，《生产力研究》2013年第6期。

潘天群：《存在社会技术吗？》，《自然辩证法研究》1996年第10期。

潘文庆、杨丽：《大学生创业意识影响因素研究综述》，《高教探索》2014年第5期。

彭虎锋、黄漫宇：《新技术环境下零售商业模式创新及其路径分析——苏宁云商为例》，《宏观经济研究》2014年第2期。

彭纪生、仲为国、孙文祥：《政策测量、政策协同演变与经济绩效：基于创新政策的实证研究》，《管理世界》2008年第9期。

戚耀元、戴淑芬、葛泽慧：《基于技术创新与商业模式创新耦合关系的企业创新驱动研究》，《科技进步与对策》2015年第21期。

钱学森：《论系统工程》，湖南科学技术出版社1980年版。

钱志新：《新商业模式》，南京大学出版社2008年版。

曲延军、林嵩、张帏：《创业型企业战略选择的比较研究》，《科技管理研究》2005年第8期。

屈亚萍、窦巧：《共享单车商业模式的构建——以摩拜单车为例》，《中小企业管理与科技》（上旬刊）2018年第8期。

芮明杰、巫景飞、何大军：《MP3技术与美国音乐产业演化》，《中国工业经济》2005年第2期。

［日］三谷宏治：《商业模式全史》，马云雷、杜君林译，江苏凤凰文艺出版社2016年版。

沙德春：《技术共演化视角的创业生态机制研究》，《科学学研究》2017年第10期。

沙德春：《科技园区转型机制研究——物理技术与社会技术共演化的视角》，《科学学研究》2016年第1期。

沙德春：《尼尔森"社会技术"思想及其实践意义》，《科学管理研究》2015年第3期。

沙德春、孙佳星：《创业生态系统40年：主体—环境要素演进视角》，《科学学研究》2020年第4期。

沙德春、王文亮、肖美丹等：《科技园区转型升级的内在动力研究》，《中国软科学》2016年第1期。

邵永新、倪芝青：《关于众创空间的理论研究及思考》，《科技创业月刊》2017 年第 1 期。

沈漪文、卢智健：《创业生态系统概念辨析》，《商业经济》2013 年第 8 期。

石琳琳：《大学生就业与经济发展的关系探究》，《现代营销》（信息版）2019 年第 5 期。

时运涛、张聪群：《民营企业持续创业机制研究》，《中国发展》2015 年第 4 期。

苏瑞波、何悦：《基于统计数据的广东省众创空间现状分析》，《科技管理研究》2017 年第 15 期。

孙萍、孔德意：《沈阳市 21 世纪科技政策透视》，《科技管理研究》2014 年第 1 期。

谭玉、李明雪、吴晓旺：《大学生创新创业政策的变迁和支持研究——基于 59 篇大学生创新创业政策文本的分析》，《现代教育技术》2019 年第 5 期。

唐寒冰、刘悦：《中国改革开放 40 年创新创业发展道路内涵探究》，《中国市场》2018 年第 34 期。

陶虎、周升师：《当代科技创新与商业模式变革——以移动支付为例》，《自然辩证法研究》2018 年第 8 期。

陶纪坤：《社会保障助推中国经济腾飞》，《中国劳动保障报》2019 年 2 月 12 日第 3 版。

田鹏颖：《社会技术概论》，《社会科学辑刊》2002 年第 2 期。

田志龙、盘远华、高海涛：《商业模式创新途径探讨》，《经济与管理》2006 年第 1 期。

万玺：《海归科技人才创业政策吸引度、满意度与忠诚度》，《科学学与科学技术管理》2013 年第 2 期。

汪连杰：《互联网创业模式发凡》，《重庆社会科学》2016 年第 12 期。

汪忠、廖宇、吴琳：《社会创业生态系统的结构与运行机制研究》，《湖南大学学报》（社会科学版）2014 年第 5 期。

王春博：《市场导向行为观与商业模式关系研究》，《商业经济》2015 年第 7 期。

王飞绒：《创业特征演变的调查研究——以浙江省为例》，《中国科技论坛》2010 年第 2 期。

王晶、甄峰：《城市众创空间的特征、机制及其空间规划应对》，《规划师》2016 年第 9 期。

王璐：《创业生态系统的框架及属性研究》，《时代金融》2018 年第 32 期。

王娜：《基于互联网的平台型企业商业模式创新研究述评》，《科技进步与对策》2016 年第 22 期。

王千、赵敏：《平台经济研究综述》，《南阳师范学院学报》2017 年第 7 期。

王琴：《基于价值网络重构的企业商业模式创新》，《中国工业经济》2011 年第 1 期。

王生金：《商业模式创新的路径：双边市场构建》，《商业时代》2013 年第 15 期。

王生金、徐明：《平台企业商业模式的本质及特殊性》，《中国流通经济》2014 年第 8 期。

王舒扬、高旭东：《何种人力资本对海归创业者更有效：管理还是技术？》，《科研管理》2018 年第 2 期。

王万山：《政府支持创业的经济学解释及政策选择》，《企业经济》2016 年第 5 期。

王伟毅、李乾文：《创业视角下的商业模式研究》，《外国经济与管理》2005 年第 11 期。

王续琨、周心萍：《日本哲学家三木清及其〈技术哲学〉》，《科学技术与辩证法》2001 年第 4 期。

王延荣：《高新技术园区创业机制形成条件研究》，《中国流通经济》2011 年第 11 期。

王延荣：《基于激励理论的企业内创业机制设计》，《经济经纬》2005 年第 1 期。

王延荣、徐巧玲：《基于主成分分析的创业机制形成要素及机理分析》，《科技进步与对策》2011 年第 18 期。

王迎军、韩炜：《新创企业成长过程中商业模式的构建研究》，《科学学与科学技术管理》2011 年第 9 期。

魏炜、朱武祥：《发现商业模式》，机械工业出版社 2009 年版。

翁君奕：《商务模式创新》，经济管理出版社 2004 年版。

吴晓隽、沈嘉斌：《分享经济内涵及其引申》，《改革》2015 年第 12 期。

吴义刚、荣兆梓：《地区创业氛围及其作用机理——一个族群水平的创业分析架构》，《经济理论与经济管理》2011 年第 5 期。

向武、黄成兵：《众创空间创业生态系统要素研究》，《河南教育》（高教版）2018 年第 5 期。

项国鹏、罗兴武：《价值创造视角下浙商龙头企业商业模式演化机制——基于浙江物产的案例研究》，《商业经济与管理》2015 年第 1 期。

项国鹏、宁鹏、罗兴武：《创业生态系统研究述评及动态模型构建》，《科学学与科学技术管理》2016 年第 2 期。

肖潇、汪涛：《国家自主创新示范区大学生创业政策评价研究》，《科学学研究》2015 年第 10 期。

谢觉萍、王云峰：《创业女性机会识别与创业过程管理多案例研究》，《科技进步与对策》2016 年第 4 期。

谢雅萍、黄美娇：《社会网络、创业学习与创业能力——基于小微企业创业者的实证研究》，《科学学研究》2014 年第 3 期。

徐德英、韩伯棠：《政策供需匹配模型构建及实证研究——以北京市创新创业政策为例》，《科学学研究》2015 年第 12 期。

徐晋、张祥建：《平台经济学初探》，《中国工业经济》2006 年第 5 期。

徐小洲：《中国创业教育研究的特征和趋势——基于 2009—2018 年研究成果的计量可视化分析》，《中国高教研究》2019 年第 3 期。

许小艳、李华晶：《基于复杂适应系统理论的创业机会识别与开发过程研究——以桑德集团为例》，《中国科技论坛》2017 年第 2 期。

许阳、王琪、孔德意：《我国海洋环境保护政策的历史演进与结构特征——基于政策文本的量化分析》，《上海行政学院学报》2016 年第 4 期。

严志勇、陈晓剑、吴开亚：《高技术小企业技术创业模式及其识别方式》，《科研管理》2003 年第 4 期。

颜振军、侯寒：《中国各省份科技企业孵化器运行效率评价》，《中国软科学》2019 年第 3 期。

杨朝继：《我国创业型经济发展研究》，《合作经济与科技》2018年第4期。

杨持：《生态学》，高等教育出版社2000年版。

杨静文、朱宪辰：《冀豫浙中小企业集群中的创业机制实证研究》，《地域研究与开发》2005年第2期。

杨琳、屈晓东：《众创空间研究综述：内涵解析、理论诠释与发展策略》，《西安财经学院学报》2019年第3期。

杨特、赵文红、李颖：《创业者经验宽度、深度对商业模式创新的影响：创业警觉的调节作用》，《科学学与科学技术管理》2018年第7期。

杨艳娟、应向伟、叶灵杰：《众创空间生态体系：理论检视、系统建构与发展策略——以浙江省为研究视域》，《科技通报》2017年第1期。

姚佳胜、方媛：《政策工具视角下我国减负政策文本计量研究》，《上海教育科研》2019年第2期。

姚裕群：《当前经济形势下，大学生就业岗位的供求调节》，《中国科学报》2019年2月27日第4版。

叶秀敏：《平台经济促进中小企业创新的作用和机理研究》，《科学管理研究》2018年第2期。

尹国俊、倪瑛：《基于产权共享的众创空间运行绩效研究》，《生产力研究》2017年第12期。

尹建龙：《节俭与资本积累——英国工业化时期企业家创业成功的内生因素分析》，《贵州社会科学》2018年第1期。

于国安：《创业机制与企业集群成长互动机制分析》，《经济问题》2006年第2期。

于果：《共享经济商业模式、价值实现及优化策略研究》，《会计之友》2019年第5期。

余来文：《创业型企业商业模式的构成要素研究》，《当代财经》2011年第12期。

余小波、刘潇华、黄好：《改革开放四十年：我国高等教育改革发展的基本脉络》，《江苏高教》2019年第3期。

袁卫、吴翌琳：《创业测度与实证：研究进展与发展方向》，《经济理论与经济管理》2018 年第 9 期。

原磊：《商业模式分类问题研究》，《中国软科学》2008 年第 5 期。

原磊：《商业模式体系重构》，《中国工业经济》2007 年第 6 期。

岳玉莲、陈天星：《共享单车的发展现状、问题及对策研究》，《江苏商论》2018 年第 6 期。

曾婧婧、胡锦绣：《政策工具视角下中国太阳能产业政策文本量化研究》，《科技管理研究》2014 年第 15 期。

曾婧婧、王巧：《中央政府支持生物医药产业发展的政策文本分析（2006—2015）》，《生产力研究》2016 年第 7 期。

张方方：《共享经济时代背景下的新型商业模式发展研究》，《湖北经济学院学报》（人文社会科学版）2019 年第 4 期。

张福军：《共同演化理论研究进展》，《经济学动态》2009 年第 3 期。

张钢、彭学兵：《创业政策对技术创业影响的实证研究》，《科研管理》2008 年第 3 期。

张红、葛宝山：《创业学习、机会识别与商业模式——基于珠海众能的纵向案例研究》，《科学学与科学技术管理》2016 年第 6 期。

张玲斌、董正英：《创业生态系统内的种间协同效应研究》，《生态经济》2014 年第 5 期。

张小刚：《基于斯坦福大学创业生态系统分析的我国高校创业教育研究》，《湖南工程学院学报》（社会科学版）2012 年第 4 期。

张秀娥、马天女：《国外促进大学生创新创业的做法及启示》，《经济纵横》2016 年第 10 期。

张秀娥、张宝文：《基于 GEM 创业生态系统的大学生创业机制构建研究》，《经济纵横》2017 年第 2 期。

张英杰：《大学生创业金融支持系统创新的探索性案例研究》，《科技进步与对策》2016 年第 21 期。

张永安、耿喆：《我国区域科技创新政策的量化评价——基于 PMC 指数模型》，《科技管理研究》2015 年第 14 期。

张玉利、白峰：《基于耗散理论的众创空间演进与优化研究》，《科学学与科学技术管理》2017 年第 1 期。

张玉利、张维、陈立新：《创业管理理论与实践的新发展》，清华大学出版社 2004 年版。

张育广：《高校众创空间的运行机制及建设策略——以广东工业大学国家级创客空间为例》，《科技管理研究》2017 年第 13 期。

张云飞：《第三方支付和商业银行竞合关系研究——以支付宝为例》，硕士学位论文，浙江大学，2018 年。

张治栋、荣兆梓：《创业氛围的演化与突破》，《安徽大学学报》（哲学社会科学版）2009 年第 2 期。

赵昌文：《优化升级产业结构　培育发展新动能》，《紫光阁》2018 年第 1 期。

赵都敏、李剑力：《创业政策与创业活动关系研究述评》，《外国经济与管理》2011 年第 3 期。

赵涛、刘文光、边伟军：《基于系统动力学的区域科技创业生态群落运行机制研究》，《科技进步与对策》2012 年第 16 期。

赵涛、刘文光、边伟军：《区域科技创业生态系统的结构模式与功能机制研究》，《科技管理研究》2011 年第 24 期。

郑炳章、赵秋芳：《中国创业政策理论框架研究综述》，《河北企业》2014 年第 3 期。

郑文卓、陶源：《我国众创空间典型运营模式比较研究》，《财经界》2019 年第 7 期。

中商产业研究院：《2018 年中国共享单车行业研究报告》，http//www. askci. com/news/chanye/20180322/163554120290. shtm，2018 年 3 月 22 日。

钟曜平：《改革是教育现代化强大引擎》，《中国教育报》2018 年 12 月 18 日第 1 版。

周键、王庆金：《创业企业如何获取持续性成长？基于创业动态能力的研究》，《科学学与科学技术管理》2017 年第 11 期。

周劲波、陈丽超：《我国创业政策类型及作用机制研究》，《经济体制改革》2011 年第 1 期。

朱至文：《创业与区域经济发展——基于局部系统创业的解释》，《现代经济探讨》2016 年第 5 期。

Acs，Zoltan J.，*Entrepreneurship Growth and Public Policy*，Cambridge：Cambridge University Press，2009.

Afuah, A., Tucci, C., *Internet Business Models and Strategies*: *Text and Case*, Boston: McGraw – Hill/Irwin, 2001.

Aldrich, H., "Using an Ecological Perspective to Study Organizational Founding Rates", *Entrepreneurship Theory and Practice*, 1990, pp. 7 – 24.

Alvedalen, J., Boschma, R., "A Critical Review of Entrepreneurial Ecosystems Research: Towards a Future Research Agenda", *European Planning Studies*, Vol. 25, No. 2, 2017, pp. 887 – 903.

Amit, R., Zott, C., "Creating Value through Business Model Innovation", *MIT Sloan Management Review*, Vol. 53, No. 3, 2012, pp. 41 – 49.

Amit, R., Zott, C., "Value Creation in E – Business", *Strategic Management Journal*, Vol. 22, No. 6/7, 2001, pp. 493 – 520.

Andries, P., Debackere, K., Looy, B. V., "Simultaneous Experimentation as a Learning Strategy Business Model Development under Uncertainty", *Strategic Entrepreneurship Journal*, No. 7, 2013, pp. 288 – 310.

Anna, N., "Building Entrepreneurship Ecosystems", http://www.cipe.org/publications/detail/building – entrepreneurship – ecosystems, 2013 – 02 – 05.

Aspara, J., Lambere, G. J. A., Laukia, A., et al., "Corporate Business Model Transformation and Inter – Organizational Cognition: The Case of Nokia", *Long Range Planning*, Vol. 46, No. 6, 2013, pp. 459 – 474.

Audretsch, D. B., "Cultural Diversity and Entrepreneurship: A Regional Analysis for Germany", *The Annals of Regional Science*, No. 45, 2010, pp. 55 – 85.

Aziz, S. A., Fitzsimmons, J., Douglas, E., "Clarifying the Business Model Construct", Proceedings of the 5th AGSE International Entrepreneurship Research Exchange, Australian Graduate School of Entrepreneurship, Victoria, 2008.

Bellman, L., "On the Construction of a Multi – Stage, Multi – Person Business Game", *Operations Research*, Vol. 5, No. 4, 1957, pp. 469 – 503.

Betz, F., "Strategic Business Models", *Engineering Management*

Journal, Vol. 14, No. 1, 2002, pp. 21 – 27.

Blank, S., Dorf, B., *The Startup Owner's Manual: The Step – by – Step Guide for Building a Great Company*, California: K&S Ranch Press, 2012.

Bocken, N. M. P., Short, S. W., Rana, P., Evans, S., "A Literature and Practice Review to Develop Sustainable Business Model Archetypes", *Journal of Cleaner Production*, No. 65, 2014, pp. 42 – 56.

Botaman, R., Rogers, R., *What's Mine Is Yours: How Collaborative Consumption Is Changing the Way We Live*, New York: Harper Collins, 2010.

Boulton, R. E. S., Libert, B. D., "A Business Models for the New Economy", *Journal of Business Strategy*, Vol. 43, No. 2, 2000, pp. 195 – 215.

Brockhaus, R. H., Horwitz, P. S., "The Psychology of the Entrepreneur", *Entrepreneurship: Critical Perspectives on Business and Management*, Vol. 2, 1986, pp. 260 – 283.

Bruyat, C., Julien, P. A., "Defining the Field of Research in Entrepreneurship", *Journal of Business Venturing*, No. 16, 2000, pp. 165 – 180.

Bucherer, E., Eisert, U., Gassmann, O., "Towards Systematic Business Model Innovation: Lessons from Product Innovation Management", *Creativity and Innovation Management*, Vol. 21, No. 2, 2012, pp. 183 – 198.

Carland, H., Carland, J. W., Hoy, F., et al., "Who Is an Entrepreneur? Is a Question Worth Asking", *Entrepreneurship: Critical Perspectives on Business and Management*, Vol. 2, No. 178, 2002, pp. 47 – 67.

Chataway, J., Hanlin, R., Mugwagwa, J., et al., "Global Health Social Technologies Reflections on Evolving Theories and Landscapes", *Research Policy*, Vol. 39, No. 10, pp. 1277 – 1288.

Chesbrough, H., Rosenbaum, R. S., "The Role of the Business Model in Capturing Value from Innovation: Evidence from Xerox Corporation's Technology Spin – off Companies", *Industrial and Corporate Change*, Vol.

11, No. 3, 2002, pp. 529 – 555.

Cnvayawali, D. R., Fogel, D. S., "Environments for Entrepreneurship Development: Key Dimensions and Research Implications", *Entrepreneurship Theory and Practice*, Vol. 18, No. 4, 1994, pp. 43 – 62.

Cohen, B., Winn, M. I., "Market Imperfections, Opportunity and Sustainable Entrepreneurship", *Journal of Business Venturing*, Vol. 22, No. 1, 2007, pp. 29 – 49.

Cohen, B., "Sustainable Valley Entrepreneurial Ecosystems", *Business Strategy and the Environment*, Vol. 15, No. 1, 2006, pp. 1 – 14.

Dantas, E., Bell, M., "The Co – Evolution of Firm – Centered Knowledge Networks and Capabilities in Late Industrializing Countries: The Case of Petrobras in the Offshore Oil Innovation System in Brazil", *World Development*, Vol. 39, No. 9, 2011, pp. 1570 – 1591.

Dean, T., McMullen, J., "Toward a Theory of Sustainable Entrepreneurship: Reducing Environmental Degradation through Entrepreneurial Action", *Journal of Business Venturing*, Vol. 22, No. 1, 2007, pp. 50 – 76.

Doughtery, D., *Design, Make, Play: Growing the Next Generation of STEM Innovators*, New York: Routledge, 2013.

Douglas, H. Y., "When Innovations Meet Institutions: Edison and the Design of the Electric Light", *Administrative Science Quarterly*, Vol. 46, No. 3, 2001, pp. 476 – 501.

Dubosson, M., Osterwalder, A., "Business Model Design, Classification and Measurements", *Thunderbird International Business Review*, No. 1, 2011, pp. 112 – 118.

Ehrlich, P., Raven, P., "Butterflies and Plants: A Study in Co – Evolution", *Evolution*, Vol. 18, No. 4, 1964, pp. 586 – 608.

Fang, L. Y., Wu, S. H., "Accelerating Innovation through Knowledge Co – Evolution: A Case Study in the Taiwan Semiconductor Industry", *International Journal of Technology Management*, Vol. 33, No. 2, 2006, pp. 183 – 195.

Felson, M., Spaeth, J., "Community Structure and Collaborative Consumption", *American Behavioral Scientist*, Vol. 21, No. 4, 1978, pp.

614 – 624.

Gardner, M. J., "A Problem in Synthesis", *The Accounting Review*, Vol. 35, No. 4, 1960, pp. 619 – 626.

Giessmann, A., Stanoevska, S., "Business Models of Platform as a Service (PaaS) Providers: Current State and Future Directions", *Journal of Information Technology Theory and Application*, Vol. 13, No. 4, 2012, pp. 31 – 55.

Gregory, G. D., Joseph, C. P., Jay, J. J., "Subtracting Value by Adding Businesses", *Business Horizons*, Vol. 41, No. 1, 1998, pp. 9 – 18.

Hacklin, F., Wallnofer, M., "The Business Model in the Practice of Strategic Decision Making: Insights from a Case Study", *Management Decision*, Vol. 50, No. 2, 2012, pp. 166 – 188.

Hall, J. K., Daneke, G. A., Lenox, M. J., "Sustainable Development and Entrepreneurship: Past Contributions and Future Directions", *Journal of Business Venturing*, Vol. 25, No. 5, 2010, pp. 439 – 448.

Hogan, J., Feeney, S., "Crisis and Policy Change: The Role of the Political Entrepreneur", *Risk, Hazards & Crisis in Public Policy*, Vol. 3, No. 2, 2012, pp. 1 – 24.

Hopkins, V., "Institutions, Incentives, and Policy Entrepreneurship", *Policy Studies Journal*, Vol. 44, No. 3, 2016, pp. 332 – 348.

Horowitz, A. S., "The Real Value of VARS: Resellers Lead a Movement to a New Service and Support", *Mark Computing*, Vol. 16, No. 4, 1996, pp. 31 – 36.

Hung, S. C., "The Co – Evolution of Technologies and Institutions: A Comparison of Taiwanese Hard Disk Drive and Liquid Crystal Display Industries", *R&D Management*, Vol. 32, No. 3, 2002, pp. 179 – 190.

Huygens, M., Baden, F. C., Bosch, F., "Co – Evolution of Firm Capabilities and Industry Competition: Investigating the Music Industry 1877 – 1997", *Organization Studies*, Vol. 22, No. 6, 2001, pp. 971 – 1011.

Isenberg, D. J., "How to Start an Entrepreneurial Revolution", *Harvard Business Review*, No. 88, 2010, pp. 40 – 50.

Isenberg, D. J., "The Entrepreneurship Ecosystem Strategy as a New

Paradigm for Economic Policy: Principles for Cultivating Entrepreneurship", Institute of International and European Affairs, Dublin, Ireland, 2011, pp. 1 – 13.

Jay, W., Gillian, S. M., "Investigating Social Entrepreneurship: A Multidimensional Model", *Journal of World Business*, No. 41, 2006, pp. 21 – 35.

Jeremy, R., *The Zero Marginal Cost Society*, New York: Palgrave Macmillan, 2014.

Jin, Z. Y., *Global Technological Change: From Hard Technology to Soft Technology*, Chicago: Chicago University Press, 2011.

Johnson, M. W., Christensen, C. M., Kagermann, H., "Reinventing Your Business Model", *Harvard Business Review*, Vol. 86, No. 12, 2008, pp. 57 – 68.

Jones, C., "Co – Evolution of Entrepreneurial Careers, Institutional Rules and Competitive Dynamics in American Film, 1895 – 1920", *Organization Studies*, Vol. 22, No. 6, 2001, pp. 911 – 944.

Jose, S., "Business Model Innovation: General Purpose Technologies and Their Implications for Industry Structure", *Long Range Planning*, Vol. 43, No. 2, 2009, pp. 262 – 271.

Judge, W. Q., "The Impact of Home Country Institutions on Corporate Technological Entrepreneurship Via R&D Investments and Virtual World Presence", *Entrepreneurship Theory and Practice*, No. 4, 2013, pp. 12 – 26.

Katherine, D., "The Entrepreneurship Ecosystem", http://www.technologyreview.com/article/14761/pagel, 2005 – 09 – 01.

Kayne, J., "State Entrepreneurship Policies and Programs", *SSRN Electronic Journal*, No. 12, 1999, pp. 768 – 773.

Kwon, K. S., "The Co – Evolution of Universities' Academic Research and Knowledge – Transfer Activities: The Case of South Korea", *Science and Public Policy*, Vol. 38, No. 6, 2011, pp. 493 – 503.

Lai, P. C., Scheele, W., *Global Entrepreneurship and New Venture Creation in the Sharing Economy*, Pennsylvania: IGI Global, 2017.

Li, Y. R., "The Technological Roadmap of Cisco's Business Ecosystem", *Technovation*, Vol. 29, No. 5, 2009, pp. 379 – 386.

Lindtner, S., "Hackerspaces and the Internet of Things in China: How Makers Are Reinventing Industrial Production, Innovation, and the Self", *China Information: A Journal on Contemporary China Studies*, Vol. 28, No. 2, 2014, pp. 145 – 167.

Lundstrom, A., Stevenson, L. A., *Entrepreneurship Policy: Theory and Practice*, New York: Springer, 2005.

Lyons, K., "Business Models in Emerging Online Services", Proceedings of the Fifteenth Americas Conference on Information Systems, San Francisco, California, August 6th – 9th, 2009.

Magretta, J., "Why Business Models Matter", *Harvard Business Review*, Vol. 80, No. 5, 2002, pp. 86 – 92.

Mason, C., Brown, R., "Entrepreneurial Ecosystems and Growth Oriented Entrepreneurship", Proceedings of Final Report to OECD, Paris, 2014.

Mayo, M. C., Brown, G. S., "Building a Competitive Business Model", *Ivey Business Journal*, Vol. 63, 1999, pp. 18 – 23.

McGrath, R. G., "Business Models: A Discovery Driven Approach", *Long Range Planning*, Vol. 43, 2010, pp. 247 – 261.

McMullen, J. S., Shepherd, D. A., "Entrepreneurial Action and the Role of Uncertainty in the Theory of the Entrepreneur", *Academy of Management Review*, Vol. 31, No. 1, 2006, pp. 132 – 152.

Merito, M., Bonaccorsi, A., "Co – Evolution of Physical and Social Technologies in Clinical Practice: The Case of HIV Treatments", *Research Policy*, Vol. 36, No. 7, 2007, pp. 1070 – 1087.

Mitchell, D., Coles, C., "The Ultimate Competitive Advantage of Continuing Business Model Innovation", *Journal of Business Strategy*, Vol. 24, No. 5, 2003, pp. 15 – 21.

Moore, J. F., *The Death of Competition: Leadership & Strategy in the Age of Business Ecosystems*, Boston: John Wiley & Sons Ltd., 1996.

Morris, M., Schindehutte, M., Allen, J., "The Entrepreneur's Business Model: Toward a Unified Perspective", *Journal of Business*

Research, Vol. 58, 2005, pp. 726 – 735.

Moyon, E., Lecocq, X., "Co – Evolution between Stages of Institutionalization and Agency: The Case of the Music Industry's Business Model", *Management International*, Vol. 14, No. 4, 2012, pp. 37 – 53.

Murmann, J. P., *Knowledge and Competitive Advantage: The Co – Evolution of Firms, Technology, and National Institutions*, Cambridge: Cambridge University Press, 2003.

Murray, F., "Innovation as Co – Evolution of Scientific and Technological Networks: Exploring Tissue Engineering", *Research Policy*, Vol. 31, No. 8, 2002, pp. 1389 – 1403.

Naudé, W., "Regional Determinants of Entrepreneurial Startups in a Developing Country", *Entrepreneurship and Regional Development*, No. 2, 2008, pp. 111 – 124.

Nelson, R. R., Sampat, B. N., "Making Sense of Institutions as a Factor Shaping Economic Performance", *Journal of Economic Behavior and Organizations*, No. 44, 2001, pp. 31 – 54.

Osterwalder, A., Pigneur, Y., Tucci, C. L., "Clarifying Business Models: Origins, Present, and Future of the Concept", *Communications of the Association for Information Systems*, Vol. 16, No. 1, 2005, pp. 1 – 25.

Pelikan, P., "Bringing Institutions into Evolutionary Economics: Another View with Links to Changes in Physical and Social Technologies", *Journal of Evolutionary Economics*, Vol. 13, No. 3, 2003, pp. 237 – 258.

Peters, M. A., *The Handbook of Neoliberalism*, London: Routledge, 2016.

Prahalad, C. K., *The Fortune at the Bottom of the Pyramid: Eradicating Poverty through Profits*, Saddle River, NJ: Wharton School Publishing, 2005.

Pries, F., Guild, P., "Commercializing Inventions Resulting from University Research: Analyzing the Impact of Technology Characteristics on Subsequent Business Models", *Technovation*, Vol. 31, No. 4, 2011, pp. 151 – 160.

Rappa, M., "Managing the Digital Enterprise: Business Models on the Web", http://digitalenterprise.org/models/models.html, 2001 – 01 – 01.

Reynolds, P. D., Camp, S. M., Bygrave, W. D., Autio, E.,

Hay, M., *GEM Global 2009 Executive Report*, Kauffman Center for Entrepreneurial Leadership, 2009.

Richard, C., *Essai Aur La Nature Du Commerce En Général*, New York: Reprints of Economic Classics, 1964.

Say, J. B., Biddle, C. C., *A Treatise on Political Economy*, New York: Augustus M. Kelley, 1971.

Shafer, S. M., Smith, H. J., Linder, J. C., "The Power of Business Models", *Business Horizons*, Vol. 48, No. 3, 2005, pp. 199 – 207.

Shin, J., Park, Y., "On the Creation and Valuation of E – Business Model Variants: The Case of Auction", *Industrial Marketing Management*, Vol. 38, No. 3, 2009, pp. 324 – 337.

Shum, K. L., "Rethinking Transition from Products to Services: A Physical Technology vs Social Technology Approach", Proceedings of Academy of Innovation and Entrepreneurship 2008, 2008, pp. 329 – 332.

Slywotzky, A. J., *Value Migration: How to Think Several Moves ahead of the Competition*, Boston: Harvard Business School Press, 2006.

Sosna, M., Nelly, R., Thevinyo, R., Velamuri, R., "Business Model Innovation through Trial – and – Error Learning: The Naturhouse Case", *Long Range Planning*, No. 43, 2010, pp. 383 – 407.

Suresh, J., Ramraj, R., "Entrepreneurial Ecosystem: Case Study on the Influence of Environmental Factors on Entrepreneurial Success", *European Journal of Business and Management*, No. 16, 2012, pp. 95 – 101.

Teece, D. J., "Business Models, Business Strategy and Innovation", *Long Range Planning*, Vol. 43, No. 2/3, 2010, pp. 172 – 194.

Thompson, J., Geoff, A., Ann, L., "Social Entrepreneurship: A New Look at the People and the Potential", *Management Decision*, Vol. 38, No. 5, 2000, pp. 338 – 348.

Timmers, P., "Business Models for Electronic Markets", *Journal of Electronic Markets*, Vol. 8, No. 2, 1998, pp. 3 – 8.

Venkatraman, N., Henderson, J. C., "Four Vectors of Business Model Innovation:Value Capture in a Network ERA", in Pantaleo, D., Pal, N., eds., *From Strategy to Execution*, Springer, 2008, pp. 259 – 280.

Verheul, I., Wennekers, S., Audretsch, D., et al., "An Eclectic Theory of Entrepreneurship: Policies, Institutions and Culture", in Audretsch, D., et al., eds., *Entrepreneurship: Determinants and Policy in a European – U. S. Comparison*, Springer, 2002.

Verstraete, T., "Le Business Model: Une Théorie Pour Des Pratiques", *De Boeck Supérieur*, No. 13, 2012, pp. 7 – 26.

Viana, L., "Ontologies and Social Technologies in Health Research: The Case of Fiocruz", Proceedings of the 11th International Conference on Computational Science and Engineering, 2008.

Vogel, P., "The Employment Outlook for Youth: Building Entrepreneurship Ecosystems as a Way Forward", Conference Proceedings of the G20 Youth Forum, 2013.

Weill, P., Vitale, M. R., *Place to Space: Migrating to E – Business Models*, MA: Harvard Business School Press, 2001.

Wiliams, M. R., Hall, J. C., "Hackerspaces: A Case Study in the Creation and Management of a Common Pool Resource", *Journal of Institutional Economics*, No. 4, 2015, pp. 1 – 13.

William, J., Baumol, Robert E., et al., *Good Capitalism, Bad Capitalism and the Economics of Growth and Prosperity*, New Haven: Yale University Press, 2007.

Winter, S. G., Szulanski, G., "Replication as Strategy", *Orgnization Science*, Vol. 12, No. 6, 2001, pp. 730 – 743.

Yip, G., "Using Strategy to Change Your Business Model", *Business Strategy Review*, Vol. 15, No. 2, 2004, pp. 17 – 24.

Zhou, S. S., Zhao, Y. L., "Co – Evolution of Social Technology and Physical Technology: Chinese Hi – Tech Industry", Proceedings of the 5th International Conference on Innovation and Management, 2008.

Zimmerman, H. D., "Preface: Introduction to Special Section on Business Models", *Electronic Markets*, Vol. 11, No. 1, 2001, pp. 3 – 9.

Zott, C., Amit, R., "Business Model Design: An Activity System Perspective", *Long Range Planning*, Vol. 43, No. 2, 2010, pp. 216 – 226.